華厳の滝を賞賛するグラント将軍（国政画　木版）

新富座の内部と外観（神山清七画　明治14年）

図版上／三井呉服店（後の三越百貨店）の広告チラシ　大勢の売り子がいる伝統的な1階（下段）と最新流行のガラスの陳列ケースがある2階（上段）
図版左／新旧二様のハイファッションに身を包んだ明治初期の吉原の淑女たち

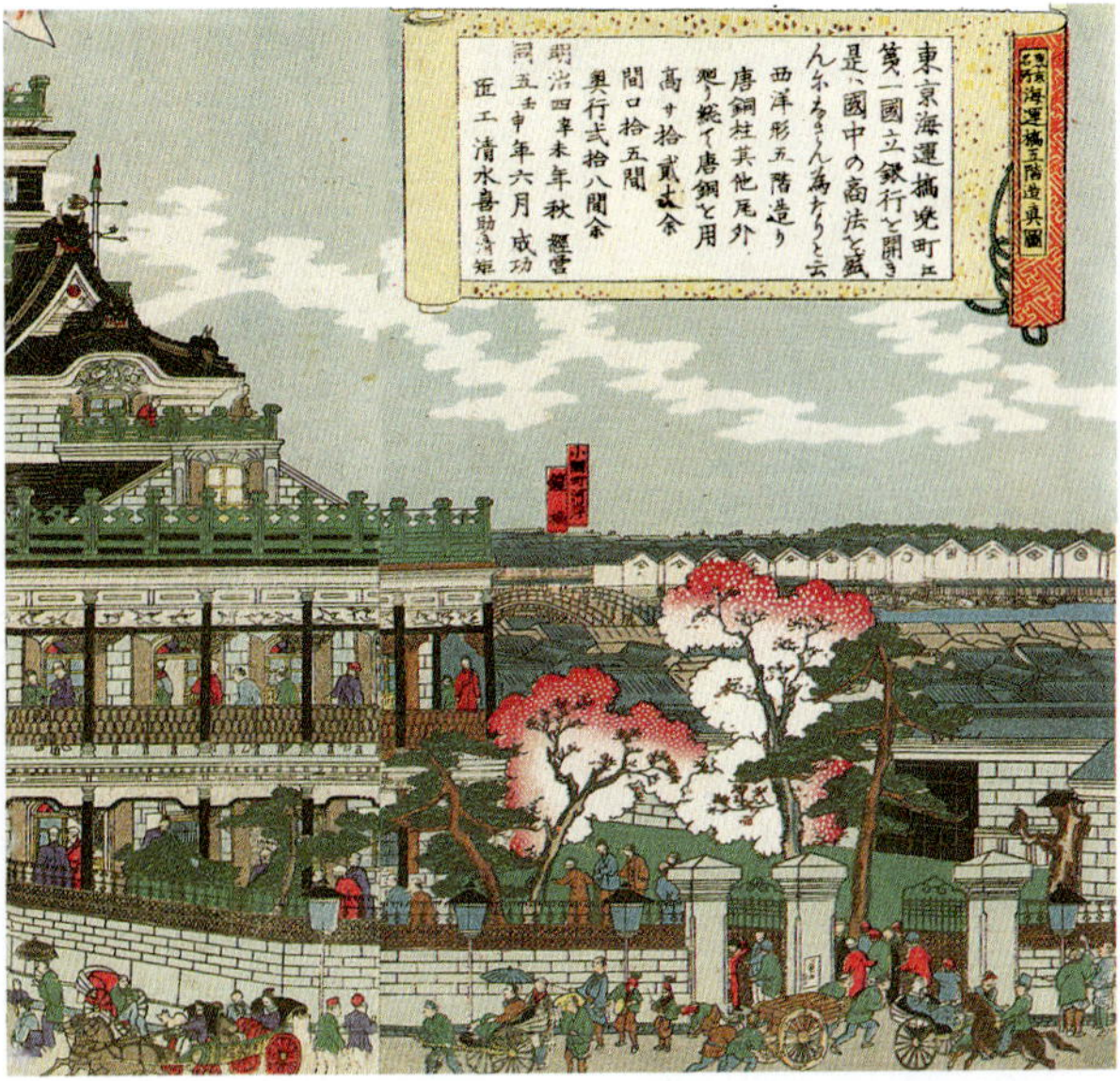
海運橋五階造真圖
東京海運橋兜町ニ
第一國立銀行を開き
是ハ國中の商法を盛
んにあらん爲なりと云
西洋形五階造り
唐銅柱其他尾外
廻り総て唐銅を用
高サ拾貳丈余
間口拾五間
奥行弐拾八間余
明治四辛未年秋 經營
同五壬申年六月 成功
匠工 清水喜助清矩

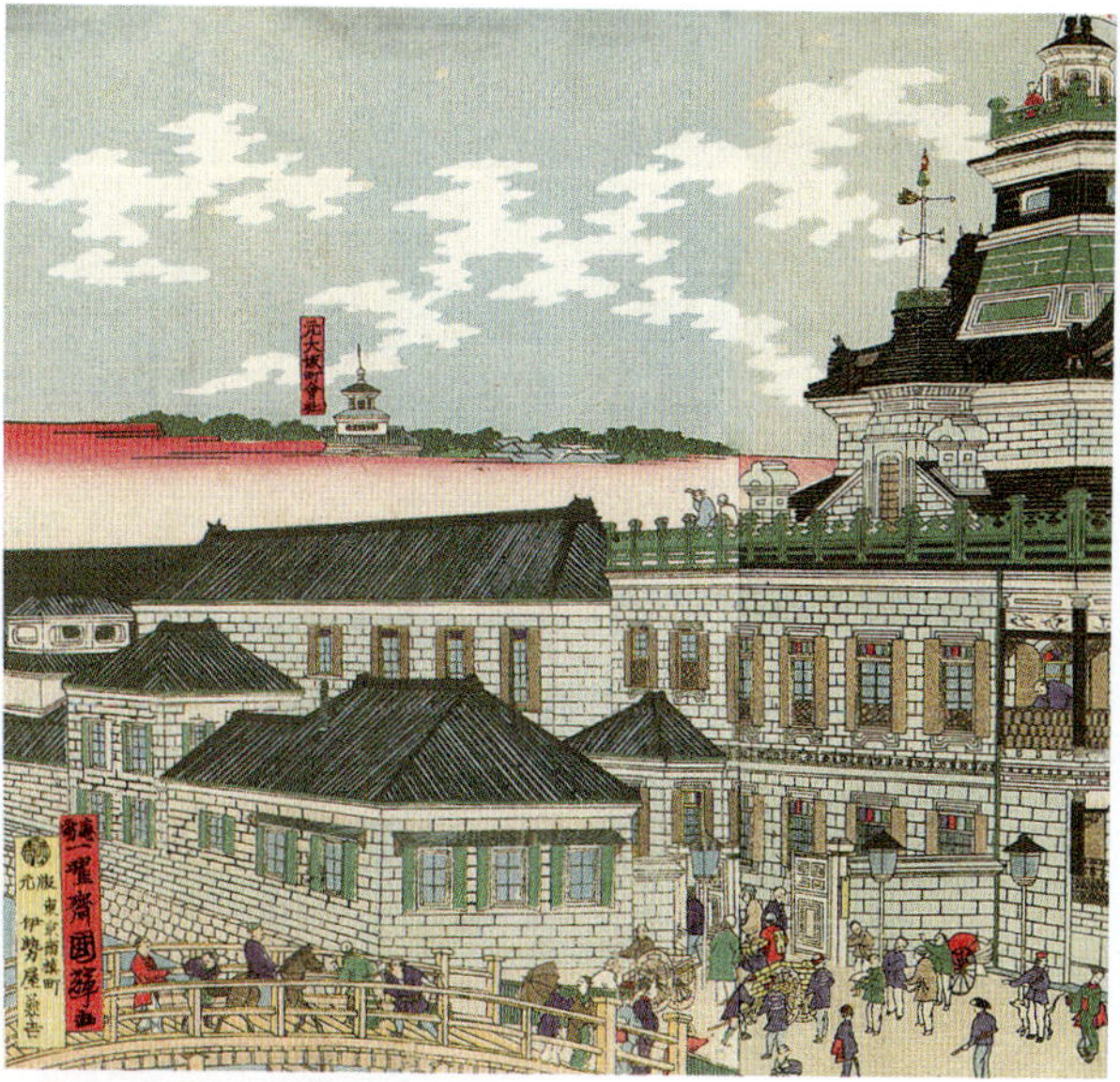

図版上／海運橋の第一国立銀行（清水喜助設計　1870年代初頭）
図版右／コンドル設計による最初の日本銀行（井上安治画　木版）
図版左／鹿鳴館の夜景（井上安治画　木版）

東京蒸氣車之圖

品川の交通混雑　機関車同士のあわやの衝突や街頭での伝統的な混雑ぶり（芳虎画　木版）

上野公園で空中曲芸を演ずる気球男スペンサー（明治23年　木版）

吉原指折の遊廓角海老の遊女たち（ステンド・グラスの窓に注目）

霞ヶ関の政府庁舎前を通る明治天皇と皇后（明治35年）

上野公園の花見（大正4年　石版）

前頁図版／小林清親派の木版画２点（安治画）
図版上／三越百貨店（左側）と三井銀行を描いた夜景
図版下／東京湾を眺望する愛宕山からの光景
図版上／明治天皇の葬列（大正元年）

吉原北郊の遊覧地、橋場（清親画　木版）

浅草の商店街仲見世（清親画　木版）

早春の東京駅　大正ルックの典型を描いた柿内青葉の石版画

大正の日比谷公園（伊東深水画　石版）

上野公園の大正博覧会
（想像図　部分）

日本橋魚市場（明治31年　石版）

東京 下町山の手

1867−1923

エドワード・サイデンステッカー
安西徹雄 訳

講談社学術文庫

Low City, High City

Tokyo from Edo to the Earthquake
by Edward G. Seidensticker

Japanese translation published by arrangement with
The Estate of Edward G. Seidensticker c/o Aileen Gatten
through The English Agency (Japan) Ltd.

はしがき

若い頃は、自分の著書を誰かに献ずるなどということはしなかった。いかにも大袈裟な、仰々しい真似のように思えたのである。この齢《とし》になって、今さらそんなことを始めようとは思わない。けれども、もし本書をかりに誰かに献ずるとすれば、永井荷風の霊に捧げたい。

荷風は、小説家としてはそれほど傑出した人ではなかった。緊密でドラマティックな物語を、緩みない持続力で展開してゆくというのは、かならずしも彼の得意とするところではない。彼の真骨頂は、むしろ短い抒情的な珠玉の章句にある。そして私には最近、その彼の美点がますます好もしいものに思えてきた。その荷風が、世界でもっとも興味つきないこの東京という町について語るところは、私自身の感ずるところと殊のほか近い。というより実は、私がこの町を探索し、夢想し、沈思する時、その導きの師となり、道行きの友となってくれたのは、ほかならぬ荷風その人だったのである。

とはいえ私は、荷風のように、ひたすら江戸に憧れるというのではない。江戸時代にはいささか暗く、陰鬱なところがあって、あたら才能を押し潰されてしまった人々の例はあまりに多い。私なども、かりにあの時代の江戸に住んでいたとしたら、才能があるかどうかは別として、やはり押し潰されてしまっていたのではないかといつも思う。

私が荷風に共感するのは、下町にたいするその深い愛着である。下町には、少なくとも大震災の頃までは、江戸文化の残照がなお生き延びていた。日本の近代化と奇蹟の経済成長が始まったのは明治だったが、下町はまだ、江戸期以来の文化的優位を失ってはいなかったのである。

大震災以来の六十年間にも、特筆すべき事件が多々あったことはいうまでもない。この時期について——特に戦後の東京について語るとなれば、優にもう一冊の書物が必要だろう。けれどもその書物では、もっぱら東京の残る半分（現在では、実は半分を遥かに越えているのだが）、つまり山の手を扱わなくてはならないだろう。インテリや芸術家はもちろん、財界や政界の大立者も、ますます山の手に集中してきたからである。本書では、下町にくらべて山の手に触れることが少ないかもしれないけれども、他意はない。これほど巨大で複雑な都市であってみれば、なにもかも平等に興味をひかれるということはありえないし、そもそも私的な体験から出発した書物である以上、どうしても個人的な興味にひかれざるをえないというにすぎない。

荷風は挽歌の詩人だった。江戸の死を悼《いた》み、東京の出現を恨んだ。そうした荷風を師とし、友としている以上、本書にも折に触れて挽歌の響きは現れざるをえないだろう。もちろん、古いものの死と新しいものの出現とは深く絡み合っていて、そう明快に切り離せるものではない。けれども江戸の伝統がたどった運命は、もっぱら下町にかかわることであるのだから、下町に関係のない事柄は、自然、本書に登場することも少なくならざるをえない。下町は知的な土地柄でもなかったし、政治色の強い所でもなかった。けれども、知的、政治的な問題を取り上げなかったことには、実はもう一つ理由があった。東京が日本の首都となったという事実がそれである。東京のたどった歴史には、首都であったために起こったことと、一つの都会として経験したこととを区別できるのではないだろうか。そして私が書きたいと思ったのは、東京が一つの町として経てきた歴史だったのである。

そういうわけで、本書では政治や思想史についてはほとんど触れることはなかったし、文学や経済史についても大して触れてはいない。文学に関することで重要な例外があるとすれば、江戸の町人が熱愛した歌舞伎の問題である。歌舞伎のたどった運命は、この町の歴史にとってはきわめて重大な意味があるが、首都としての歴史からすれば大した問題ではあるまい。いずれにしても、しかし、一つの都市の変貌を、あたかも生き物でもあるかのように扱おうとするのは、現実にそぐわないことであるのかもしれない。都市はあらゆる面であらゆる方向に変化するけれども、生き物にしろ、あるいはなにか特定の機構にしろ制度にしろ、そんな変化の仕方はしないからである。にもかかわらず本書の主題とするところが、東京という一つの都市の変貌であることに変わりはない。つまりは江戸の遺産が、その後どのような運命をたどってきたかということであって、首都としてどのように時代の流れを受けとめてきたかは、あくまでも脇筋でしかないのである。

本書を書くについて、直接引用した書物はいうまでもないとして、大いに参考にしたのは『東京百年史』である。昭和四十七年から八年にかけて、東京都の編集・発行した大著で、全六巻、各巻一五〇〇ページにのぼる。これだけ厖大《ぼうだい》な書物だから、出来栄えが不揃いなのは致し方ないとしても、東京の歴史を調べるには不可欠の資料である。

各種の東京案内記は、直接引用した場合こそ少なかったが、どれも非常に役に立った。明治四十年、東京市の発行にかかる『東京案内』二巻は特に重宝した。各区の歴史もやはり大いに重宝した。地方史にかけては、日本人はイギリス人に劣らず熱心で、水準も高い。『タイムズ文芸付録』などを見ていると、イギリスの地方史の書物が書評してあるのを始終見かけるが、日本でも、これに類する書物がおびただしく出版されていて、東京のどの区にも、少なくとも一冊は区史が出ている。その全部を読破したなどというつもりはないけれども、参照した限りでは、どれもみな貴重だった。

最大の資料は、しかし、やはり永井荷風である。本書を誰かに捧げるとすれば、荷風に捧げるべきであるのと同様、最後に謝辞を誌すべきは、やはり荷風にたいしてでなければならない。

目次

東京　下町山の手　1867－1923

Senjū
Yoshiwara
SHITAYA
Ueno Park
Shinobazu Pond
Ueno Station
Matsuchiyama
Asakusa Kannon
Twelve Storeys
Asakusa Park
Azuma Bridge
ASAKUSA
Kanda Myōjin Shrine
Umaya Bridge
Sumida River
Nikolai Cathedral
Kanda River
HONJO
Yanagibashi
KANDA
Ekōin Temple
Ryōgoku Bridge
Kameido
Bank of Japan
Mitsukoshi
Nihombashi Bridge
Shin-ōhashi Bridge
Nakasu
NIHOMBASHI
FUKAGAWA
KYŌBASHI
Eitai Bridge
Shintomiza
Kabukiza
Tsukiji
Susaki
Foreign Settlement
N
Tokyo in 1892
0
1
MILES

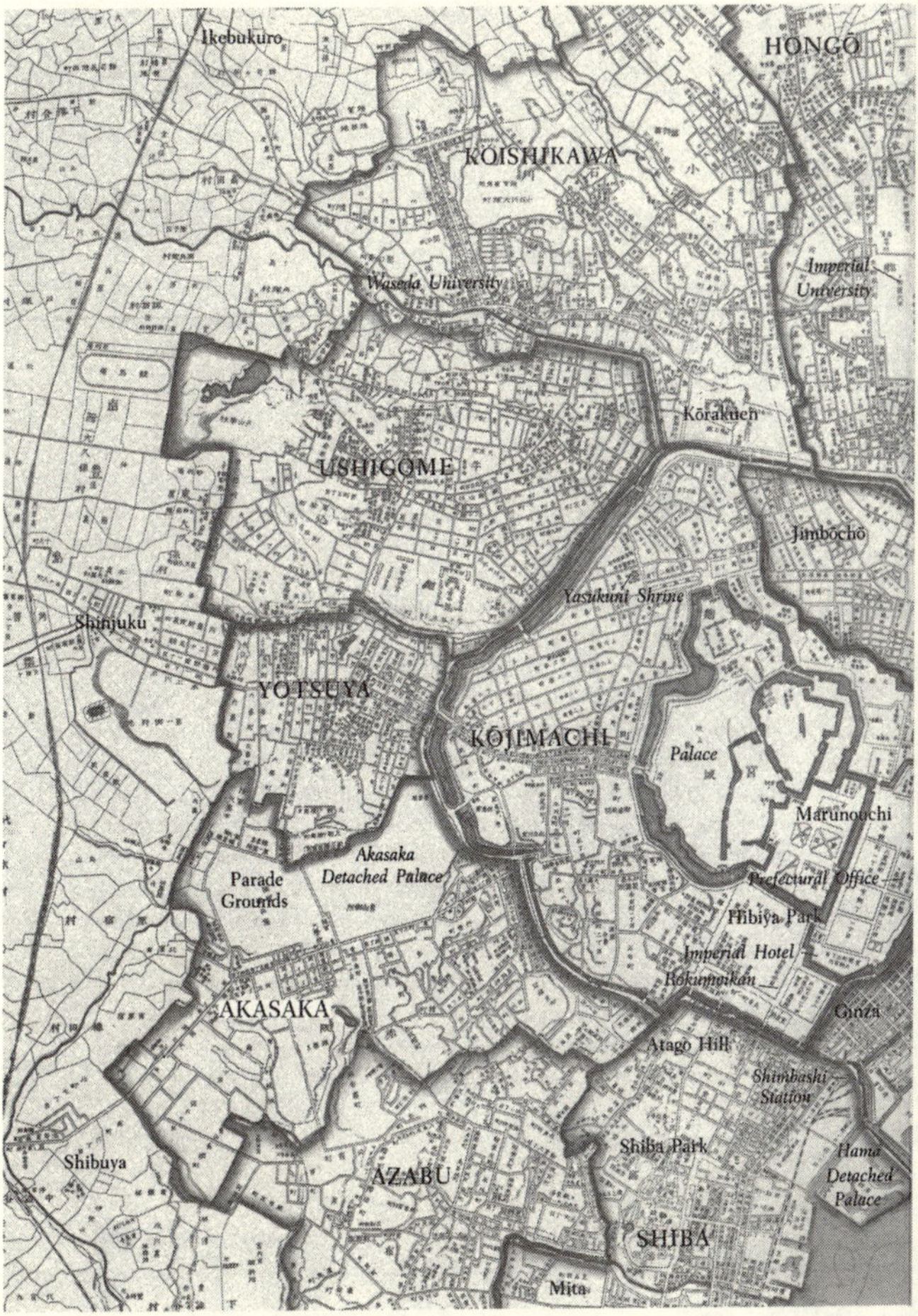

明治25年東京市街図（Tokyo in 1892）

Tokyo in 1914

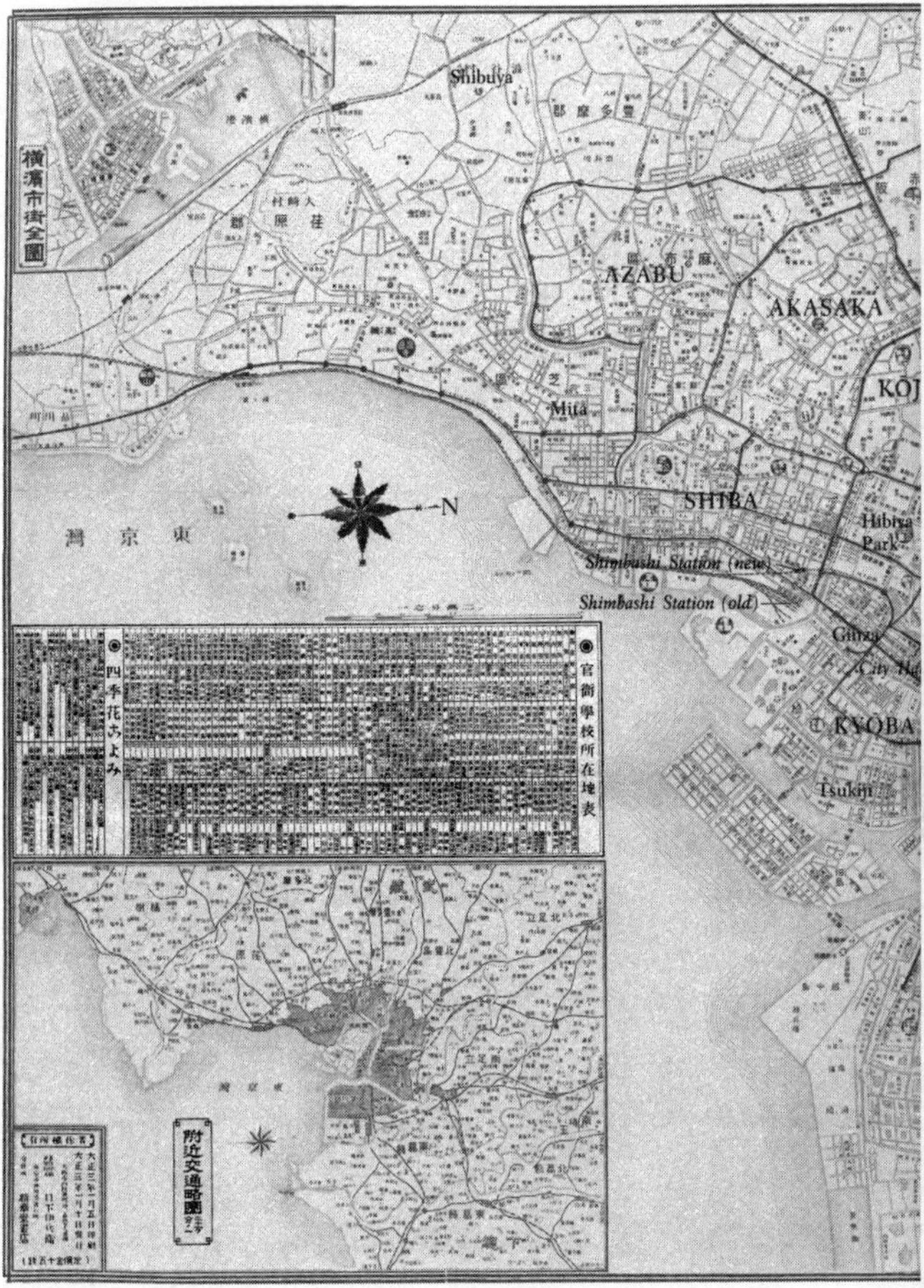

大正３年実地踏測東京市街全図（Tokyo in 1914）

I

終末、そして発端

大正十二年九月一日。予感はあった。翌日は二百十日に当たり、例年のように台風でもやって来れば、稲作に大きな被害を与えることになる。だから毎年、不安な思いで迎える日だが、この年は、災害は九月一日にやって来た。

午前中は蒸し暑く、蟬の声がかまびすしかった。ただ、やや強い風があって、蒸し暑さも多少はしのぎやすかった。風向きは東から、九時頃には南に変わった。低気圧が関東平野の南部を覆っていた。正午に近づくにつれ、風は強さを増してきた。雨が降り、十一時に上がった。空は晴れた。

もうすぐお昼のドンが鳴るはずだった。明治四年以来、毎日正午に、旧江戸城の本丸でうつ大砲の音である。

正午一分十五秒前、あの大地震が襲った。最初の揺れがあまりに烈しかったので、中央気象台の地震計は計測不能に陥った。長い余震を細かく記録しているのは只一つ、東京帝大の地震計だけである。これによると、以後三日以上にわたって、一七〇〇回を越える余震が記録されている。震源地は相模湾で、深い海溝に沿って沈下があり、両側では逆に隆起が生じた。東京の東の端には、江戸川に沿って東京湾に入る地震帯が南北に走っている。もう一つ、房総半島の先端から伊豆半島の南端にかけても、相模湾の湾口を横切る地震帯が走っている。安政二年にも、江戸川沿いの地震帯で大地震があったし、明治二十七年にも、やはりこの地帯で大規模な地震があった。大正十二年当時、もうそろそろ次の大地震が来るのではないかと予測され、帝都をもっと安全な土地に移すという話がしきりで、この噂を鎮めるために、天皇がみずから公式にこれを打ち消さなくてはならない程だった。

九月一日の昼から二日の夕方にかけて、下町一帯はほぼ全域にわたって炎上した。江戸独自の文化を生み出した下町、そして、大正十二年の九月一日まではこの文化のなお生き延びていた下町の大半は、二十四時間あまりの間にほぼ完全に姿を消してしまったのだ。

この大地震と、続いて襲った火災のためにどれ程の死者が出たのか、正確な数字はわからないが、事件直後、欧米の新聞に報道された数字に誇張があったことは確かである。『ロサンジェルス・タイムズ』は、五十万人の死者が出たと報じてこの地の日系社会を動顚《どうてん》させた。今日の推定では、東京の死者の数は、いちばん多く見積もっても十万程度だったと考えられている。いずれにしても、地震そのものの被害よりも、火災による死者のほうがはるかに多かったし、倒れた家の下敷きになった人より、溺れ死んだ者のほうが多かったと考えられる。

死者の半数近くは、ほとんど一瞬のうちに、たった一つの場所で出た。隅田川の東岸に近い陸軍被服廠《ひふくしょう》跡の空き地である。最初の激震の直後、市内の各所で一斉に火の手が上がった。午後も中頃になると、隅田川沿いのあちこちで旋風が起こり、いちばん大きいものは、目撃者の話によると、当時、江東では断然最大の建物だった国技館の付近一帯を覆い、数百メートルの高さに達したという。焰《ほのお》の竜巻は被服廠跡に舞い下り、火に包まれた下町を逃れてここに集まっていた人々を襲って、三万人以上の焼死者を出したのである。芥川龍之介は、後年、よく冗談に語っていたという。もしもあの時、幼時を過ごした本所の家にいたとしたら、皆と同じように被服廠跡に逃げ、自殺などという面倒なことを考えなくてもすんだはずだというのである。

僕の知人は震災のために、何人もこの界隈に斃《たお》れてゐる。僕の妻の親戚などは男女九人の家族中、やつと命を全うしたのは二十前後の息子だけだつた。それも火の粉を防ぐために戸板をかざして立つてゐたのを旋風のために巻き上げられ、安田家の庭の池の側へ落ちてどうにか息を吹き返したのである。

（『大東京繁昌記』〔昭和三年刊〕下町篇）

伝統的な木造家屋は、大風や洪水、地震にたいしては意外に抵抗力がある。この時もそれに変わりはなかった。しかし、その後に来た火災には無力で、下町一帯は、延焼を免れた一画がちらほら残ったにすぎなかった。ペリー来航後すでに七十年、大政奉還から五十年を経た当時でも、東京の市街はまだほとんど木造だった。もっと頑丈な材料を使った建物にしても、地震そのものは無事に持ちこたえたものの、火事で内部が焼き尽くされてしまったものが多い。ライトの設計した帝国ホテルの建物は、大震災にビクともしなかったことが大いに賞讃の的とされたが、確かに賞讃する値打ちのあることは事実としても、ほかにも近代的な

浅草の惨状（十二階を遠望）

建築で震災を免れたものは少なくなかった。例えば日本橋の三越は、地震の揺れでは僅かに窓ガラスが割れた程度ですんだ。ところが火災が起こると、目撃した人々の話によれば、まるで太陽のようにまぶしく燃えさかったという。帝国ホテルが焼けなかったのは、まったく偶然の賜物だったのである。

地震自体の被害がどの程度だったのか、その直後に火災が起こった場合、判断は容易ではない。地震が終わって火の出るまでのごく短い間どのような状態だったか、恐怖で歪んだ記憶を基に推定するしかないからである。いちばん信頼できる情報から推すと、この震災で被害を受けた建物は市内全戸の四分の三以上にのぼったが、火災で焼失した建物はその三分の二に近かったという。とすれば、地震そのものが直接の原因になったのは、この二つの数字の差、つまり約一二分の一程度だったということになる。

当時、東京市は十五区から成っていたが、火災の出なかったのは僅か牛込区一つにすぎなかった。九〇パーセント以上の建物が失われた区は五つ、これに近い被害を出した区が一つあったが、この五つはすべて隅田川沿い、ないしは東京湾に面した下町、六番目の下谷区も大半は下町に属し、一部が山の手に延びていた。ここでは、下町の部分はほぼ完全に破壊され、山の手にかかる境界線で火の手が止まっている。もし下谷区の上野公園が、被服廠跡と同じように旋風に襲われていたとすれば、死者の数はおそらく倍増していたにちがいない。

火災の件数や原因を明確にすることも、地震の被害と火事の被害を区別するのに劣らずむずかしい。いちばん信頼できる推定では、火災の件数は一三四としている。被害のほとんどは、一日目の午後から夜にかけて出た。三越が太陽のように燃えたのは翌日の朝早くである。十五区中、もっとも多く火災の生じたのは浅草で、二三件にのぼったと言われる。だが三日目の朝には、最後まで燃えつづけていた火の手もようやく鎮火した。

普通言われているところでは、東京を火の海と化した最大の原因は、正午直前という時間にあったとされている。昼食の支度に使っていたガスや炭、薪の裸火が火事の原因になった――常識ではそう考えられている。

けれども実際には、ほかの原因で起こった火災も少なくなかったらしい。最大の原因が化学薬品の自然発火だったことが突きとめられているし、次いで電線、炊事の火は三番目だったという。とすれば、同じ被害は一日中いつでも起こりえたわけだ。安政二年の大地震は夜中だった。この時も下町の大半が破壊され、被害のほとんどは火災によるものだった。けれども安政二年では、電線など言うまでもなく皆無だったし、化学薬品もほぼ無に等しかったはずである。どうやら建物が大量に壊れると、いつでも火災が生じるものらしい。風の強い日、各所で同時に火の手が上がれば、どんな消防組織でも手の施しようがあるまい。今の東京はさながら化学薬品の海だし、各種の電線が蜘蛛《くも》の巣のように張りめぐらされている。なるほど昔ほど木造一辺倒ではないにしても、下町の大部分は家がびっしり密集し、しかも元来が埋立地だから、次に大地震が来れば最悪の被害に見舞われるにちがいない。

震災後、奇妙な噂が市内に流れた。西洋の某国が地震発生機を発明し、日本を実験台にしたというのである。もちろん根も葉もない話だが、しかし「外人」にたいして――つまり欧米人にたいして暴動が起こるなどということはなかった。その代わり、この島国の外国人敵視の感情は朝鮮人に向かった。

政府は自重を呼びかけたが、別に朝鮮人の安全を願ったからではない。欧米諸国の非難を惧《おそ》れたのである。こんなことが欧米の新聞に報道されては困るというにすぎない。朝鮮人が井戸に毒を投げ込んでいるという噂が広まり、警察も特に井戸に注意するよう呼びかけた。そのため後に、警察は朝鮮人にたいする敵意を掻き立てたと非難されることになるのだが、しかしおそらく、わざわざ敵意を掻き立てるまでもなかった。朝鮮人に関して最悪の想像を逞しくする傾向——というよりむしろ願望は、日本の近代史を通じて絶えず現れる現象である。いずれにしても、相当の虐殺であったことは確かで、公式の発表もしぶしぶながらその事実を認め、その数は数百だったと公表した。その後、進歩派の学者吉野作造の行った調査では、実際は二千人以上だったとしている。

江戸の名残の建物がすべて失われたわけではない。例えば浅草寺《せんそう》は焼け残った。観音様が危うく火災を免れたについては、当時、面白い噂が立った。『暫《しばらく》』の舞台姿の団十郎の銅像が、北から寄せて来た火の手を押しとどめたというのである。しかし、江戸文化の中心だった吉原は焼失した。

明治の東京を象徴する建物の数々も焼け落ちた。例えば新橋駅は、言うまでもなく日本最初の鉄道のターミナルだが、近代建築でありながら焼け落ちた。浅草の凌雲閣《りょううん》は、十二階建ての煉瓦《れんが》造りの建物で、「十二階」といったほうがとおりがいいかもしれないけれども、明治二十七年の地震では崩れなかった。この時は、煉瓦造りの煙突で倒壊したものが非常に多く、煉瓦建築一般が地震に弱いと評判を落としたものだが、十二階だけは持ちこたえた。そこで地震には強いと思われていたのだけれども、大震災では八階以上が折れ、近くの池に落ちてしまった。七階から下の残骸は、翌年、工兵隊の手で撤去される。

しかし、なんといっても最大の損失は、下町そのものが失われてしまったことである。将軍の城下町として登場して以来、江戸は最初から、城の西側に半円形に拡がる山の手と、東半分の下町とに分かれていた。山の手は、あちこちに町人の住居の固まっている所が散在していたものの、もっぱら武家、それに神社や寺院が占めていた。下町にも武家屋敷はあったし、寺院の数もおびただしかったけれども、なんといっても町人の町だったことは言うまでもない。武士の教養は非常に高かったが、その趣好は——少なくとも、武士にふさわしいと考えられた趣味は尚古的、学究的だった。江戸の活力の源は、やはり下町にあったのである。

下町というのは昔から定義のはっきりしない地域で、厳密に境界を定めることはむずかしい。地域というより、むしろ抽象的な概念ではないかと思えることさえある。十七世紀に幕府がその所在地の建設に着手した時、地盤の固い山の手はほとんどを武士に与えた。一方、城の東に当たる隅田川や旧利根川の河口を埋め立て、こうして出来た土地が、武士階級に食糧と労働力を供給する商人、職人たちの居住地となったのである。西は江戸城、東は隅田川や江戸湾に挟まれたこの地域が元来の下町だった。明治時代の十五の区のうち、下町に入るのは日本橋と京橋、それに神田や下谷の低地部にすぎない。浅草は、明治期の歓楽街のうちではいちばん賑わった所だけれども、江戸の旧市街には入っていなかった。市街を護る木戸の外にあって、もともとは観音様に参る参詣客のための町だった。後に芝居町とつながり、さらにその北にある吉原との関連で発展していった所である。今日では、隅田川の東はみな下町の一部と見なされているけれども、明治期までは、川の東岸のほんの細い一筋だけが下町に入るとされていた。それも、誰でもがそう考えていたわけではない。

下町の中心は日本橋だった。幕府が最初に埋め立てた中でも最大の土地である。下町の雰囲気を作り、その特徴を決定したのが日本橋で、ちなみに日本橋の橋そのものは全国の街道の基点となり、全国各都市との距離もここを原点として測った。日本橋の住人からすれば、ほんのわずか東に歩けば、隅田川を渡ってものの数歩も歩かぬうちに、もう田舎へ来たという思いがしたにちがいない。下町はごく狭い、しっかりとまとまった、そして居心地のいい町だったのである。

大政奉還以来大震災までの間に、下町はすでに大きく変化していた。江戸文化がいつ消滅してしまったのか、通をもって自任する人々も、時代が下るにつれて、消滅の時期を次第に後にずらしてきた。明治の中頃にも、江戸はついに死に絶えたと言われたものだが、明治が終わった時にもまた、これでいよいよ江戸も死に絶えた、今あるのはもう東京だけという述懐が聞かれた。しかし今日でも、下町は山の手とは確かにちがっていて、だから江戸の匂いはまだいくぶんかは生き延びていると言えなくもない。だがそれにしても、大正の大震災はやはり大きな切れ目だった。下町の中心は、この打撃から二度と回復できなかった。すでにこれ以前から、金のある人たちは日本橋を離れつづけていたし、それにともなって活力も失われてはいたけれども、大震災は、下町から南へ、あるいは西へというこの移動の速度を一

明治初期の常盤橋（後の日本銀行用地）

挙に早めた。この移動の最初の現れが銀座の擡頭《たいとう》である。現在の東京の盛り場は、明治の東京から言えば、みな西の郊外だった所ばかりだ。

日本橋をはじめとして、一般に下町は保守的である。もちろん、町人を最下層に置く幕府の厳しい身分制度にたいして、不満はあった。この不満をぶつける手段として、下町の文芸や芝居には諷刺的性格が強く、山の手の武士階級を揶揄《やゆ》して溜飲をさげる気風もあったけれども、幕府体制の脅威となるほど強力なものではない。江戸っ子は将軍様のお膝下《ひざもと》にいることを誇りとし、そして代々の将軍のほうでもまた、祭事の折など、町人にたいして鷹揚に配慮を見せるだけの知恵はあった。やがて、実際に幕府の脅威となる勢力が現れることになるが、これは遥か西南の地方から迫った脅威であって、江戸っ子は、この田舎侍たちが新しい権力者として乗り込んで来た時、旧幕時代の武士にたいするよりもはるかに強い憤懣《ふんまん》の念を抱いた。

江戸っ子は独りよがりだと批判することはできるかもしれない。いわばプロの江戸っ子の末裔は今日でもいるけれども、この手の連中の自尊心はむやみに強く、ほとんど無作法とさえ呼べるだろう。世界には下町と下町以外という区別しかなく、そしてもちろん、下町以外はものの数にも入らない。谷崎潤一郎は生粋《きっすい》の江戸っ子で、明治十九年、日本橋の商家の生まれだけれども、仲間の江戸っ子を好まなかった。谷崎に言わせれば、江戸っ子は弱虫で、始終不平ばかりこぼし、概して実行力がない。しかし江戸時代の下町は、きわめて洗練された高度の趣味を具えていた。その後の時代の推移を見れば、この高度の洗練を維持してゆくには排他性が必要だったことも頷《うなず》ける。とすれば、この程度の欠点はむしろ安い代償と言うべきかもしれない。

日本橋の南にあたる銀座は京橋区に入っていたが、新しい時代を迎えて前面に躍《おど》り出てきた。旧幕時代は職人の町だったが、新しい時代を象徴する鉄道の終点に近く、横浜から、さらには横浜を通じて欧米から、熱心に新文物を取り入れた。

新しい住民の流入と共に江戸っ子が四散し、特に日本橋が犠牲になった有り様を回想している文章は、谷崎の作品をはじめとして数多い。これには誇張もあるかもしれないし、殊に谷崎の場合は、文学上の効果をあげるために、あえて誇張しているのではないかと思えるふしがなくもない。谷崎はまた、西国から上京してきた事業家の前では、江戸っ子があまりに無力だったことを強調している。けれども江戸の商家の中にも、大いに成功した人々は少なくなかった。十七世紀以来、日本橋に店を構えた三井家などはその著しい一例である。けれども江戸っ子が、その後も長く下町に踏みとどまった例の少ないことはやはり事実で、人口も文化も、南へ、西へと移動する動きは押しとどめるべくもなかった。そして大正の大震災は、この動きにさらに拍車をかけることになったのである。

山の手の被害は、下町にくらべればずっと軽くてすんだ。郊外も、やがてほとんどが市街地に繰り込まれることになるが、山の手よりさらに被害は少なかった。震災の前後を通じて、広大な郊外も含めた東京府全体の工業生産高はほとんど変動を見せていない。ところが市街地の十五区だけを取ってみると、この同じ時期、生産高は激減している。つまり郊外の占める割合が、それだけ大きくなっていたということである。

下町の歓楽街が焼失したのにともなって、山の手の盛り場は活況を呈した。山の手のこうした街には伝統がなく、だからこうして繁栄の中心が移ったということは、つまりは東京の歴史の中で、なにか重要なものが終わってしまったということにもなる。永井荷風は、谷崎とちがって生粋の江戸っ子ではなかった。商家の出ではなかったし、それに、この町に三代続けて住んでいなければ本物の江戸っ子とは言えないとされる通念からしても、荷風の家はそれほど古い江戸の住人ではなかったからである。にもかかわらず、荷風は江戸や東京のことを熱心に調べた。そして昭和三十四年に歿《ぼっ》するまで、生涯、東京が江戸を殺したと嘆きつづけた。江戸はこれこれの時期に死に絶えたと何度も嘆いておきながら、愛すべき矛盾というべきか、まだあの頃は江戸は生き延びていたのにと、何度も繰り返し懐かしみつづけた。一般には好色的な作家と考えられているけれども、荷風の作品の本質は郷愁と挽歌にある。色街は江戸文化の中心だった。江戸の名残がなお生き延びていたとすれば、保守的な色街を措いてほかになかった。荷風が好んで色街を描いたのも当然である。逆に山の手の新興の歓楽街にたいしては、荷風は嫌悪と軽蔑を隠さなかった。性を、あるべき位置に抑えておく術《すべ》を知らないというのである。昔の色街の格式の高い花魁《おいらん》たちは、単に性の快楽だけで客の歓心を買ったのではない。それだけでは、一廉《ひとかど》の花魁とは見なされなかった。かつての遊廓は、確かに高度の技芸の中心だったのである。

十干《じっかん》と十二支を組み合わせる中国の暦法では、六十年で干支《えと》が一巡して一つの周期を閉じるが、たまたま大正十二年はこの周期の終わる年に当たっていた。この六十年前に当たる元治元年には、徳川幕府はすでに瀕死の状態にあり、十五代将軍慶喜《よしのぶ》の治世はたちまち終わって御一新となる。江戸は東京となり、明治天皇は東京に移り住んだ。

この周期の始まる頃、江戸の人々は、やがて徳川の御時世が終わりになろうなどとは知る由《よし》もなかった。しかし不安を掻き立てる材料には事欠かなかったにちがいない。外国人の出現もその重要な一つである。しかも外国人は、一向に立ち去る気配を見せなかった。開港直後は、外国人は友好的に迎えられ、強い好奇心の対象となったようである。だがやがて情況は一変する。あるオランダ人はこの急変の時期を、文久二年、つまり生麦《なまむぎ》事件の年としている。これ以後、外国人にたいする暴力事件が続発することになるのだが、今もいうオランダ人の意見では、非はむしろ外国人の側にあった。この頃日本に来ていた外国人には、開港地にはとかく集まる乱暴者が多かったらしい。ただ、江戸の町人が暴力事件に直接かかわることはほとんどなかったようで、そこまで強い反感は彼らにはなかった。暴力事件を起こしたのは、もっぱら田舎から出て来た武士である。けれども江戸の町人も、異国の野蛮人どもなど、海の向こうへ追い帰すべきだと考えたことに変わりはなかった。

ヨーロッパの首都のほとんどは独自に発達した商業都市で、君主の利害とは独立し、時には対立することさえあったが、江戸はこれとは性格を異にする。ロンドンやパリより、むしろワシントンに似て、しかもワシントンよりも早く、人工的に作られた首都である。もちろん、厳密にいえば江戸は首都ではない。天皇は徳川時代を通じていつでも京都にいたからである。けれども、江戸が権力の座であったことに変わりはない。家康がここに城を構えたのは軍事上の理由からだったが、やがて商人や職人が、ワシントンの場合と同様、官僚機構の生活を支えるためにこの町に集まってきた。そして実際、江戸の官僚機構は厖大なものだった。参勤交代制によって、全国の大名はみな江戸に屋敷を持たねばならなかったからである。江戸の町人はこの武士たちに仕え、金を儲けることで満足していた。武士階級の生活ぶりを見ていれば、少なくとも下層の侍たちが、町人の暮らしを羨んでいることは明らかだった。

古地図を調べてみると、細かい点では多少食いちがっているけれども、非常に多くの土地が武家や寺社に与えられ、町人にはごく僅かしか割り当てられていないことを示す点ではみな一致している。ほぼ五分の一程度の土地しか占めてはいないのである。下町でさえ、全部が町人のものではなかった。隅田川の両岸は、浅草までほとんどが武家屋敷で、東岸はほぼすべて、それに日本橋や銀座の東側もほとんどが武家の屋敷だった。その上、下町の北端と南端に沿って、広大な土地が寺院に与えられていた。こうして約五十万の江戸町人は、現在でいえば中央部の区二つ分にも達しない狭い地域に押し込められていたわけである。

十八世紀から十九世紀前半にかけて、江戸はおそらく世界最大の都会だった。人口は百万を越え、時には百二十万ないし百三十万に達したものと思われる。当時ヨーロッパ最大の都市だったロンドンですら、まだ百万に達していなかった時代である。町人の人口はほぼ五十万で一定していた。巨大な官僚機構を支える武士が残りの大半を占めていたが、僧侶や神官の数も相当なもので、家族も入れれば十万に達した。浮浪者や渡り者も少なくなかった。そして最後に芸人の群れもいた。徳川も末になるにつれて、幕府も次第に処置に手を焼くことになる集団である。

江戸を描いた昔の浮世絵の類《たぐい》を見ると、いかにも住み心地のよさそうな町に見える。小ぢんまりした優雅な店が寺院や神社の間に配置され、そしてその寺社の境内には手品や曲芸、音曲や武術など、さまざまの見世物がかかっているし、時にはさらに、狭い世界に閉じ込められて暮らす住民の遠い異国にたいする憧れに応えるべく、海の彼方から連れてきた虎や象まで見物に供されている。

こうした絵の中で、特に目をひくのが日本橋の大通りだ。いかにも華やかな活況をうかがわせるし、事実そのとおりだったにちがいない。ただ、こうした絵に描かれることはなかったけれども、立てこんだ裏通りがいかにも狭苦しかっただろうこともまちがいない。こけら葺《ぶ》きの長屋がびっしり並び、溝《どぶ》には覆いもなく、井戸も便所も共用だった。

江戸の市街地は、明治の十五の区よりも狭かった。現在の二十三区よりはるかに狭かったことは言うまでもない。江戸の川柳では、本郷も兼康《かねやす》までは江戸の内といった。兼康というのは、今も本郷にある有名な薬種・小間物の店で、今の東京大学より手前である。そこから先はもう田舎というわけである。市街地の範囲は城を中心に半径二、三キロ程度。しかも東の海側ではこれよりかなり狭かった。この狭い地域の僅か五分の一ほどの所に、五十万の町人が住みついていたのである。裏通りの長屋の標準はいわゆる「九尺二間《くしやくにけん》」——路地に面した間口が一間半、奥行きが二間、おまけに一部は土間という造りである。豪商の中には、山の手の武家に劣らぬ広大な屋敷に贅を尽くして暮らす者もあったけれども、下町の町人たちの生活は、泥と、埃と、悪臭と、虫と、そして疫病につきまとわれる生活だった。長屋はほとんどがこけら葺きだったから、火事があるとまことに威勢よく燃える。江戸っ子は火事を自慢にし、江戸の華などと呼んだが、実際、火事は頻繁に起こり、思うさま燃えたから、下町の家はどうせ二十年はもたないものと思われていた。

江戸について、殊に、大和絵などに描かれたその美しい生活ぶりについて、感傷的になるのはやさしいことだ。プロの江戸っ子が売り物にするのはなによりも郷愁である。けれども明治は活力に溢れた時代で、どれほど保守的な住人でも、明治の到来に多少の解放感は味わったはずだと思う。

谷崎が震災のしらせを聞いて、再建された東京がどんな都市になるか夢想した話は有名である。震災の時、彼はたまたま箱根にいたが、古い市街が焼失したことを喜び、もっと自由な町が生まれる将来を夢想した。谷崎が古い町として思い描いていたのは、子供時代を過ごした日本橋だったはずで、そして当時の日本橋には、江戸の雰囲気はまだ色濃かったはずである。とすれば、その彼の夢想を通じて、江戸っ子が不自由な旧幕体制の終わった時どんな感じを抱いたものか、ある程度推測することができるのではあるまいか。

ラフカデイオ・ハーンは、人は悲しみの絶頂にある時に見たり聞いたりしたことを生涯忘れないものだと云つた。だが私は又、人はどんなに悲しい時でもそれと全く反対な嬉しいことや、明るいことや、滑稽なことを考へるものであるやうに感じる。なぜなら私は、かの大震災の折、自分が助かつたと思つた刹那横浜にある妻子の安否を気遣つたけれども、殆ど同じ瞬間に「しめた、これで東京がよくなるぞ」と云ふ歓喜が湧いて来るのを、如何ともし難かつたのである。……サンフランシスコは十年を経て前より立派な都市になつたと聞いてゐるが、東京も十年後には大丈夫復興する。そして、その時こそはあの海上ビルや丸ビルのやうな巍然《ぎぜん》たる大建築で全部が埋まつてしまふのである。私は宏壮な大都市の景観を想像し、それに伴ふ風俗習慣の変革に思ひ及んで、種々な幻影を空に描いた。井然《せいぜん》たる街路と、ピカ〳〵した新装の鋪道と、自動車の洪水と、幾何学的な美観を以て層々累々とそゝり立つブロックと、その間を縫ふ高架線、地下線、路面の電車と、一大不夜城の夜の賑はひと、巴里《パリ》や紐育《ニユーヨーク》にあるやうな娯楽機関と。……さう考へた時、復興後の東京の諸断面が映画のフラツシユの如く幾つも〳〵眼前を掠めた。夜会服と燕尾服やタキシードとが入り交つてシヤンペングラスの数々が海月《くらげ》のやうに浮游する宴会の場面、黒く光る街路に幾筋ものヘツドライトが錯綜する劇場前の夜更けの混雑、羅綾《らりよう》と繻子《しゆす》と脚線美と人工光線の氾濫であるボードヴイルの舞台、銀座や浅草や丸の内や日比谷公園の灯影に出没するストリートウオーカーの媚笑、土耳古《トルコ》風呂、マツサーヂ、美容室等の秘密な悦楽、猟奇的な犯罪。いつたい私は、さうでなくてもいろ〳〵突飛な妄想を描いて白日の夢に耽る癖があるのだが、これらの幻が実に不思議にも、妻や娘の悲しい俤《おもかげ》の間に交つて、執拗に纏綿《てんめん》するのであつた。（「東京をおもふ」）

第二次大戦後、からくも空襲を免れた人から、意外な話を聞かされて驚くことがよくあった。幸運だったはずのこの人々が、自分の家も焼けてくれればよかったのにと言う。焼けていれば、もっと明るく近代的な家に建て替えていたろうにというのである。江戸の町人も、路地の入り口の木戸が取り払われ、さらには路地そのものが、文明開化の呼び声にうながされて明るい道に取って代わられた時、同じ思いを抱いたのではなかったろうか。

明治は、なるほど煤煙をはじめ、工業化にともなって新しい形の醜悪をもたらしたし、荷風が、かつての調和の失われたことを嘆いたのも故なしとしなかった。けれども明治が同時にまた、かつての恐怖や苦しみから解放してくれたこともまた事実なのである。明治二十一年、かつての小塚原《こつかつぱら》の刑場跡で、処刑された人々の霊を慰める法要が営まれたが、この時の推計では、その数は約十万と見積もられた。現在、刑場跡に建っている寺では、二十万の霊を供養しているという。後者の数字を取るとすれば、この刑場が使われていた三百年間、毎日二人ずつここで命を失っていたということになる。しかも刑場はこの小塚原だけではなかった。明治の住民は、もうこれほど厳しい刑罰を怖れる必要はなかったし、伝染病や火事からも徐々に救われることになったのである。

精神的な意味でも解放はあった。日本橋生まれの長谷川時雨《しぐれ》は『旧聞日本橋』（昭和十年

小塚原刑場

刊）で、明治二十二年、憲法の発布された時の父親の喜びようをこう語っている。「思へば父達のよろこびは、父祖みな、町人と賤しめられてきた長い〳〵殻を破りうる、議会政治をむかへるため、ここに新憲法の成立発布を、どんなに〳〵か祝したく思つたのであらう」。

こうしてみると、いたずらに江戸を美化し、その喪失を嘆くのが危険であることはわかる。けれども、逆の極端に陥る危険にも用心しなくてはならない。明治の新しい教養を身につけたエリートたちは、江戸文化を俗悪、退廃的として退ける気風が強かった。今日でも、江戸末期の美術や文学を退廃的と呼ぶ人は多い。

なるほど、江戸の文化が色街に非常に多くを負っていたという、ごく狭い意味でなら「退廃的」と呼ぶこともできるかもしれないし、江戸末期の文学にさして見るべきものがないことも事実ではある。もし退廃があったとすれば、その原因は、第一に幕府体制の厳格な保守主義と、それに、多少とも民主的な考え方が行われていたのが（つまり階級は問題ではなく、ただ金と趣味のよさだけがものを言う所が）僅かに遊廓しかなかったという事実を挙げねばなるまい。江戸末期の文学の水準が低かった点についていえば、趣味のよさ自体が問題にされ、その趣味が生み出す作品などさして問題にされなかったということかもしれない。

平安時代は実にみごとな作品を生み出したから、あの時代は誰でもみな趣味がよかったようについ考えがちであるけれども、洗練された趣味というのは、本来、誰でもが身につけられる性質のものではない。平安朝の宮廷文化と江戸の町人文化とは、どちらも洗練された趣味を重んじ、これを身につける手段が細かく工夫され、広く行われていたという点で、かなり似ていたのではないかという気がする。

江戸文化が後世に残した個々の具体的な事物よりも、重要なのはむしろ江戸文化そのものである。その本質は演戯性、ないし演劇性にあった。室町時代に発した茶の湯もまた、本質的に一種の演戯だと言えるだろう。裕福な教養人たちの手で、茶の湯は工芸と絵画と建築の粋を結びつけたが、その作法そのものがまた、こうしてしつらえた茶室を舞台に、儀式化された会話をともなう荘重な舞にも似ていた。茶器や掛け軸はもちろん後代まで伝わるけれども、しかしそうしたものが茶席に連なる人々にどんな効果を与えたのか、その時の「座」そのものは、美しい構成要素の数々が一瞬出会って生まれるもので、その後はまた散り散りになり、後代に伝えようもない。

江戸文化の精髄も同じ特質を持っていた。だから例えば吉原での一夕を、ある昼下がりの茶席にくらべてみるのも単に気まぐれな冗談ではない。肝心なのは演戯であって、なにかを末代まで残そうなどという考えは場ちがいでしかない。もちろん演劇そのものにしても同様で、日本の劇には文学としても優れたものは少なくないが、徳川時代の脚本には、江戸に限らず大坂でも、文学として後世に永く残るべきものはそう多くはない。

江戸文化の精髄は歌舞伎と、そして遊里にあった。そして遊里で過ごす優美な一夜は、それ自体がまた劇として、演戯としての側面を持っていた。茶の湯と同じように、さまざまの要素を複雑に絡み合わせて、一瞬の完璧を作り出そうとするのである。実際、歌舞伎の遊里に与えた影響は大きかった。二つは共生関係にあったと言ってもいい。吉原にしろほかの色街にしろ、結局は色を売ることが眼目だったことは言うまでもないけれども、そこに到るまでの段取りが演劇的だったのである。高度に洗練された歌や踊りは、芝居小屋にとってと同様、吉原にとっても重要だった。もちろん同じ遊女といってもいろいろの段階があって、最下層の女郎は、なんの愛想もなく手っ取り早く商売を片づけるだけだったにしても、名高い吉原の花魁の手紙や絵が時おり展覧会に出ていたりするのを見ると、この女性たちがどれほどの教養と技芸を身につけていたかに驚かされる。

吉原の優雅な遊びは、小商人《こあきんど》や職人の懐では手が届かなかったが、彼らにも演劇的なるものへの熱情——つまりは芝居気はたっぷりあった。江戸には到る所に寄席があり、僅かな木戸銭さえ払えば、落語、物真似、役者の声色《こわいろ》、あるいは曲芸や奇術を楽しむことができた。それに寺社の縁日や祭礼には、境内でさまざまの見世物を只で見ることもできたし、夏の夜の怪談芝居に一服の涼を求めることもできた。実際、新時代のサラリーマンにはいちばん過ごしづらい夏も、江戸の町人にとってはもっとも楽しい季節だった。半分裸で街を歩き、夜店や見世物を冷やかして回れるのである。

こういう時、江戸の住民はほとんど歩いた。車の少ないことも江戸の特徴の一つで、徒歩から車に変わったということ自体、明治の大変革の一つだった。金持ちは舟や駕籠を使った

明治初期の北郊、冬の遊覧船係留風景

けれども、車を利用したのは荷車屋くらいのものである。現代の日本の都市で「日本のヴェニス」と呼ばれている所は一つや二つではないが、江戸にもそうした呼び方ができただろう。なるほどヴェニスほど海に密着してはいなかったし、道路にたいして水路の比率がヴェニスより低かったことは確かだけれども、似ていたことはやはり事実だ。江戸の町にも、自然の川ばかりではなく人工の運河が網の目のように走っていて、吉原へ行くにしても、いちばん気持ちのよいのは舟で行く方法だった。近代的な交通手段に取り残されたお蔭で、ヴェニスは今でも昔のヴェニスのままである。けれども江戸はそういうわけにはゆかなかった。

日本の都市で車の洪水を免れた所は一つもなく、その意味で、今の日本に本当にヴェニスと言える町は一つもない。かりにもし、江戸が近代国家の中心にはならず、文明開化の先頭に立つこともなかったならば、江戸の水路も、もう少し生き延びていたのかもしれないのだが。

江戸末期、日本橋の住人は、芝居小屋で一日を過ごし、ないしは吉原で一夜を過ごそうと思えば、当時の観念ではかなりの道程《みちのり》を行かなければならなかった。二つとも北の郊外にあったからである。吉原は、徳川時代の初期からここにあって、吉原田圃《たんぼ》などと呼ばれたことからも郊外であったことはわかるが、歌舞伎の小屋がここへ移されたのは、江戸期もいよいよ終わりに近く、いわゆる天保の改革で、幕府が風俗を取り締まり、倹約を奨励して経済危機を乗り切ろうとした時代だった。

浅草はすでに観音様のお蔭で繁昌しており、吉原へ舟で行くにも、浅草で下りる習わしはすでに古くから続いていた。そこへ今度は歌舞伎まで加わったのである。幕府の倹約令はこうして浅草を、水辺の郊外であるという不利な条件にもかかわらず、江戸最大の歓楽地とする結果となったのである。

浅草寺は、信心より娯楽に熱心な参詣客も多かったにしろ、市内のどの寺よりも賑わった。そして江戸っ子は、大勢の人の集まることが殊のほか好きだった。ただ人が大勢集まること自体がすでに楽しみであり、人が集まりそうだと聞けば、ますます人出が多くなるのが常だった。明暦三年（一六五七年）の大火、いわゆる振袖火事の後、吉原が日本橋からここへ移されて来た時には、観音堂は干潟の中に建っていた。日本橋からはかなりの距離で、江戸に入る街道口を警護する番所より外にあった。だからこそ幕府は吉原をここへ移したのだ。色街を法で禁止するという極端にまでは走らなかったが、墓地と同様、普段の生活からは遠ざけておかねばならなかったのである。

同じことが、徳川も末期になって寄席や芝居小屋にも起こった。天保の改革令はきわめて厳格、かつ細かいもので、町人の生活の細部までやかましく取り締まった。市内の寄席の数も、五百以上あったものを僅か十五に減らし、残された十五の寄席も、真面目で教訓的な演目を出すよう命じられた。新内流しや髪結い、矢場の矢取り女なども、風俗を乱すものとして営業を禁じられる有り様である。

天保十三年（一八四二年）、今度は歌舞伎が槍玉にあげられ、先程も述べたように浅草に移された。十九世紀初頭の文化文政時代、歌舞伎の人気は大変なもので、有名な役者はいわば文化英雄として、流行や趣味の指導者の役割を担っていた。ところがたまたま江戸三座のうち二つまでが相次いで焼け落ち、当局はこれを機会に再建の許可を与えず、歌舞伎を全面的に禁止することまで考えた。けれどもこれには町奉行の間でも意見が分かれ、結局のところ妥協策として、再建は許すが元の場所からは遠く移し、ある大名の下屋敷の跡を新しい敷地に当てたのである。その後、幕府の改革熱が冷めてからも、芝居小屋はそのままここに残った。そして、ここで間もなく御一新を迎えることになる。

こうして浅草は、明治の東京の歓楽地として恰好の立地に恵まれたわけである。近年の浅草は凋落《ちょうらく》が著しいけれども、その原因は皮肉なことに、江戸末期や明治時代にあまりに繁昌したためであったかもしれない。かつては人々は徒歩で、ないしは舟で浅草に出かけた。ところがやがて車の時代になってしまうと、電車やバスで手軽に出かけられる土地、通勤客が郊外電車に乗り換えるターミナルが、新しい時代の歓楽地となる運命を担っていた。ところがあまりに自信満々の浅草は、そうした新しい盛り場になることを拒否したのである。

もちろん、こうした変化は一挙に起こったわけではない。けれども江戸にしろ東京にしろ、昔から突然の大変化を見せる傾向があったことも事実で、しかもそうした変化には、いつでも災害がからんでいた。江戸末期に、殊さら災害が頻発したとはいえないかもしれない。しかし嘉永六年（一八五三年）のペリーの来航以後、確かに災害は多かった。いや、そもそもこの黒船の来航自体、当時の人々には災害の第一陣と思えたにちがいない。幕府にも江戸の町にも、不吉な予感が垂れ込めていた。

下町の半分は安政二年（一八五五年）の大地震で破壊されたし、安政五年には二度にわたって大火があった。以後徳川時代の終わるまでに、この安政の大火ほどではなかったにしろ、かなりの大火災が頻々として起こり、そうした火事の一つで吉原も焼け落ちた。江戸城の本丸まで、一八六〇年代に二度までも焼失したが、逼迫《ひっぱく》した幕府の財政では再建の余裕がなく、さらにもう一度火災に見舞われた後、急いで仮の天守閣を建てるのが精一杯だった。明治天皇の御座所となったのはこの仮建築で、しかもこれさえ明治の初め、またしても焼け落ちてしまう。こうして明治天皇は、東京へ移られて以後しばらくは、紀伊徳川家の屋敷でほとんどの時を過ごされるほかはなかった。後の赤坂離宮、今日の迎賓館の敷地にあった屋敷である。

今までも疫病には事欠かなかったが、この時期にも大規模な流行があった。そして、これもまた不吉な前兆と見なされた。例えば安政五年の全国的なコレラの流行は、アメリカ軍艦の長崎来航のせいだとされた。

開港と同時に、外国の商人や宣教師はもちろん、臆面もなく一攫千金を狙う山師連中がやって来た。幕府はキリスト教禁制を解こうとはしなかったが、外国人の間だけという条件で礼拝を認めた。もう一つ、開港にともなって現れたのはインフレである。これは商人の仕業だという非難が高まり、元治元年（一八六四年）には、一晩のうちに、日本人の商人が十人も殺傷されるという事件が起こった。当然、たがいにしめし合わせた襲撃だったにちがいない。

慶応二年（一八六六年）、十四代将軍家茂《いえもち》の葬儀の間に、米問屋襲撃の打ち壊しが起こった。将軍の死と大衆の暴動――二つが時を同じくして起こったというのはいかにも不吉だった。というより、そもそも家茂の死をめぐる一切が不吉だった。あたかも天は、すでに幕府を見放したかのごとくだった。家茂はまだごく若く、ようやく青年期を迎えたばかり。もともと彼が将軍の地位に就くについては、幕府内部に大きな対立があったのだが、その対立が、将軍の死と同時にまた改めて表面化した。家茂は大坂で客死したが、徳川幕府始まって以来、将軍が江戸以外の土地で死を迎えたというのも前例のないことだった。

打ち壊しは、最初深川で始まった時には別に暴力的なものではなく、米の値上がりに困った貧しい人々がただ寄り合っていたにすぎなかった。ところが数日のうちに、群衆は隅田川の西側にも集まり始め、次第に人数を増し、ますます密集の度を加えて、道路を埋め尽くす程にふくれ上がった。さらには山の手でも、下町ほどではないにしろ各所に町人が蝟集《いしゅう》し始め、そして将軍の葬儀のクライマックスに達する四日前、ついに暴動が起こる。米蔵の略奪が始まり、同時に、横浜を通じて流入を始めていた外国商品を納めた蔵が襲撃される。騒ぎを見物していたアメリカ領事が、上野で投石に遭ったのもこの時である。

最初は経済不安に発した暴動も、開国以来の社会変動にたいする怒り、これからますます大きくなってゆくであろう変化にたいする怖れにいろどられていた。幕府の支配体制が、この打ち壊しによって直接危機に陥ったというのではない。暴動は組織化されてはいなかったし、革命を目ざしたものでもなかった。ただ、外国人排撃の要素があったことは注目しておかなければならない。たとえ過去は暗く惨めだったとしても、江戸の民衆一般は、今までの

地震後の大火災　中央気象台の上空に発生したドーナツ形の雲

生活を捨てたいと願ってはいなかったのである。

けれども幕府は、みずから災厄を招いたばかりではなく、江戸の町にも災厄をもたらした。維新の前ですら、すでに江戸の人口が減少しはじめていたのもその一つの表れだろう。文久二年（一八六二年）、幕府は、その支配体制にとってあれほど重要だったはずの参勤交代制を一部緩和する。大名の家族が国許に帰ることを許したのである。もちろん大名はこれを歓迎した。反幕勢力の中でも特に積極的だった毛利藩などは、江戸屋敷を取り壊してしまった。江戸城のすぐ南にあったその屋敷が、今は大きな空き地となって拡がっている有り様は、あたかも一つの時代の終末を暗示しているかのようだった。

下級武士の間には職を失う者が多く、江戸中で経済は活力を失った。こうした変化が、幕府支配の崩壊を特に早めたとは言えぬかもしれない。しかし江戸の町に直接、厳しい結果をもたらしたことは確実である。外国人が居住を始めた事実と同様、もはや時代は、否応なく変化し始めていることを物語る事実だった。

文久三年、将軍家茂は、外国の脅威について朝廷の意向をうかがうべく、京都におもむかざるをえぬ羽目に追い込まれた。反幕勢力が、ただちに攘夷に踏み切るべしと声高に要求していたからである。十七世紀の初頭以来、将軍が京都に上るのは初めてのことだった。その後、家茂はしばらく江戸に戻ったけれども、短い治世の後半はもっぱら京都、ないしはその近辺にいなければならなかった。彼の後を継いだ慶喜は、言うまでもなく徳川家最後の将軍となったが、その職にある間、一度も江戸に住むことはできなかった。

町奉行の制度は最後まで存続したけれども、こうして文久三年以降、将軍のお膝下たる江戸には、実は将軍はほとんどいなかったのである。江戸の人々には、この町がどんな形でその最期を迎えることになるのか、知るべくもなかった。将軍はもうこの町にはいない。誰か将軍に代わるべき支配者がやって来るのか、それともふたたび江戸開府以前に戻って、ただの田舎町に成り下がってしまうのか。将軍が去り、旗本御家人も去った後、江戸に残った五十万の町人たちは、ただ成り行きを見守っているしかなかった。

II　文明開化

一八六八年、やがて明治と改元されるこの年の初め、もはや将軍ではなくなった慶喜が江戸に帰って来た。

幕府に叛旗《はんき》を翻《ひるがえ》した西南諸藩を「征伐」する戦いは、まことに惨澹たる結果に終わっていた。しかも幕府には、もう一度討伐の軍勢を派遣する力はない。長州や薩摩はすでに近代的な徴兵制を取り始めていたけれども、幕府軍は装備や補給物資に大いに不足し、その上、長い泰平の生活に慣れ、戦意もかならずしも高くはなかった。幕府の命運もすでに尽きたことを悟った慶喜は、ついに将軍の職を辞する。慶喜は、個人的には江戸の人々の間でその後も高い声望を保ち、後に明治も終わりに近くなって、静岡での蟄居《ちっきょ》生活も終わった時、江戸の象徴たるあの日本橋の名標を揮毫するよう求められている。慶喜の筆になるこの文字は銅板に刻まれ、大震災と戦災を共に生き延びて現在に伝わっている。もう一人、十四代将軍家茂の未亡人、皇女和宮《かずのみや》もロマンティックな尊崇を集めた。政略結婚を強《し》いられて将軍の許に降嫁しながら、幕府最後の動乱のさなかにも、頑として江戸を離れようとはしなかったのである。

江戸市中に政治的煽動による暴動が起こるに及んで、旗本や御家人も江戸を逃れた。大名屋敷もすでに空き家になっていた。こうした武家屋敷は焼き打ちに遭い、破壊され、荒廃するに任されていた。犯罪者たちは政治的混乱に乗じてわがもの顔に横行し、人々は日暮れと同時に戸を固く閉ざした。山の手の多く、それにお城に近い地域では、昼間でさえ危険な状態だったという。

　それでも下層の武士や町人たちは、依然としてこの町に残っていた。どこへも行き場がなかったのである。それに、幕府や大名の生活を支えることが経済の基盤だった彼らには、その武士階級が四散した今、仕事をしようにも仕事がない。維新直後、江戸の人口は約五十万に激減していたものと思われる。町人は、新政府が外国の夷狄《いてき》にたいしてどのような態度を取ろうとしているのか、ほとんど知る術《すべ》がなかった。開国の直接のきっかけを作ったのは言うまでもなくアメリカだったが、このアメリカと通商するためならば、いちばん便利な港は当然横浜ということになる。しかしもし新政府がひろく世界に国を開くつもりがなければ、首都はどこか横浜から遠く離れた土地に置くことが、少なくとも象徴的には重要な意味を持つことになる。そして実際、大阪を首都とすべきだと主張した人々もあったし、大阪と江戸を共に首都とするという二都論すらあった。

　慶応四年（一八六八年）七月（九月には明治と改元）、江戸は東京、つまり東の都と改称されるが、これで問題が最終的に決着を見たわけではない。つまり首都が、これで正式に京都から東京に遷都されたわけではなかった。京都は（元来はこれも「都」という意味だが）、相変わらず伝統的、儀礼的な首都の役割を担い続けることもありえたのである。明治天皇自身、京都こそ「わが町」と考え続けていたようで、その御陵は京都の南の郊外、桃山にある。

江戸は、そもそも「東京」に改名されてなどいないと主張する学者もいる。極端な議論には違いないが、江戸は今でも江戸であって、慶応四年七月の詔書の主旨は、「江戸を称して東京とし、京都を称して西京とせん」というところにある――つまり西京京都にたいして、東京江戸と称すべきだというのである。さらに問題をややこしくするのはその読み方で、「東京」は「トウケイ」とも読める。明治の初期には、現に両方の読み方が行われていた。

いずれにしても江戸に残った町人たちは、はたして天皇が東京に住まうことになるのかどうかわからなかった。経済活動が麻痺してしまっている以上、娯楽もまた、当然のことながら事実上活動を停止していた。慶応四年の初め、劇場は閉鎖され、吉原へ通う人もほとんどなかった。官軍は江戸を目ざして東上の途次にある。維新とはいいながら、これはやはり革命であり、この革命軍が旧体制の首都にたいしてどんな処置を取ろうとするのか、まだ誰にも知る由《よし》もない。江戸は、この新しい世界を誕生させるについてはなんの力も貸してはいなかったし、進軍してくる官軍のほうでもまた、江戸がこの西南諸藩軍の趣味や作法について、侮蔑の念しか抱いていないことはよく承知していた。江戸の町には、陰鬱な不安が立ちこめていた。

江戸は待った。官軍は近づいていた。この時、官軍の兵士たちの歌った歌は、後にギルバート＝サリヴァンのサヴォイ・オペラの名作『ミカド』に、ミカドの軍隊の歌として借用されることになる。原曲は明治陸軍の創設者、大村益次郎の作曲と伝えられる。進軍は、まず静岡、ついで江戸で会談の行われている間、箱根の手前で一時止まった。会談の結果、江戸城を戦うことなく明け渡すことが決まった。春も終わろうとする頃、慶喜は江戸を離れ、その数日後、江戸城と江戸の町とが、流血を見ることもなく明け渡された。官軍はすでに、東海道では品川宿、中仙道では板橋の宿まで達していた。

だが官軍にたいする抵抗は、江戸市中でも、東北でも続いていた。徳川の兵力はほとんどが、明け渡したはずの江戸の各所に散らばっていたが、その一隊たる彰義隊は上野に立てこもり、あたかも江戸はまだ彼らの管轄下にあるかのごとく、市中の見回りに繰り出していた。上野の山には徳川家の菩提寺の一つ寛永寺があり、墓地には六人の将軍の墓が建っている。彰義隊は寛永寺の住職、輪王寺宮公現法親王の身柄を押さえていた。官軍がしばらく攻撃を躊躇したのはそのためだったかもしれない。

五月十五日、ついに官軍は攻撃に出る。早朝、谷を隔てた本郷台地から砲撃が始まった。激烈な戦闘の後、ようやく南の防衛線（現在の上野公園の入り口に近い黒門）が破られたのは、午後も遅くなってからだった。戦死者は三百人に達したといわれる。彰義隊の損害は官軍の二倍にのぼった。砲弾はほとんど目標の手前に落ちたようだが、そのために火災が起こった。寛永寺はあらかた焼け落ち、本郷と上野の間の民家二千戸以上が焼失した。輪王寺宮は変装して脱出し、やがて舟に乗って江戸を逃れた。

こうして江戸は東京となり、新しい首都となったけれども、同じ首都といいながら、奈良や京都とは事情のちがう点があった。奈良や京都は、ほぼなにもない土地に新たに都を建設した所である。江戸の場合も、家康が最初ここに幕府を開いた当時は奈良や京都と同じだった。けれども今、天皇の首都となった時には、すでに江戸には数百年にわたる誇らしい歴史があった。生粋の江戸っ子は、将軍様のお膝下にいることで誇りと威厳を身につけ、そして、洗練された趣味を追求するだけの余裕に恵まれた人々は、完璧な洗練を誇ることもできた。ところが今、大群をなして乗り込んで来た官軍の侍どもは、草深い田舎の南瓜頭《かぼちゃ》どもばかり。江戸前の粋のなんたるかを弁《わきま》える神経などまるで持ち合わせがない。

ふるさとは田舎侍にあらされて
昔の江戸の俤《おもかげ》もなし

晩年の谷崎が江戸っ子の思いを詠んだ歌だが、もちろん誇張はあるにしても、同じ感慨を抱いた江戸っ子は多かったはずである。

明治元年の秋、天皇は京都を発ち、ほぼ三週間の旅の後、十月十三日の朝、江戸城に入った。江戸の住民はおびただしい群衆となって天皇を迎えたが、賑やかというより恭《うやうや》しい出迎えで、まったくの沈黙が支配していた。江戸名物の火災の危険を惧れて、この日、火を使う商売は休むようお達しが出ていた。だが、町はやがて活気を取り戻す。徳川様を敬慕していたとはいえ、江戸の人々は天子様の振る舞い酒を頂戴して幸せだった。江戸の商人は、ほとんど年中無休が習慣だったが、十一月に入って数日の休みが布告され、二五六三樽の恩賜の酒が市中に配られたのである。

天皇は十二月、東北の戦乱が鎮まってから一度京都に帰ったが、翌春ふたたび東京に戻って来た。天皇の東京定住が始まったのはこの時からと言ってよい。とはいえ、もう京都には帰らないと公式に発表があったわけではなく、かつての首都はその後も天皇の帰洛を待ちつづけていた。京都から宮内省が最終的に引き払われ、公家のほとんどが東京に居を構えることになったのは、ようやく明治四年になってからのことである。江戸城は宮城となり、東京は日本の政治の中心地となった。そしてその後は大震災に到るまで、この事態を変えようとする動きはほとんどまったく見られなかった。

これまでの城壁はあまりに仰々しい、天皇はこれほど大袈裟な防備は必要としないという結論が出て、明治五年、外周の門は取り壊された。内周の門も、いちばん内側は別として、いくつかは皇居の管轄から外されたが、ただちに取り壊すことはしなかった。また、櫓《やぐら》のうち二つを壊して、その石を用いて新しく橋を作った。幕府は橋を作ることを好まなかったが、新政府は逆の態度を示したのである。

江戸市中の行政にたいする政策は、最初はかなり慎重で、幕府時代の行政組織を事実上そのまま残し、ただ名称を変えるだけにとどめた。南北の町奉行所は名を裁判所と改め、旧幕時代同様、交代で市の行政に当たることに落ち着く。

明治二年、いわゆる「朱引」が行われて、市街地の境界が定められた。大体において江戸時代の行政区域を踏襲している。「東京府」(市街地のほかその周辺を含む)という表現が初めて用いられたのは明治元年だったが、明治四年、府下を六大区九十七小区に分け、明治六年には朱引内六大区、朱引外五大区に改編した。明治十一年になって、朱引内は十五の区に改めて分け直されるが、これはほぼ今日の中心部六区、それに隅田川のすぐ東の二区を加えた地域に当たる。その後、小規模な改訂はたびたび行われ、特に大正九年にはかなり大幅な変更があって、内藤新宿(現在の駅や繁華街は入らない)が四谷区に繰り入れられた。しかしこうした細かい点は別として、明治十一年の中心部十五区は、基本的には第二次大戦後までそのまま残る。ただ昭和七年、市部が拡大され、新たに二十区が加えられて、合計三十五区となる。それにしても、明治初年の「朱引」は時に奇妙な曲線を描いている。例えば浅草の上では急に曲がって吉原を市内に取り込んでいるが、こうして地図の上に表してみると、吉原も浅草も、田圃の拡がる田園地帯にいかに近かったか、改めて思い知らされる。

明治の初めの東京府は、現在の東京都ほど大きくはなかったし、現在の都も昔の武蔵国にくらべれば小さい。多摩地区は、明治四年の府県再編の時、神奈川県に編入されたが、多摩は東京の主な水源であるばかりでなく、建築資材の重要な供給地でもあったから、歴代の東京府知事はその返還を熱心に運動し、明治二十六年になってようやくその実現を見た。これで、東京府の面積は一挙に三倍になる。一方、明治十一年には伊豆諸島が静岡県から東京府に移り、明治十三年には小笠原諸島が内務省の管轄下から府に移管され、さらに明治二十四年、硫黄島も小笠原諸島に加えられた。こうして、この二年後の多摩地区の返還によって、現在の東京都の境界がようやく定まることになる。

明治の初めには、小笠原などよりもっと遠く、北海道の根室地方が東京府の一部だった時期がある。徳川時代の巨大な官僚組織に代わるべきものは、当時の東京にはまだ出来上がってはいなかった。経済の基盤を官僚組織に負っていたこの町は、当然、経済的にまだ非常に不安定で、そこで行政上、遠い蝦夷《えぞ》地を東京府の一部とし、貧困市民層をやがてここへ移住させようという目論見《もくろみ》だったわけである。

東京は大阪、京都と並んで府に指定された。三つの府では、自治権は普通の県より厳しく制限されていて、初めて市長が選出されたのもほかの市より十年近くも遅れ、ようやく明治三十一年になってからだった。大阪や京都は現在も府のままで、知事のほかに市長もいるが、東京は昭和十八年「都《と》」となり、現在、日本中で市長のいない唯一の都市である。

明治三十一年十月一日、三つの大都市の市制特例は廃止され、今も言うとおり、東京もまた市長を持てることになった。そこで今でも東京では、十月一日を都民の日としてこれを記念している。新しい市長は市議会を通じて選ばれることになった（もっとも、市議会議員の選挙権を持つ市民はごく限られていたが）。東京市長として全国的に有名になった人物として、少なくとも二人の名前を挙げることができるだろう。一人は尾崎行雄で、「憲政の神様」と称された人物。もう一人は、「大風呂敷」と渾名《あだな》された後藤新平である。後藤の大風呂敷は結局大して実現を見なかったけれども、東京の自治意識を高めるのには誰よりも功績のあった市長といわれる。大震災の直前に市長を辞め、革命ロシアを相手に困難な外交交渉に当たった。けれども後藤の影響力は、大正十年、密接な関係にあった原敬首相が暗殺されたこともあって、もはやかなり低下していた。ちなみに後藤は東京市長となる前、台湾の経営や国政での活躍ですでに有名となっていた人物である。

最初の市会議員選挙が行われたのは明治二十二年、あたかも憲法発布の年だったと同時に、ほかの都市では市長の選挙が許された年でもあった。選挙民は収入に従って三つの階層に分かれ、それぞれが独自の議員を選出する。最初の選挙で選ばれた議員の中には、一流の著名人の名前も見える。福沢諭吉もその一人だったし、安田財閥の創始者、安田善次郎も、もっとも所得の低い階層によって選出された。

とはいえ市議会の高い水準が、市政のあらゆるレヴェルに行き渡っていたわけではない。疑獄事件が何度も起こった。いちばん大きなセンセーションを捲き起こしたのはいわゆる「砂利事件」で、大正九年十一月、あたかも明治神宮の竣工鎮座祭の当日、神宮橋が陥落し、調査の結果、粗悪なセメントが用いられていたことが判明。結局、市政の贈収賄事件を明るみに引き出すこととなった。これに加えてガス疑獄が重なり、時の市長、田尻稲次郎は、市政史上もっとも人気の高い市長の一人だったにもかかわらず、責任を取って辞任、後藤新平がその後任となった。東京は、すぐれた行政能力によって知られているし、確かにこの定評に値する実績を挙げてきたけれども、市議会、都議会の歴史を見ると、金銭的な不正事件は必ずしも少なくはない。

明治の政治制度は、地方と中央とを問わず民主的と呼べるようなものではなかったけれども、徳川時代にくらべればはるかに民主的で、相当に大胆な革新の可能性を残していたし、家柄には関係なく、政治のあり方について発言する機会を与えられた人々の数も、けっして少なくはなかった。明治は活力に溢れた時代だったが、この活力の源泉は、少なくともその一つとして、この、庶民の才能やエネルギーを認めようとする態度にあったと言えよう。帝国憲法の発布されたその夜、長谷川時雨の回想によれば、東京の町全体が興奮のあまり眠れなかったという。時雨の父親は記念の演説をしたが、聴衆はすでにぐでんぐでんに酔っぱらっていて、合図をすれば「ヒヤ、ヒヤ」と掛け声をかける手筈になっていた所で「ノー、ノー」と野次る有り様だった。だが誰もかれも浮かれ立っていて、中には飲み過ぎて死んだ男さえあったという。明治は暗い抑圧の時代だったと決めつけ、第二次大戦の敗北の遠因をここに求める論者もあるけれども、そういう連中は、明治のこうした熱気にみちた一面を見落としていると言うべきだろう。

明治五年頃から、東京の人口はふたたび増加を始める。ただ江戸の最盛期の水準に回復す

明治天皇（明治5年撮影）

るには、ようやく明治も二十年目を迎えようとする頃まで待たねばならない。人口増加は、絶対数からいえば下町のほうが大きかったが、率からすると山の手のほうが高かった。もともと山の手は人口密度が低かったからである。新しく流入したのは、貧しい東北の出身者が圧倒的に多かった。下町は比較的人口が安定していたにもかかわらず、離婚率は山の手とくらべてはもちろん、全国平均よりも高かった。けれどもそれを言うなら、下町は昔から性にたいしても家族生活にたいしても、いささか無頓着な土地柄だった。男性のほうが女性よりもはるかに多く、この傾向は現在でも残っていて、東京は男性が女性の数を上回る数少ない都府県の一つである。維新から大震災までの間に、変化が著しかったのは下町よりも山の手だったけれども、江戸っ子が江戸は死んだと嘆く場合、彼らの言っているのはかつての町人が四散し、下町の文化が消滅したということにほかならない。金のある人々は下町を離れ、その結果、彼らが下町の芸術を後援するということも少なくなったし、下町の景観自体もある地域、殊に皇居のすぐ東に当たる一帯は激しい変化を遂げてしまった。

もちろん、変化とはいつでもそうしたものだが、あらゆる面で一様に現れたのではない。江戸っ子の嘆きを聞き、さてその具体的な証拠を調べてみると、むしろ伝統がなお根強く生き延びていることに驚くということもある。例えば街路網で、維新から大震災まで、街路網の基本的なパターンはほとんど変化していない。明治三年に来日したアメリカの教育家W・E・グリフィスは、四年後に出した東京案内記で、「家並みは低く、燃えやすい材料で出来ていると同時に、家のない空き地がひろびろと続いている」と書いている。それから四十年ばかり後、明治の末になって市庁舎の屋上から撮った写真を見ても、確かに驚くほど多くの空き地が拡がっている。かつて武家屋敷の建っていた跡だ。けれども他方ではまた、神田のニコライ堂から撮った写真を見ると、市庁舎の写真より十年あまり前の撮影だが、低い木造の建物が、ほとんど切れ目なく地平線まで延び、靄《もや》の中に融けている。煤煙ではなく、おそらくカメラの性能が悪かったせいだろう。

この蜿々《えんえん》と続く家並みの中に、江戸の路地の生き残った姿をはっきり見定めようと思えば、よほど目を凝らさなくてはならなかったろう。火事があまりに多く、それに、狭苦しい路地は取り壊して、多少はひろい道に面して住みたいという願いは、やはりあまりに強かったのだ。それにしても、こうして高い所から撮った写真を見つめていると、つい思いにふけらざるをえない。いったいこのおびただしい小さな家々の中で、何万、何十万という人々は何をし、何を考えていたのか。けれども実は、これといって目立つ建物がないこと自体、その答えを与えてくれているのかもしれない。この何十万という人々は、文明開化を推進しているエリートたちの生活よりは、むしろ百年前の父祖の暮らしにはるかに近い生活を続けていたのだ。今日でも、下町は山の手とは違ってもっと親密で、保守的で、流行に引き回されることが少ない。この違いは江戸以来の伝統が生き続けているのであって、近代のこの一世紀が作り出したものではないのである。

大震災後、東京の市政顧問として来日したチャールズ・ビアードは、東京は一個の都市というより、むしろ沢山の村の集合体だと評した。そしてこの評言は、当時は大いに独創的な見方と思われたようだが、しかしこうした見方は、外国人の間ではすでに前からよく言われていたことである。例えば明治十二年、グラント将軍夫妻に随行して来日したジョン・ラッセル・ヤングもこう書いている。

東京が一つの都市である——それも、世界最大の都市の一つであると悟るのは容易なことではない。むしろ村がいくつも続いているように見える。緑地や空き地、塀や垣をめぐらした土地が点在し、街並みが途切れているのだ。東京にははっきりした特徴がない。これこそ東京の性格だと目をひき、心に残るようなものがない。あるとすれば、ゆったりと落ち着いた安らぎの雰囲気だろうか。

東京は、明治の初めから大震災まで、ほとんど休みなく着実に大きくなっていった。第一次大戦の直前、僅かに人口の減少があったが、これは不況によるもので、明治の終わる頃には、人口はすでに二百万人に迫っていた。初期の統計は世帯数を基に推定したもので、明治四十一年、政府が正確な調査を実施してみると、実は相当多目に見積もった数字であることがわかった。この四十一年の調査では、人口は百七十万ほどになっている。大正九年の初めての国勢調査の時点では、これが二百万以上に急増している。この国勢調査によると、東京の住民のほぼ半数は東京以外の生まれで、いちばん多いのは千葉県の出身者である。とすれば、江戸っ子が薩摩や長州など、西南日本の田舎者の流入を嘆いているのは誇張だったということになるかもしれない。国勢調査の行われる直前の十年間、世帯数を基にした推定ではあるが、都心部三区の人口増は、市全体にくらべてずっと低い。いちばん急激に増えているのは四谷区である。エリートは山の手に住むという情況がますますはっきり現れ、しかも今や、エリートを決める条件は家柄よりも金である。裕福な大商人は、もはや立てこんだ下町に住む必要はなくなり、明治の終わる頃には、大半はすでに下町を離れていた。

東京は、維新前後の混乱をともかく乗り切り、明治も四、五年になる頃には一応の安定を回復して、「文明開化」に踏み出そうとしていた。「文明開化」――この言葉こそ、新しい時代の扉を開く、いわば魔法の呪文だった。元来この二つの単語は、すでに古く中国から借用した表現だったが、これを新時代の合い言葉に祀り上げた最初の人は、やはり福沢諭吉だったと言ってよいだろう。福沢はこのほかにも、新しい時代のために新語や新しい表現を数多く造り出したが、すでに早くも慶応三年（一八六七年）、『西洋事情』の第二篇でこう書いている。「歴史を察するに、人生の始は莽昧《もうまい》にして、次第に文明開化に赴《おもむ》くものなり」。この時、福沢はまだ三十を過ぎたばかりの青年だったけれども、彼の私塾（いうまでもなく慶応義塾大学の前身）はすでに十年近い歴史を持っていた。これほど文字通り個人の建てた大学というのは、ほかに類例がないのではあるまいか。福沢は強力、かつ概して温厚な人柄で、教育、言論をはじめあらゆる分野で、新時代の自由で実利的な原理を誰よりも精力的に鼓吹し、そして誰よりもみごとに成功した。福沢によれば、このような原理に則ってこそ、日本は西洋と同じ土俵で勝ちを収めることができるのである。

明治の人々にとって、文明開化とは西洋の方法や風習にほかならなかった。明治政府もまた、福沢ほど自由な気風ではなかったにしても、西洋の脅威と戦うためには、やはりこの新しい方式が有効であると認めていた。こうして旧来の大都市、東京と大阪が、新興の開港都市と並んで、この前進の先頭を切ることになる。

西洋の脅威と進出はすでに明らかに現れていたし、青い眼の外国人が大挙して到着すればさらに大きくなるはずだった。江戸は、文久二年（一八六二年）には外国人にたいして正式に開かれる予定になっていたが、社会不安のために五年後に遅れた。それでも幕府は、外国人居留地の建設だけは続けた。その場所として築地が選ばれたが、ここを選んだ理由は、運河や木戸、それに通称「海軍原」と呼んだかなりの空き地があって市街とは孤立し、日本人を外国人から保護するのにも、外国人を日本人から保護するのにも好都合だったからである。居留地は、慶応三年には受け入れの準備が整ったけれども、各国代表部は（当時は十一カ国が代表部を設けていたが）、大政奉還の数週間後、もう少し事態が平静になるまで待ってくれるよう通知を受ける。日本政府が正式に江戸の開放を公表したのはこの年も末のことで、アメリカ公使館はじめ、いくつかの外国公館が築地に移転した。

居留地の木戸はまもなく取り払われ、往来は自由になった。政府お雇いの外国人は、加賀屋敷（現在の東京大学本郷キャンパス）など、築地とは別の所に住居を与えられたが、それ以外の外国人は、いやしくも東京に住もうと思えば築地にいなくてはならなかった。けれども、実際に築地に住んだ外国人はそう多くはない。欧米人は、宣教師は別として、築地に住むことを好まなかった。外国人の数は百人前後を上下していたが、中国人の占める割合が次第に大きくなっていたようである。小さな土地だったけれども、当時の築地は面白い所だったにちがいない。明治五年の外国人居留者の名簿が残っているが、中には「曲馬師」のフランス人などが混っていたりする。もちろん阿片商人など、芳《かんば》しからぬ人物もいて、外国領事館がこんな手合いでも穏便に扱うのを見て、日本人の間には強い憤懣が生じた。ところがこれが逆に、文明開化熱にさらに拍車をかけることにもなった。文明開化を徹底すれば、諸外国も治外法権を抛棄《ほうき》するだろうと期待したのである。

築地で特に人目をひいたものが二つある。一つは「ホテル館」、残る一つは新島原の遊廓だが、どちらも居留地の外にあった。ホテル館は掘割を隔てて南にあったし、新島原は、外国の紳士にも当然こういう施設が必要だろうと作られた遊廓だったが、居留地の北から西にかけて、京橋寄りにあった。

ホテル館は、まさしく明治初期にしかありえない建物で、名前自体も建築も、日本と西洋との最初の出会いを体現している。初期の写真、それに末期の浮世絵版画で好んで取り上げられた建物で、僅か五年ばかりで焼失したのはいかにも残念である。西洋館とはいいながら、実は西洋のどこを探してもこんな建物は見つからない。伝統的な日本建築を基に、洋風の細部を加えた独特のスタイルである。建築に当たった清水喜助は、今日の清水建設の創始者だが、明治の洋風建築の先駆者の一人で、北陸の出身。横浜の居留地で西洋建築を学んだ。

ホテル館の建築は、すでに幕末から外国人居留地に付随して予定されていた。コの字形を横に引き延ばしたような平面図で、大きさはいろいろの記録があってはっきりしないが、間口が四十間ほど、三階建てで、客室は二百室を越え、従業員も百名以上いたらしい。海に面した愛らしい日本庭園があって、茶室や四阿《あずまや》まで造ってあったが、なんといっても人目をひいたのは天守閣を思わせる塔、それに伝統的なまこ壁だった。外観は、日本家屋にくらべて背が高いこと、それに窓枠が洋風であることを別とすれば、西洋建築らしい特徴はほとんど見られない。ただヴェランダが広く取ってあるのは、インドの英人住宅の影響かもしれない。天辺の風見の鶏から鎖で吊した風鐸《ふうたく》が塔の四隅にぶらさがっている。室内は洋風に、漆喰《しっくい》とペンキで塗ってあった。

ホテル館はしばらくは東京名物の一つだったが、明治五年の銀座の大火で焼失してしまった。二月二十六日の午後三時、旧江戸城内の政府の建物から発した火は、強風に煽られ、東側に燃え拡がって二十八万坪を焼き尽くし、東京湾に到ってようやく鎮火した。官庁、寺社、それに新旧の上流階級の屋敷が被害を受け、五万人の庶民が家を失った。明治最大の火災ではなかったけれども、及ぼした影響の大きさからいえば、もっとも重大な火災だったかもしれない。この大火を期に、新時代の象徴たる新しい商業の中心地、新生銀座が生まれることになったからである。

さて、もう一つの名物、新島原だが、明治二年、新政府の最初の事業の一つとして完成した。「新島原」という名前は、京都の有名な島原遊廓にちなんだもので、関東一円から女たちが集められたが、なかんずく吉原から移ってきた者が多かった。居留地の外国人はそう多くはなく、しかも宣教師が大多数だったことを考えれば、最盛期の新島原は実際驚くほど大規模で、遊女の数は千七百を越え、芸者がほぼ二百人。そのうち幇間《ほうかん》が二十一人いて、妓楼が百三十軒、茶屋の数も八十四軒に達したという。

しかし新島原は繁昌はしなかった。その歴史はホテル館よりさらに短く、銀座の大火より前に閉鎖されてしまう。かなりの数の外国人が見物に押しかけたけれども、実際に登楼する者はほとんどなかったらしい。それに昔の侍はここには近づかなかった。かつては色街の客には士族が多かったものだが、新島原には町人しか来なかったのである。これ以後、政府が金を出して遊廓を経営するという実験は、二度と試みられることはなかった。

築地外国人居留地鳥瞰図

新島原について面白いのは、この遊廓の扱いについて、政府の態度の一変していることが見て取れる点である。明治のごく早い頃には、外国人といえども所詮は人間だから、当然この種の場所が必要だろうと考えられていた。ところが、たちまちお上品ぶった態度がこれに取って代わる――というよりもむしろ、外国人の態度に合わせたと言うべきかもしれない。鉄道が横浜まで開通すると、横浜の終点の近くに、線路に沿って歓楽街が生まれたが、当局は程なく移転を命じた。外国から訪れた賓客の目には、文明開化にふさわしからぬものと映りはせぬかと惧れたのである。

築地の居留地では、もっぱら宣教、教育活動が行われていたようで、例えば現在の立教大学も最初はここに開設されたし、聖路加病院は今も創立当時の場所にある。

東京の人々が居留地にたいしてどんな反応を示したかという点も、居留地そのものに劣らず興味深い。キリスト教は江戸時代の長い禁制の期間を通じて、なにかしら暗い、不吉なイメージを刻みつけられていた。そこで築地の居留地も、キリスト教の色彩が濃かったために、裏になにか秘密を隠した場所と思われたらしい。谷崎潤一郎は明治三十年代、英語を習いに居留地に通ったが、この時の模様を後年、次のように回想している。

その頃、日本人の教師を交へず、純粋のイギリス婦人だけで教へてゐる英語の学校が、築地の居留地にあつた。此の居留地と云ふのは……日本人離れのした、異国趣味の西洋館ばかりが並んでゐる一区域であつたが、そこにサンマーと云ふ英国人の一家が英語の塾を開いてゐた。……尤も、私は今「英国人の一家」と云つたが、果して彼等が真の英国人ばかりであつたか、或は上海や香港あたりから移つて来た、種々なる白人の寄り集まりの一団であつたかは保証の限りでない。彼女たちは十八九歳から三十歳ぐらゐまでの艶姿ゆたかな「女の異人さんたち」ばかりで、表面は姉妹であると称し、彼女たちの母親だと称する老婆もゐたが、男は一人もゐなかつた。……此の女たちは姉妹同士であるにしては、不思議に一人々々顔だちが違つてゐた。……サンマーのクラスは三級か四級くらゐまであつた。……此れらの外に一と通り英語の会話に熟達してゐる上流の子弟たちがプライヹートレッスンを受けに来てゐたが、彼等は教科書を用ひないで、フリーコンヴセーションをするのだと云つてゐた。月謝は私たちのクラスでも月に一円収めてゐたから、プライヱート組は余程払つてゐたことであらう。当時一円と云ふ金は決して安くなかつたが、何分その頃のイギリス人はわれ〳〵よりも遥かに生活程度が高く、われ〳〵は未開国人で彼等は文明国人であるとされてゐたから、そのくらゐ月謝を払はされても仕方がなかつた。

私が此のサンマーへ通ふやうになつたのは、私より先に脇田が通つてゐて、一緒に行かうと勧めたからであつた。脇田の家では、彼の二人の兄が早くからサンマーに入門してゐた。……脇田の話だと、彼の兄たちは特別に許されてゐたので、彼も一度上つて見たことがあつたが、二階の部屋は贅沢な絨毯《じゆうたん》やレースのカーテンで飾られてゐ、椅子やテーブルや寝台の工合がまるで外国へ行つたやうで、眼が覚めるやうな感じがすると云ふことであつた。脇田は又、兄から聞いたのだと見えて、声をひそめて、此の家の女異人たちは秘密に日本の上流階級の紳士たちを客に取つてゐる、歌舞伎俳優の中にも買ひに行く者（これは買はれてゐたのかも知れない）がある、梅幸（先代）などもその一人である、などゝ語つた。そして、プライヱートレッスンと称するものが怪しいので、それは夜間に二階の部屋で稽古するのだとも語つた。此の脇田の話が譃でなかつた証拠には、去る昭和廿九年一月廿七日の東京新聞の「談話室」の欄に、先日亡くなつた河原崎権十郎が「六代目の病人心理」と題して書いてゐる中にサンマーのことに触れてゐるから、左にその一節を引用しよう。――

……あのころ築地にサンマーという英語の塾があつて、そこへ通わされました。サンマーには私より先に先代の羽左衛門や梅幸、福助（先代歌右衛門）が行つてましたが、これは英語を習うより敵は本能寺で、サンマーの娘にスーザーというきれいな娘がいて、これをハリに行つていた訳で、……　　（『幼少時代』）

もう一人、やはり異国情緒を愛した北原白秋も、震災で居留地が永久に姿を消してしまった後、かつての築地を懐かしんでこう書いている。

房州通ひか、伊豆ゆきか、
笛がきこえる、あの笛が、
渡しわたれば佃島、
メトロポールの灯が見える。

わかき日の友木下杢太郎のこの小唄も、Eau-de-vie de Dantzick（金粉酒）も、築地居留地は紫菖蒲の花の中に座つて三味線を弾いてる日本娘の三色版画も、教会の彩色硝子も蔦かづらも、桐の紫の咲き匂つたヴエランダも、乳母車押す支那人のアマも、「銀だ紅だ緑だ、ようい」の川向ふの夕とどろきも、ああ、さうして鐸鳴らす聖路加病院の遅桜も、あのメトロポールの怪奇な秘密室も、トランプのキングも阿片も、何もかも異国趣味の邪宗門徒の、私らの見果てぬ夢の微光となつてしまつた。（『大東京繁昌記』下町篇）

銀座の大火の後、居留地は再建されたが、ホテル館は再び建てられることはなかった。しかし白秋の回想にもあるとおり、ほかにもホテルはあった。明治二十三年、アメリカ公使館が現在の大使館の敷地（赤坂）に移った後にメトロポールというホテルが建ったし、明治七年のグリフィスの東京案内にはすでに精養軒が推薦してある。鉄道開通の前から出来ていたホテルで、外国人用の食料をわざわざ横浜から飛脚に運ばせたという。現在も上野で営業している精養軒の前身である。

明治三十二年、不平等条約が改正されて治外法権が撤廃されると、築地の居留地も特別の意味を失い、外国人はどこでも自由に住めることになった。やがて大正十二年の大震災で焼失した後、今にその名残をとどめるものとしては、僅かに聖路加病院くらいしかない。

維新直後からすでに、東京の交通は徒歩や舟から車に変わり始めていた。ただしその最初の段階では、西洋を模倣しなかったことは注目に値する。東京はまったく新しい交通手段を開発したのである。人力車は、人間蔑視の象徴のように言われることが多いけれども、なるほどそうした面がなくはないとしても、着想から見てもデザインからしても、まことに創意ある発明と褒めてもいいのではあるまいか。実際、なんとしても車を利用して走り回りたいとすれば、まず手始めに利用する手段としては、人力車は経済的で簡便で、しかも清潔な方法だった。起源はかならずしもはっきりしないが、やはり日本で始まったもの、それも東京で始まったものらしい。慶応三年にはすでに発明されていたといい、最初は日本橋に現れたもののようである。だが数年後には、東京市中にすでに二万台もの人力車が走っていた。石の多い道路や橋に鉄の車がカラカラと鳴り、物売りの声に混って車夫特有の勇ましい掛け声がひびいた。けれども街路の人波は、人力車の掛け声にそれほど注意を払わなかったようで、明治十年に来日し、東京大学で生物学を講じたエドワード・モースも、通行人が車夫の声を平然と聞き流している有り様を書いている。道をあけなくても、車のほうで避《よ》けるはずだと思っていたらしい。

人力車には凝った装飾を施したものもあったし、中には、座席の後に好色な絵を描いたものさえあったようだ。明治五年、あまりに大胆な装飾は禁止する旨の布令が出ている。田舎はともかく、東京は品位を気にし始めていたのである。初めは褌《ふんどし》一つと相場が決まっていた車夫も、しかるべき衣服を身につけるよう命じられた。モースは、車夫が市内に入る時、わざわざ車を止めて衣服を身につけた有り様を書き誌している。

明治の初めには、四輪の人力車がしばらく東京—横浜間を往復していたことがある。車夫は二人以上、乗客も数人という大型である。東京から京都まで、客を乗せて一週間で走った車夫の記録もあるし、女の車引きもいた。だが明治も末になると、人力車の数は急激に減り始め、大震災の前夜には、東京市中で二万台以下に落ち込んでいた。市中ではもっと進んだ交通手段が取って代わり、人力車は郊外に追いやられてしまったのである。

それにしても人力車というのは、交通の手段としては実に優れた発明だった。殊に、道の狭い過密都市には適している。なるほど埃や騒音は立てたけれども、しかし強力な競争相手として現れた馬車にくらべて、特に埃がひどかったわけでもないし、はるかに清潔でもあった。騒音についていえば、むしろあの音が好きだという人がほとんどであったらしい。少なくとも、明治の思い出を語った文章には始終あの音のことが出てくる。それに、掛け声は相変わらずだったにしても、やがてゴムのタイヤが現れて騒音は消えた。なによりいいのは、人力車に乗っていると、町と一体感が味わえるということだったのではあるまいか。

けれども、この最初の単純きわまる乗り物ですら、東京の町を変化させずにはいなかった。掘割や川は昔ほどの意味を失い、水路に頼ってきた場所は、吉原に近い有名な料亭の数々をはじめとしてさびれていった。そして、やがて人力車に代わってもっと迅《はや》い乗り物が現れ、人々はこれに飛びついた。それにしても、しかし、古い乗り物がこれほど完全に姿を消してしまったというのは悲しい。今では人力車はもう、芸者がお座敷に駆けつける時に使うくらいしか見かけない。

だが実はこの人力車そのものも、もっと古い乗り物を終わらせるきっかけを作ったものだった。駕籠である。それまでは、乗り物としていちばんひろく用いられていたけれども、人力車が急に人気が出ると共にほとんど使われなくなってしまった。明治九年、頑固な保守派として知られる島津久光が、駕籠に乗って鹿児島に向け出発したのが最後で、それ以後は、時おり葬式や婚礼に用いられるだけになったという。馬車を雇うほどの余裕はないが、かといって人力車では品がないと考えると、花嫁は駕籠を用いたのである。だが霊柩車や安いタクシーが現れるに及んで、駕籠はこうした特殊な仕事もお役御免となってしまう。

明治天皇が初めて馬車に乗られたのは、明治四年、浜離宮にお成りの際のことだった。馬車が一般市民の交通機関として登場したのも、実は人力車の現れた直後のことで、明治二年には早くも乗合馬車が登場し、数年後には銀座にも姿を現す。最初の定期路線として、新橋から銀座、日本橋を経て浅草に到る便が出来、品川から横浜までの定期便も出来た。乗合馬車を俗に「円太郎」と呼んだが、馭者の吹く笛の音の物真似で喝采を博した落語家、橘家円太郎に由来する愛称である。後にタクシーの時代が来ると、「円タク」という俗称が長く使われることになるが、これも、一円均一という意味のほかに、円太郎とタクシーをつづめたものだともいう。

明治十六年、鉄道馬車が登場する。最初の路線は乗合馬車のルートを踏襲して、まず新橋

銀座煉瓦街の鉄道馬車（三世広重画）

から日本橋まで、やがて浅草まで開通した。しかし、新しい機械の類は容赦なく取り入れる日本では、馬車の最盛期は欧米よりはるかに短く、鉄道馬車が実用に供されてまだ十年も経たぬうちに、もう路面電車の実験が始まっていた。明治二十三年の内国勧業博覧会には、電車が呼び物の一つとして出品される。そして明治三十六年、新橋—品川間に初めて私鉄の電車が走り、やがて上野、さらに浅草まで延長する。こうして路面電車は、一日十万人の乗客を運ぶまでに急成長し、しかも運賃は人力車より安いとあって、自然、人力車は郊外に追いやられることになったのである。けれども、最初は私鉄として始まったものの、私企業が路面電車を経営することには問題が多く、三つの会社が併立して混乱がはなはだしくなり、結局、明治もいよいよ末の四十四年、東京市が路線を買い取った。

電車の混乱がどんなものだったか、たまたま荷風の美しい短篇「深川の唄」(明治四十一年)にその有り様が描かれている。語り手は四谷で電車に乗り、麴町から築地の方角に乗って行くが、築地を過ぎた所で、予期しない事態が——しかしめずらしくはない事態が起こる。

電車は桜橋を渡つた。掘割は以前のよりもずツと広く、荷船の往来《ゆきき》も忙しく見えたが、道路は建て込んだ小家《こ》と小売店《うりみせ》の松かざりに、築地の通りよりも狭く貧しげに見え、人が何と云ふ事もなく入り乱れて、ぞろ〳〵歩いて居る。坂本公園前に停車すると、それなり如何程待つて居ても更に出発する様子はない。後にも先にも電車が止つてゐる。運転手も車掌もいつの間にやら何処へか行つてしまつた。

「又喰《くら》つたんだ。停電にちげえねえ。」

糸織の羽織に雪駄《せつた》ばきの商人が臘虎《らつこ》の襟巻した赧《あか》ら顔《がほ》の連れなる爺《ぢゝい》を顧みた。萌黄《もえぎ》の小包を首にかけた小僧が逸早《いちはや》く飛出して、「やア、電車の行列だ。先の見えねえほど続いてらア。」と叫ぶ。

車掌が革包《かばん》を小脇に押へながら、帽子を阿弥陀に汗をふき〳〵駈け戻つて来て、「お気の毒様ですがお乗りかへの方はお降りを願ひます。」

声を聞くと共に乗客の大半は席を立つた。其の中には唇を尖らして、「どうしたんだ。余程《よつぽど》ひまが掛るのか。」

「相済みません、この通りで御在います。茅場町までつゞいて居りますから……。」

菓子折らしい福紗包を携へた彼《か》の丸髷の美人が車を下りた最後の乗客であつた。

自分は既に述べたやう何処へも行く当てはない。大勢が下車する其の場の騒ぎに引入れられて何心もなく席を立つたが、すると車掌は自分が要求もせぬのに深川行の乗換切符を渡してくれた。

こうして荷風は隅田川を渡り、深川を訪れて、時代に取り残された下町と、先程後にして来た文明開化の山の手との対照に思いをめぐらす。そして古い時代の名残を懐かしみ、その美しさに改めて目を開かれるわけだが、こうしてみると、かりに電車がもっと能率よく動いていたなら、荷風のこの黄昏《たそがれ》の夢もありえなかったということになるわけだ。

人力車の登場のお蔭で、川べりの商売が大きな変化を蒙《こうむ》ったことは前にも書いたが、電車の影響はさらに大きかった。呉服屋の大丸などその典型である。現在のデパートの中には、かつての呉服屋から発展した例がめずらしくないが、大丸もその一つで、享保年間、京都伏見の創業だが、やがて江戸に進出して日本橋で開業し、明治の中頃には三越などより繁昌していた。長谷川時雨も書いているように、大丸は「丁度現在《いま》三越呉服店を指すやうに、其当

日本橋の大丸呉服店（小林清親画）

時の日本橋文化、繁昌地中心点であった」。けれども大丸はほかの店とちがって、銀座から上野へ抜ける電車通りに面していなかった。そこで次第に客足が遠のき、明治の末には東京の店をたたんで関西に撤退せざるをえなくなった。東京に帰ってきたのは第二次大戦後のことで、ただし今度は交通の便から外れまいと、東京駅の駅ビルの中に店を構えたわけである。

荷風にとっては、電車は混乱と醜悪の象徴だったけれども、電車によって新しい世界を知り、電車に畏れと同時に憧れを感じた人々もあった。例えば漱石の三四郎は、上京すると友人の勧めに従って、やみくもに電車に飛び乗っては市内を走り回り、新しい世界のリズムを摑もうとする。

鉄道の建設は、ロンドンで資金を募り、

明治三年に始まった。主任技師はイギリス人エドモンド・モレルで、鉄道業務のために外国人の技術者や労働者を百人雇い入れた。日本人の機関士や車掌に仕事が任されるようになったのは、ようやく明治十二年のことで、それも初めは昼間の運転に限られていた。最初の線路は、周知のとおり新橋—横浜（桜木町）間に作られたが、明治五年の夏、開通直後のごく短い間は、品川が始発だった時期がある。その秋、新橋駅が開業し、盛んな祝賀の行事が行われた。一番列車には、天皇みずから御乗車になったほどである。天皇は洋装だったが、お付きの高官たちはほとんどが伝統的な礼装だった。当時は洋服は非常に高価で、なかなか手に入らない貴重品だったのである。一番列車に同乗した貴賓の中には、琉球の王様もいた。

運賃は舟や乗合馬車より高かった。誰もが汽車に乗りたがったが、普段に利用できるのは金持ちだけで、乗客の八〇パーセントは横浜で、商売をしている商人や投機家だったという。最初の頃は、切符には日本語のほかに英語、ドイツ語、フランス語の訳が付けてあったが、明治九年からは英語だけになる。モースが明治十年、大森貝塚を発見したのも、横浜へ行く車中でのことだった。日本の考古学の出発点となった有名な事件だが、当時の汽車は横浜まで二十九キロを一時間近くかけて走るゆっくりしたものだったし、その頃の大森はまだほんの田舎で視野を遮る物もなかったから、モースは車窓から塚を観察し、貝塚だと発見することもできたのである。

明治二十二年までかかって、ようやく東海道線が神戸まで開通した。一方、上野から北へ向かう幹線は、東海道とはちがって私鉄が建設に当たり、明治二十四年には青森まで全線が開通する。さらに明治三十年代に入ると、私鉄の郊外電車網が姿を現し始めるが、これがやがて東京に絶大な変化をもたらすことになる。明治三十六年、当時はまだ市街の南西の外れにあった渋谷駅では、すでに一日平均一万五千人の乗降客があった。二十年足らず前の開業時には、僅か十五人のお客しかいなかったというから、確かに大変な変わりようである。

ちなみに新橋駅には、江戸の伝統と奇妙な繋がりがある。駅の敷地は、かつては竜野藩の江戸屋敷のあった場所だが、竜野は四十七士で有名な赤穂のすぐ隣である。討ち入りを終えた義士たちは、本所の吉良邸から高輪の泉岳寺に向かう途中、ここで休息を取ったと言われる。

鉄道の敷設は大いに歓迎されたとはいえ、反対がまったくなかったわけではない。いちばん強く反対したのは官僚で、横浜の外国人を皇居に近づけることになるのは感心しないと考えたらしい。結局、鉄道は敷設されたものの、品川を出たところで、線路を陸寄りに敷かなければならなかった。海岸沿いのほうが便利なはずだが、陸軍が戦略上の理由で反対したのである。

一般の民衆の間では、鉄道は電信ほど反対は呼ばなかったらしい。電信については、キリスト教の呪術だとか人身御供であるとか、奇怪きわまる噂が流れたものである。だが、いわゆる陸蒸気《おか》にたいしてはむしろ親しみを感じたようで、かわいそうに、さぞ熱かろうと、線路の土手から機関車に水をかけてやったという。

大震災の頃には、東京市内に一万台の自動車が走っていたが、しかし、自動車が鉄道に取って代わるということはなかった。汽車や電車が、人力車を駆逐した時のような現象は起こらなかったわけである。それに、自動車がどうしても鉄道にかなわない点が一つあった。鉄道が現れた時には、まだ江戸の浮世絵が立派に生きつづけていたという点である。なるほど最盛期は過ぎていたものの、毎年東京（それももっぱら下町）だけで何百点も刷られていた。技術的な水準もそう高くはなく、色刷りが少々ずれていても作者もお客も気にしなかったし、派手な化学顔料をふんだんに使ってもいた。けれども明治の浮世絵には、見る者を引き込まずにはいない活力がみなぎっている。明治の精神を伝える資料として、たとえ細部は不正確でも、写真などより貴重な意味を持つと言っていい。

さて明治初期の浮世絵師たちは、汽車や鉄道を大いに愛した。もちろん写実的というには程遠く、相当に空想的な絵も多い。象やキリンを見たことのない人が、初めて象やキリンを描いたようなものだとでも言えようか。汽車の車輪には車軸がなく、まるで家を丸太の上に乗せて転がしてゆくように、車体がいきなり車輪の上に乗っかっている絵さえある。客車の窓もさながら書院の窓かなにかのようだし、なかんずく傑作なのは、二台の列車が両方から近づいているのはいいとして、同じ線路の上を走っているのだ。これでは衝突するほかないはずだが、絵師はそんなことには頓着しない。これほどすばらしい文明の利器なのだから、そんなことは平気だとでも言わんばかり。それに列車の周りに描きそえてある情景には、どこやら予言的な意味合いすら読み取れなくもない。スモッグや交通渋滞、その上、悲惨な事態が目前に迫っているというのに、そんなことには無関心で話し込んでいるお役人まで描かれている。さながら未来の都市問題を見通しているかのようではないか。

写実的な絵がないわけではない。例えば小林清親《きよちか》の作品など、明治の浮世絵版画の巨匠といわれる人だが、写実的であると同時にみごとな効果をあげていて、汽車などという、およそ絵になりにくい素材をこれほど美しく描いた例は、ほかにはどこにも見つからないのではあるまいか。

小林清親は弘化四年（一八四七年）本所に生まれた。現在の両国駅の近く、北斎の生地からそう遠くない所である。父は幕府蔵方の組頭をしていた。大勢の兄弟の末っ子だったにもかかわらず家督を継ぎ、慶喜に従って静岡に下る。蟄居中の将軍自身はけっして貧窮の生活ではなかったけれども、家来の中には生活に窮した者も多く、清親も寄席に出るなどして食い繋いだらしい。しかしついに東京に帰ることに決め、その帰京の途中、横浜でチャールズ・ワーグマンの指導を受けて洋画の技法を学んだ。ワーグマンは、もともとイギリスの海軍士官だったが、『絵入りロンドン新聞』の特派員として来日し、清親のほかにも高橋由一などに洋画を教えて、日本洋画の育成者となった人物である。貪欲にあらゆるものを吸収し

高輪土手の汽車（清親画）

ようとした清親は、同時に下岡蓮杖《れんじょう》に写真術を学び、さらに日本画まで習ったという。下岡蓮杖は幕末・明治の代表的な写真家で、日本の写真技術の先駆者となった人である。

清親が版画家として仕事をしたのは、主として明治九年から十四年まで、僅かに五年間だった。その後も時折は仕事をしたけれども、集中して制作したのはこの五年間で、その間に東京の風物を百点以上描いた。この多産な時期の最後の作品となったのは明治十四年の神田の大火で、彼自身の家もこの火事で焼けてしまった。ちなみにこれは、明治の東京では最大の火災だった。

明治の初めの浮世絵師は、みな競

って西洋渡来の風物を題材にしたけれども、清親やその弟子たちの特徴は、単に題材ばかりではなく、画法自体も洋風を用いた点にある。彼の明暗法や透視画法を考えれば、清親はもはや浮世絵版画の伝統とは別物と見るべきなのかもしれない。

鉄道を描いた明治の版画は、普通はむやみに明るく、ほとんどけばけばしいと言ってもいい。時刻などは関係なく、天気はいつも晴れているし、いつでも桜が満開である。ところが、清親がいちばん得意としたのは夜景である。時刻も季節も明確で、それまでの浮世絵師たちのように、永遠の春景色一辺倒などというのではない。図版に示した絵では、高輪を南に走る汽車を描いているが、黄昏の薄明かりの中に、ほのかに色彩が匂っていて、雲に隠れた月は満月にちがいないことまで知れるのである。

後年の清親は、主として挿絵画家として版画を描いたが、旺盛な創作意欲を示した初期の作品に見られるような、あの熱意と憂愁の入り混った風韻に欠けている。確かにあの憂愁は、ほとんど予言的とさえ思える。それともこれは今のわれわれが、清親の好んで描いた下町のその後の運命を知っているから、そう思えるにすぎぬのだろうか。それにしても清親が夜景を好んだというのは、けだし象徴的だった。下町の生活には、確かにこの夕暮れをいとおしむ感情、そして夜明けを怖れるかのような心情があったにちがいない。

清親の描く鹿鳴館の窓からは、なるほど明るい灯りが洩れてはいるけれども、灯りは今にも消えようとしているかに見える。吉原に近い老舗《しにせ》の料亭にもまぶしい灯りは輝いているけ

吉原付近の神社の鳥居（清親派　井上安治画）

れども、どこか暗く侘しげである。吉原のはずれの黄昏の田圃の中に、小さな社《やしろ》が建っている。遊女たちの尊崇した神社である。けれどもやがて、このあたりにも新しい街並みが押し寄せ、田圃を埋め尽くしてしまうことになるはずだ。われわれはそのことを知っているし、清親もまたそのことを予感していたかに思える。市中のおびただしい社やお寺は、それぞれに信者を見つけ、新しい世界の中にそれなりの場所を得ていった。けれども、吉原のこの小さな社は違っていた。今、この社は跡形もない。

車が登場し、道路がよくなるにつれて、水上交通は次第に重要性を失っていった。かつては川や運河、濠の網の目が市中をめぐり、江戸に持ち込まれる物資はほとんど舟によって運ばれたものだった。ところが大正も終わる頃には、ほとんどが陸上輸送に変わっている。ただし、貿易については横浜が外港の役割を果たしていたから、見かけほど水運の意味が減じたわけでは実はない。それにしても、主な運搬手段が一変したことはやはり事実である。隅田川の河口は絶えず浚渫《しゅんせつ》していたけれども、東京には水深の深い港は出来ず、せいぜい五〇〇トン程度の船しか入れなかった。明治期を通じて、東京は国際的な貿易港を持つべきかどうか議論が続く。反対論は例によって外国敵視論で、港が出来れば外国の悪党や悪疫が入り込んでくるにちがいないというのである。夷狄と通商を開くという決定はすでに半世紀も前に出たはずなのに、今になってまだ真面目にこんな議論をしているというのは、けだし奇妙と言うほかない。

旧江戸城の外濠は、明治の間に徐々に埋められていった。例えば溜池《ためいけ》である。江戸の名所案内では、春の摘《つ》み草、夏は蓮の花見によい所とされていたのに、土砂やゴミの流れ込むままに放置され、明治の中頃には細い水流を残して埋め立てられ、大正時代にまったく姿を消してしまった。

けれども明治の終わる頃までは、運河網はまだ昔のままに残っていて、小舟が群がり、魚も多かった。水の上は、保守的な下町の中でも特別保守的だったようで、明治の木版画にもその反映は現れている。橋を描いた絵を見ると、上の道には新旧の風物を取りまぜた生活が活況を呈しているのに、橋の下の川面には、新しい洋風の風物はほとんどまったく見ら

隅田川べりの料理屋八百松

れない。

昔ながらの屋形船や船宿も姿を消した。大正九年の外国人向けの日本案内には、東京中に船宿はわずか一軒しか挙げていない。船宿は単に舟を貸すだけではなく、お客に娯楽も提供していたから、吉原のお茶屋と同様、達者な芸人も出入りしていた。運河網が姿を消してゆくにつれて、新しい時代に適応し、芸者の呼べる料亭に変わった船宿もあったが、ただ廃業してしまう店も少なくなかった。銀座や京橋は、かつて吉原に通う舟の舟着場だったので、この近辺の船宿が基になって、やがて新橋の料亭街が誕生することになる。

とはいえ、隅田川の江戸情緒がまったく消えてしまったわけではない。もう昔ほど純粋ではなく、いささか安っぽくなったとはいえ、江戸の風情の名残はあった。「一銭蒸汽」がのんびり川を上り下りし、川を横切る渡し船も残っていた。最後の渡しが姿を消してしまうのは第二次大戦後のことである。いちばん保守的な料亭街の柳橋も川べりに建っていたし、流しの芸人が舟でその前を行き来する姿もあった。夏の夜には、芸者を乗せて舟遊びをすることもできたし、川開きは下町の夏の行事の華でもあった。

小山内薫《おさないかおる》が大正二年に発表した作品に『大川端』という自伝小説がある。言うまでもなく、小山内は日本の新劇運動の父となった人物だが、二歳年長の荷風と同様、純粋な江戸っ子とは言えない。商家の出ではない上に、少年時代は広島で過ごしたという弱味もある。けれどもこういう人々は、生粋の江戸っ子以上にこの町を愛し、その名残を懐かしむ傾向がある。『大川端』は、日本の自伝小説の例に洩れず小説としては欠点が多く、人物像は薄弱だし、プロットは散漫、かつ自己満足的な傾向がなくはないが、隅田川の風情をいきいきと呼び起こしてくれる点ではまことに美しい。時代は明治三十八年、日露戦争も終わりに近い頃である。

> 色々な船が水の上を往来《ゆきき》した。……川施《かはせ》餓鬼《がき》の大伝馬が日除の幕を張つたり、旗を立てたりして、小さな鐘を撞木で鳴らし連れながら、悲調を帯びた御詠歌の合唱を川水に響かせて、大橋と中洲の間を行つたり来たりする事もあつた。
> 夏になると、毎晩のやうに影芝居の船が石崖の下へ来た。勿論ほんとの屋形ではなかつ

たが、それでも布《きれ》か何《なん》かで屋根も拵《こしら》へ、屋根の下に障子もはめて、如何《いか》にも昔の舟らしく見せてゐた。中の燈《あかり》で黄いろく見える障子にはいつも坊主のと頭を分けたのと影法師が二つ映つて見えた。この舟が太鼓と銅鑼と三味線を鳴らしながら、川下から登つて来ると、正雄はいつも君太郎の顔をぢつと見て、『好《い》いねえ』と言つた。声色遣《こわいろ》ひは先代左団次の堀端の忠弥とその時分九蔵《くぞう》と言つた今の団蔵の白洲の仁木が巧かつた。……

向う河岸を毎日時刻を違へず太鼓を叩きながら通る飴屋があつた。飴屋も飴屋の荷も絵《え》遠見《どほみ》のやうに小さく見えたが、ドン、ドン、ドドンドンと単調に打つ太鼓の音は、広い川幅一ぱいに響いて、皮の震へさへ手に取るやうであつた。……

大川の月を眺めた事も度々ある。向う河岸に列んで立つてゐる大きな蔵と蔵との間から、丸い赤い大きな月が上るに連《つ》れて、漆のやうに真黒だつた水が金のやうに光つて来る。月が高く小さく白くなつて来ると、水も銀色に光つて来る。電車の通らない大橋が黒く高く絵のやうに浮び出ると、橋の下の水が生きた白魚の群を見るやうに、キラキラと細かく光つて来る。

古い木橋は、川の上にゆるやかな曲線を描いて美しかったが、車の交通には不便で、新しい橋は次第に鉄や石の橋が多くなった。日露戦争終結当時、市内にあった四八一の橋のうち、二六が鉄橋、一六六が石橋、残りが木の橋という記録がある。新しい石造の日本橋が完成したのは明治四十四年だった。慶喜が名標を揮毫したあの橋である。最後の将軍は竣工式の行列の先頭に立ち、その傍《かたわ》らには、百年前に日本橋で生まれた老婦人が歩んだ。この婦人は生涯のうちに、四代の将軍の交代を経験したことになる。有名な浅草の吾妻橋は、すでに明治二十年、新しい鉄橋に架けかえられていた。橋の上に装飾的な鉄の骨組みがあり、竣工の時には芸者やら提灯《ちょうちん》行列やら政治家の臨席やらがあって、賑やかな祝賀行事が行われ、たちまち東京名物の一つになったが、床はまだ木造で、大震災の時にはこれに火が燃え移った。隅田川にかかる橋はみな同様に火がついて、溺死者が多く出た原因の一つとなった。

永井荷風は隅田川を愛したけれども、年に二度も洪水を起こすことだけは責めている。

気候が夏の末から秋に移つて行く時と同じ様、春の末から夏の始めにかけては、折々大雨が降つゞく。千束町から吉原田圃は珍しくもなく例年の通りに水が出た。

『すみだ川』の最後の章の冒頭だが、しかし年に二回というのはやはり誇張だろう。洪水が起こったのはもっぱら夏の終わりから秋にかけての台風の季節だった。江戸から明治を通じて三百年間の記録を調べてみても、隅田川の洪水はほぼ三年に一度の割合である。しかしどうも、理由はよくわからないが、時代が下るにつれて頻繁になったようで、明治の後半だけを取ってみると、二年に一度をやや下回る割合になっているし、特に被害の大きかった八回

浅草の吾妻橋（明治24年　石版）

の大水のうち、二回までが明治の末、四十年と四十三年に続けざまに起こっている。
明治四十三年の洪水では、小石川の谷から東、下町の北半分全域が水没した。隅田川のほか、小さな川の堤防が各所で切れ、吉原をはじめ浅草一帯が最大の損害を受けたが、被害は市内全体に及び、無傷だったのは十五区のうち僅か一区だけだったという。実際この時の被害は甚大で、この年の国民生産額の四ないし五パーセントにも達した。荷風に言わせると、この大洪水と翌年の吉原の火事とで、江戸はついに姿を消した。隅田川の洪水をなくすために荒川放水路が作られたのも、直接にはこの大洪水がきっかけである。

明治の大火の中でも、明治五年の銀座の

火災はもっとも影響が大きかった。この火事の結果、すでに触れたとおり、新しい銀座が生まれることになったからである。

銀座は元来、江戸の商業地としては、いちばん栄えた所ではない。日本橋にくらべると、西は江戸城の外濠、東は海沿いの武家屋敷に挟まれて、狭苦しく細長い町だった。豪商の家が並んでいたのはもっと北の日本橋で、銀座は職人や小商人の町だったのである。W・E・グリフィスの案内記は、明治三年、大火に遭う前の銀座の様子をよく伝えている。はっきり銀座という名前を挙げてはいないが、築地から新島原を抜けて神田まで歩いたというから、最初に足を踏み入れた街並みは銀座だったはずである。

一つの通りに入ると箪笥や戸棚を専門にした店ばかりで、次の通りには屏風ばかりが並んでいる。さてその次は染物屋の通りで、特有の臭いが立ち込め、大きな桶が目につく。小さな、しかし清潔な店に老人が一人座って、動物の角製らしい縁の眼鏡をかけ、染料の桶を傍に、これから染める反物を整えていた。次の通りは竹竿しか売っていない。しかしその数たるや竹林ができそうだ。男が竿を鋸《のこぎり》で切っていたが、両手で手前に引いているのに気がついた。刃のつき方がわれわれとは逆なのである。鉋《かんな》をかけている男もいたが、やはり手前に引いていた。鍛冶屋も仕事をしていた。片足でふいごを動かしながら、両手は槌をふるっている。火の中には何本も鉄が入っている一方では、余った火には鍋がかかってなにか煮ている。桶屋もいた。座りこみ、足で桶を押さえている。誰もかれも、座って仕事をしているのはいかにも奇妙だ。ひょっとすると、これはヨーロッパと東洋の重要な相違点なのかもしれない。一方は座りこんで仕事をする。ところが他方では、仕事をする時は立ち上がる。

銀座の隣の木挽《こびき》町には、かつて芝居小屋がいくつか集まっていたことがあった。天保の改革で、みな北の郊外に移されてしまっていたが、維新後この禁令が解けると、芝居はすぐ銀座周辺に帰って来た。しかし商業の中心、東京の代表的な盛り場としての銀座が始まるのは、やはり大火以後のことである。

府庁は首都を不燃化する方針を打ち出し、焼失した銀座の再建をその第一歩とした。そこでイギリス人技師ウォートルスに、銀座全域を赤煉瓦造りにする設計を依頼し、また補助金を出して特殊会社を作り、建設に当たらせた。昔ながらの木造建築なら、再建はほとんど一夜にして出来たはずだが、今度の再建には三年かかった。再建後のこの一帯には煉瓦建築が千軒近く建ち並んだという。銀座以外では、東京中合わせても、煉瓦造りは二十軒もなかった時代のことである。

府庁の期待したところでは、東京全体が銀座の例に倣って耐火建築になるはずだった。ところが実際は、そう期待通りには進まなかった。文明開化の実を世界に示すべく、赤煉瓦が建ち並んだのは表通りだけで、計画を誤魔化して昔ながらの建築に帰る傾向がすぐに現れたのである。明治末の写真を見ると、煉瓦の家並みがいちばん長く続いていたのは銀座の北半分だったようだ。しかし、現在はその形跡はなに一つ残っていない。

新しい銀座は、外国人には概して評判がよくなかった。改築の直後からすでに、アメリカの亜流だという批判が見られる。イギリスの女流探険家イザベラ・バードは、明治十一年に来日し、後にその印象を書き残したが、東京は東洋の町というより、むしろシカゴかメルボルンの場末に似ていると語っている。東京のどの部分のことを言っているのか、はっきり名前を挙げてはいないけれども、銀座だと考えてほぼまちがいはあるまい。フランス海軍士官として、明治十八年と三十三年の二度にわたって日本を訪れたピエール・ロティも、赤煉瓦の街に「アメリカ的醜悪」を感じた。イギリスの旅行記作家フィリップ・テリーは、日本橋をニューヨークのブロードウェイに準《なぞら》えているが、別に褒めようというのではない。

大きくはあるが壮麗に欠け、個性はあっても威厳と単純さをまったく持たず、まとまりや落ち着きよりは単なる利便を追っているというのが、建築上ごた混ぜのこの町を特徴づける顕著な性格である。

テリーがこう書いたのは大正九年のことで、この頃にはもう、赤煉瓦の街は大して残って

街路樹が植えられた銀座煉瓦街

はいなかった。ただ、アメリカの悪しき影響を受けているという印象だけは相変わらず残っていたわけである。それにしても皮肉なのは、新しい銀座を設計したのはアメリカ人ではなく、イギリスの建築家だったという事実だろう。

東京人自身は、新しい銀座について矛盾した印象を持ったらしい。誰もが見物に出かけたがったが、実際に住みたいと思った人はそう多くはなかった。最初の計画では、江戸の商家の伝統に倣って、一階は店、二階は住居に当てることになっていたが、入居はなかなか進まなかった。湿気がこもり、風通しが悪く、黴《かび》は生えるし、総じて日本の気候に合わないばかりか、そもそも固い壁に囲まれて暮らすというのは、日本人の生活感覚にそぐわなかったのである。それでも、大通りに面した場所のいい所にはやがて借り手がついたが、裏通りはさびれ、「熊の相撲」とか「犬の踊り」といった見世物が時折かかるだけという有り様になってしまった。こうして、折角の東京不燃化計画も明治を通じて大して進展せず、せいぜい道路を拡げるとか、ある一画が焼け落ちた時、土地を強制収用して、防火のための空き地を設ける程度のことしかできなかった。

イザベラ・バードやピエール・ロティは批判したけれども、新しい銀座はそれなりの美観を呈していたにちがいない。不燃化のモデルとしては失敗だったにせよ、文明開化の実例としてはやはり大成功だった。東京市民はこぞって銀座見物に出かけ、こうしていわゆる銀ブラという習慣も生まれる。この習慣は、やがて第一次大戦後から第二次大戦までの間、その最盛期を迎えることになる。

新しい銀座はまた、版画の絶好の材料ともなった。版画に描かれた銀座は、例によって空は日本晴れ、いつでも桜が満開である。そして実際、少なくとも初期の頃には、大通りには桜並木があった。東京市中で、鉄道馬車や電車の走れるほどの大通りは、当時はほとんど銀座しかなかったのだが、この通りに沿って、桜のほかにも楓《かえで》、松、それに樫の並木が植えられたのである。

最初に植えたこういう並木がいつ、またなぜ姿を消し、後に銀座のシンボルとなる柳に変わったのかはっきりしない。明治の中頃だったようだ。当初の木は、ひとつには都市化の犠牲になったのだろうが、枝が拡がるし、折れやすく、おまけに虫がつくので、並木として適当ではなかったのかもしれない。いずれにしても、銀座の並木は柳に変わった。丈夫だし、場所も取らず、夏には涼しげに葉ずれの音を立てる柳は、賑やかな東京名所にはまさに打ってつけだった。かつては江戸のシンボルとして、川や掘割をいろどった柳は、こうして今や、東京の流行の最尖端のシンボルとなったのである。けれども、やがてこの柳もまた姿を消すことになる。今でも多摩川の近くに行けば、生き残った柳の古木を見ることができる。大震災の直前、銀座から最後に移したかつての並木の名残である。

鉄道の駅が、掘割一つ隔てた南の新橋に出来たので、銀座のうちでも最初に栄えたのは南の端のあたりだった（厳密に言うと、この辺は当時まだ銀座には入っていなかったが）。明治の中頃から末にかけて、この一帯は今でいうショッピング・センターのようなものだったらしい。新橋の橋のたもとに市場が二つあって、小さな店がおびただしく集まっていた。銀座育ちの岸田劉生が回想しているところによると、このあたりの店の裏窓からは、新橋芸者が夜の身支度をしている姿が見えたという。けれども大正三年、新しい東京駅が出来て東海道線の終点になると、銀座の中心はまた北に戻り、現在の四丁目の交差点のあたりに帰った。

銀座改築時代の建物のうちで、現存しているものが少なくとも一つある。三田の慶応大学構内にある演説館である。そもそもこの「演説」という言葉自体、福沢諭吉の造ったもので、世界の列強に追いつくためには雄弁術の涵養《かんよう》が必要であると考え、明治八年、演説館を建てたのである。現在は国の重要文化財に指定されていて、小規模ながらなかなか魅力的な建物だ。ドアや窓、それに内装は洋風だが、なまこ壁や瓦屋根など、外観は和風を強く残している。築地のホテル館も、規模こそちがうが、こんな感じだったのではあるまいか。

明治の火事の中で、明治五年の銀座の大火と並んで有名なのは四十四年の吉原の大火だが、被害の大きさからいえばどちらも最大のものではない。明治十四年の神田の大火が第一である。放火ではないかといわれているが、折からの冬の強風に煽られ、神田から日本橋、さらには両国橋で隅田川を越えて東に燃え拡がり、行く手の町をことごとく焼き尽くして、街並みの切れる所でようやく消えた。

明治の初めから中頃までの間に、日本橋のあちこちが三度も焼けた。大火がいちばん多かったのは一月から三月まで、もっとも乾燥する時期で、しかもこの頃は北風や西風が烈しい。ちなみに昭和二十年三月の東京大空襲も、実はこの時期を狙って行われたものだった。明治六年には、江戸城のまだ残っていた部分も焼失し、お蔭で明治天皇は治世の三分の一以上を、後の赤坂離宮の敷地にあった紀伊徳川家の屋敷で過ごさなければならなかった。吉原でも、明治四年、六年、二十四年、四十四年、そしてもちろん大正十二年に火災があった。けれども、なんといっても火事の名所は神田だった。明治十三年に消防庁が出来てから、

吉原の大火（明治44年）

明治の大火は五回あるが、そのうち四回までは神田が火元で、しかもそのうち二回は明治十四年、僅か数週間の間に立て続けに起こった。だが大正に入るとようやく大火の数も減り、明治の大火事に匹敵する規模のものは、もちろん大震災は別として、僅か一回しかない。これも神田から出火したものだった。これを除けば、大正の火災は明治とは比較にならない。さすがの江戸の華も、ついに衰えを見せ始めたのである。

　消防署が充分な人員を備え、もう素人の協力を必要としなくなったのは、ようやく大正に入ってからのことである。それでも昔ながらの火消しの組織はしばらくは残っていて、震災後になって解散した。その名残りが、今も正月の出初《でぞめ》式に見られることは周知のとおりである。ポンプを運ぶのに自動車が初めて用いられたのは震災の五、六年前のことだったが、震災でその半数は失われてしまった。

大火が減り始めたといっても、下町は相変わらず火事の危険と隣り合わせの生活だった。防火造りの土蔵を持てたのは金持ちだけで、庶民の家では床下に穴を掘り、熱が加わると水びたしになる巧妙な仕掛けを施していた。そして、すぐ目につく所に非常持ち出しの籠を備えつけておき、すわ火事という時は急いで貴重品をこの中に抛り込み、床下の穴に入れるのである。

谷崎潤一郎は子供の頃、この籠で友だちと奇妙な遊びをした思い出を書いている。


用心籠と云ふものが、その時分は大概な家に一つや二つは用意してあつた。長方形の、竹で粗く編んだ、長持ぐらゐな大きさの籠で、火事の場合に何でも彼でも手あたり次第にその中へ投げ込んで、担ぎ出すための物入れである。だから万一の場合に備へて、いつでも担ぎ出せるやうに、眼につく場所に置いてあつたが、偕楽園ではその物置部屋……の食卓の上に二つ並んでゐた。で、私たちはその用心籠を早速花魁部屋《おいらんべや》に見立てた。そして三四人が代る〳〵、一人が客になり、一人が相方《あひかた》になつて、その籠の中で枕を並べた。源ちやんも私も、何回か花魁になつたりお客になつたりした。尤も二人が向ひ合つて暫くの間身を横たへてゐるだけなので、それ以上何をするのでもなく、やがて又次の二人が交代する。ほかの者は下から用心籠を見上げてくすくす笑つてゐるのであつた。

此の用心籠の遊戯は、多分源ちやんが洲崎あたりの遊廓の模様をコックたちから聞いて来たのが事の起りであつたと思ふが、その当座、私たちは此の遊戯をひどく面白がつて、毎日々々花魁ごつこばかりしてゐた。私たちは此の遊戯を名づけて「用心籠」と呼び、

「おい、今日も用心籠をしよう」

と、云ふ風に云つた。


（『幼少時代』）


東大で生物学を講じたE・S・モースは、火事や消防にも非常にくわしく、興味ある記録を書き残している。初めて火事を目撃した時、モースの態度はむしろ軽蔑的だった。

ポンプから放出する水は鉛筆くらいの太さしかなく、しかもその一本一本が独立している。アメリカの手押しポンプのように空気室がないから、一本の太い水流にはまとまらないのである。それに東京のポンプは円筒形ではなく四角で、何週間も陽に干してあるからカラカラに乾いていて、パイプから吹き出す水より、ひびから空中に飛び散るほうが多いくらいだ。……消防隊は私設で、それぞれの組には纏《まとい》持ちがいる。纏持ちはできるだけ火の近くに位置を取り、現に燃えている家の屋根に登ることさえある。こうして纏持ちがその場にいたことが証明されると、その組は火を消した家の持主から金が貰えるので

（『日本その日その日』）

ある。

日記を後に書物として出版する時、事情をもう少しくわしく知ったモースはいくつか注釈を加えているが、それによると、消防夫の最大の仕事は火を消すこと自体ではなく、むしろ延焼を食い止めることであり、ポンプから吹き出す細い水も、火を消すよりは、むしろ消防夫の身を守ることが第一の目的だったという。

東京の消防事情をくわしく知るにつれて、モースの態度は次第に讃嘆に変わってくる。明治十一年の四月、朝もまだ五時だというのに三キロ走って火事を見に行った時には、モースはこんなふうに書いている。

焼失面積からして、延焼がいかに早かったかがわかったたし、また半分焼け残った木造の家を見ると、消防夫たちの仕事ぶりは、けっして外国人が想像しているほど無能なものではないとわかった。少なくとも、あれほどの強風の下で火を食いとめるのには、大変な努力と技術を必要とするにちがいない。日本の家屋はまことに脆弱なので、いったん火事が起こると恐しい速さで燃え拡がる。だから消防夫の仕事はまずなによりも、家から剝ぎ取れるものはことごとく剝ぎ取って裸にすることなのである。……彼らが部厚い屋根瓦まで剝ぎ取るのは、一見いかにも愚かなことのように見える。家を覆っているものの中で、耐火の能力がある材料は瓦だけだからだ。けれどもこれは、屋根の下地の板を取り去るためであって、なるほど見ていると、こうして屋根板を剝がしておけば、火が棰木《たるき》から棰木へと飛び移るということはない。日本の消防を調べ始めた頃は、消防夫の仕事ぶりはまちがいだらけだと思ったものだが、くわしく調べてゆくにつれて、この第一印象は誤っていたと悟らざるをえない。逆に、彼らの技術にたいする尊敬の念を深めざるをえないのである。（同）

明治から大正に移るにつれて火災は減ったけれども、これにともなって伝統的な建築の調和も失われていった——少なくとも江戸っ子はそう嘆いた。荷風もこれを嘆いたし、荷風の弟子に当たる久保田万太郎もこれを嘆いた。万太郎は明治二十二年、浅草の生まれで、生家は袋物の製造・販売を業としていた。大震災まではずっと浅草に住み、その後も生涯を通じて下町に住んだ。作品には、小説にも戯曲にも俳句にもまた、近代に滅ぼされてゆく下町にたいして、深い悲しみの思いが語られている。生まれからしても、生涯変わらぬ愛情を下町に持ちつづけたという点でも、彼こそは江戸っ子のもっとも雄弁な代表と見ていいだろう。その久保田万太郎が、これは昭和二年になってからの文章だが、東京の家々から「火の見」が消えたことを嘆いている。

東京の町々からいつかその影を失つたものに火の見がある。――といつて火の見梯子のことでも火の見櫓のことでもない。十四五年まへまで、山の手は知らない、下町の、ことに目抜の繁華な町々のあきんどやの屋根々々に必ずとりつけられてあつた火の見のことをわたしはいふのである。――その存在はたゞに火事早い江戸の名残を語るに役立つばかりでなかつた、土蔵づくりをもつて、理想的の、最もよき建築とした時代の日本家屋にあつて、実にそれは、忍返し、駒寄、天水桶等とゝもに、その形態を整へるうへで必要欠くことの出来ないものだつた。――葉やなぎのかげ懐しかつた古い東京の夢よ……

（「つゝじ」）

「火の見」という、町全体が火にきわめて弱いことを物語る証拠が姿を消したからといって嘆くというのは、一見いかにも馬鹿げたことに思われるかもしれない。けれどもこの嘆きには、確かにそれなりの根拠があった。銀座のモデルには倣わなかったにしろ、東京は徐々に火災にたいして抵抗力を強めていったが、その結果、かつての美観を大いに失ったこともまた事実だったからである。幕末に駐日イギリス公使をつとめたオールコックは、「見るも麗しい大君の都」と江戸を讃えたけれども、今の東京では、個々に美しい物はいろいろあるとしても、やはり「麗しい都」とは呼べないだろう。時折、町の片隅に思いもかけず江戸や明治の建物が生き延びているのに出くわし、瓦屋根と古びた木材のかもし出すくすんだ諧調に見とれて、失われたものがどれほどに美しかったか、改めて思い知らされるのである。

江戸時代の町家は、関西と関東で多少のちがいがあったが、江戸の町家は木の地肌をそのまま使うことが多かった。屋根もいろいろで、裕福な商家では瓦を使ったけれども、ほかは藁《わら》葺きかこけら葺きだった。火事が出るとひとたまりもない。道に面した窓には繊細な格子があって、古くなると深い褐色の色調が美しい。しかもこれが、中間色の屋根と微妙な調和をかもし出すのである。

こういう渋い色の諧調に慣れていないと、かつての下町の家並みの落ち着いた美しさは目にとまらなかったかもしれない。明治の初期、東京を訪れた外国人の書いたものを読んでみても、下町の視覚的な景観の描写がなかなか見当たらぬのはこのためだろう。モースでさえ、物売りの声や街の雑踏、奇妙な事物や風俗などについては鋭い観察眼と深い共感を示しているのに、毎日通っていたはずの街並み自体の、瓦と木肌の織りなす景観のことは大して書き残していない。イザベラ・バードも、外国人の足を踏み入れていない地域を求めて江東を歩き回っているけれども、この一帯こそ昔の調和がいちばん損なわれていなかったはずであるのに、街並みの色調についてはなにひとつ語っていない。こうした美しさがやがて跡形もなくなることを知っていたら、少しは書き残しておこうとしたのかもしれないのだが。

初めて東京に建った西洋建築は、イギリス公使館にしろホテル館にしろ、耐火構造ではなかった。こうした建物を建てたのは日本人で、伝統的な日本の建築技術を使って、西洋人の必要や感覚に合わせるつもりで設計したのである。純粋に洋式の建築が始まったのは、銀座の改造の時だったと考えていい。この時代はよく「イギリス時代」と呼ばれる。新しい銀座を設計したウォートルスもイギリス人だったし、明治の日本で活躍した外国人建築家としていちばん有名なコンドルもやはりイギリス人だった。けれども明治の中期になると、このコンドルの弟子を中心として、ふたたび日本人建築家が前面に出てくる。明治二十三年に完成した最初の帝国ホテルも日本人の設計だったし、明治の後半から大正初期にかけての主な建築物は、日本銀行も、赤坂離宮も、帝国劇場も、東京駅も、みな日本人建築家の作品である。

コンドルは明治十年に来日し、工部大学校で建築を教えたが、彼ほど大きな影響を与えた外国人建築家はほかにない。旧帝国ホテルの設計者として有名なフランク・ロイド・ライトすら、コンドルには及ばないと思う。建築家としては折衷的で、これといった独創性はないけれども、教師としては抜群の成功を収めた。日本の公共建築物の荘重な様式は、もっぱらコンドルの影響である。

コンドルの作品としていちばん有名なのは、来日後まだ間もない頃に建てた鹿鳴館だろう。日比谷の旧薩摩屋敷跡に、明治十四年着工し、十六年に完成した。当時は安政の不平等条約を改正することが急務とされていたので、日本が今や欧米諸国に劣らぬ文明開化の地であることを実地に示し、例えば治外法権などという、屈辱的な処置は必要ないことを証明し

鹿鳴館

ようとしたのである。

「鹿鳴館」という名前は『詩経』の「鹿鳴」の章にちなむ命名で、特に外国から訪れる賓客を盛大にもてなすための館の意味だ。それまでは、グラント将軍夫妻をはじめ、こうした賓客を迎えるためには浜離宮が当てられていたけれども、すでに老朽化しはじめていたし、外国人の必要に充分応じる設備が整っていないとされ、これに代わるべきものとして鹿鳴館が建てられたのである。二階建ての煉瓦造り、イタリア風の建物で、当時としてはきわめて華麗な洋風建築だった。建坪四百十坪、舞踏室、音楽室、撞球《どうきゅう》室、図書室を備え、特に外国人賓客用のスイート・ルームに設けられた洋式の浴室には、かつてこの国で誰も見たことのない浴槽が置かれた。縞大理石製で、長さ六尺、幅三尺、蛇口から水が轟々とほとばしる様はまことに壮観だったという。

ピエール・ロティは、明治十八年の天長節に鹿鳴館の舞踏会に招かれたが、あまりにも平板で、あまりにも真っ白で、フランスの鉱泉地のカジノのようだと印象を語っている。ひょっとするとロティは、まぶしくて目が眩んでいたのかもしれない。彼の語るところによると、新橋から人力車に乗せられ、暗い、淋しい道を一時間も走ってようやく鹿鳴館に着いたという。歩けば、もちろん十分とかからない距離である。

かつての鹿鳴館の感じを摑むには、コンドルの作品のうち現在まで残っている三田の三井クラブから想像するのがいちばんだろう。大正二年の完成で、年代もかなり離れているし、鹿鳴館よりは大きな建物だが、同じようにヴェランダと列柱を備えている。写真で見ると、鹿鳴館は、少なくとも正面のデザインに関する限り三井クラブより装飾的で、ヴェランダが端から端まで続いている。三井クラブは一部しかヴェランダになっていないし、柱の数も少ない。それに軒や屋根が鹿鳴館ほど目につかないが、それでも今の東京中の建物の中で、この三井クラブがいちばん鹿鳴館の面影をよく伝えていると言っていいだろう。最初の帝国ホテルも、今はもちろん残っていないが、鹿鳴館によく似ていたという。

コンドルの設計した建物は多いが、現存するものはごく僅かしかない。神田のニコライ堂も、明治二十四年、ロシア人の設計に従ってコンドルが監督、施工したものである。けれども大震災で大きな被害を受け、今では最初の設計よりずんぐりした、頑丈な形になっている。

浅草の凌雲閣、いわゆる「十二階」は、たまたま帝国ホテルとほぼ同時期に開業した。鹿鳴館がエリートと国際派のシンボルだったのにたいして、十二階は庶民と娯楽のシンボルであり、当時、市内最大の盛り場として栄えていた浅草のシンボルだった。久保田万太郎も書いている。


むかしの浅草には「十二階」といふ頓驚《とんきよう》なものが突ツ立つてゐた。赤煉瓦を積んだ、その、高い、無器用な塔のすがたはどこからも容易に発見出来た。どこの家の火の見からも、どこの家の物干からも、どこの家の、どんなにせせツこましい二階のまどからもたやすく発見出来た。同時にまた広い東京での、向島の土手からでも、上野の見晴しからでも、愛宕山の高い石段の上からでも、好きに、たやすくそれを発見することが出来た。

「あゝ、あすこに。……あすこに十二階が……」

で、その、向島の土手から、上野の見晴しから、愛宕山の高い石段の上からそれを発見したとき。……そのときのさうしたゆくりない歓び。……その歓びは、それはとりも直さず「浅草」を発見した歓びだつた。……あらたかな観音さまをもつ「浅草」を感じえた歓びだつた。……それほど、つねに、その塔は「浅草」にとつての重要な存在だつた。

が、それにしても古い名所絵の、東都浅草公園図の、いまをさかりと咲き溢れた花の雲の上にそゝり立つたその無器用なすがた。……いまにして、わたしに、その安価な絵空事がなつかしいのである。……なぜならむかしの浅草。……わたしのおもひでの浅草。……すくなくも、わたしの、十二三の時分までの浅草は、わたしにとつて、いつもさうした春の所有だつたからである。日の光はゆたかに、風の息づきはやさしく、柳の芽は青く、いつもそこに春の世界ばかりが展開されてゐたからである。……といふことは、糸の切れた風船の、ゆらゆら立昇るそのかげろふの行方を追ふわたしの眼に、うらうらとその十二階の、中ぞら遠くうち霞んでゐた哀しい記憶がいまなほわたしにはツきり残つてゐるからである。

（「絵空事」）

十二階は、ウィリアム・バートンというイギリス人が指導し、日本人の建てたもので、高さは三二〇尺という資料もあれば、二二〇尺としているものもある。多分後のほうが正確だろうが、いずれにしても市中でもっとも高い建物だった。二二〇尺としても、ニコライ堂のほぼ二倍である。愛宕山の頂上と並んで、市内を見晴らすには絶好の場所となった。

赤煉瓦造り、八角形の十二階は、日本で始めてエレヴェーターの設けられた建物でもある。アメリカ製で、一度に二十人の乗客を乗せ、八階まで昇ったが、危険だとされ、二カ月で閉鎖されてしまった。二階から八階までは世界の物産を陳列し、九階は美術展など、やや

浅草十二階

高尚な展覧の会場、そして十階は展望台で椅子が並んでいた。どの階も照明が明るく、建物全体が「光の塔」と呼ばれるほどだったけれども、十一階は特に明るく、内と外とにアーク灯がついていた。最上階も展望台で、望遠鏡が並んでいる。これだけの楽しみがあって、入場料は僅か数銭だった。

最初にエレヴェーターを設けたのは十二階だったとしても、永続的に運転したのは日本橋が初めてだった。日本銀行が最初だったという説もあるが、三井銀行だとする説もある。いずれにしても日本橋は、保守的であると同時に進歩的でもあり、文明開化の明るさと同時に伝統の影にいろどられた町でもあった。日本橋を渡って南北に走る大通りを境に、はっきり二つに分かれていたのである。明治の初め、文明開化を代表する土地といえばもちろん銀座の煉瓦街だったが、明治の終わりには、むしろ日本橋の西半分だったにちがいない。建築に八年を要した日本銀行も明治二十九年には完成を見、その荘重な全容を現した。その東には三井銀行、その南には石造の三越が建っていた。

日本橋の大通りを橋に向かってほんの僅かゆくと、そこはもう魚河岸だった。この断絶は著しかった。現在と過去との飛躍がこれほどあからさまに見られる所は、東京中どこにもなかった。三越から東は、谷崎が少年時代を過ごしたとおりの暗い裏道ばかりが続いている。ここにも変化は訪れてはいた。例えば人力車である。しかしこれ以外には、変化はほとんど見られない。煉瓦や石や明るい灯りが気に入らなければ、どこでもいい、この小さな道を東に入って隅田川まで、さらにはその向こう岸まで行けばよかった。ここではもう、文明の利器に煩わされることはなかった。

新しい日本銀行は、ほとんど人家のない広大な「三菱ヶ原」を隔てて宮城の石垣を望んでいた。建築当時の建物の一部は、大震災や戦災を生き抜いて今日も残っている。当初はドームをいただいた中央ホールが東西に走り、列柱式の二つのウィングが南に延びていた。もともと全部石造にする計画だったが、建築に当たった辰野金吾は、明治二十四年の濃尾地震の影響を見て、煉瓦造りのほうが安全と判断したという。同じ辰野金吾の建築で現在まで残っているものがほかに二つある。東京駅と、日本橋北詰の帝国製麻（後の大栄ビル〔一九八九年に解体〕）である。

日本銀行の建物は、明治の建築史上新しい時代の始まりを画したものとされる。これを皮切りに、日本人建築家が外国人の援助をまったく借りず、ヨーロッパの古典主義様式に倣って設計し、建築し始めたのである。たしかに一般的にはそう言ってまちがいはないと思うけれども、実は小さな例外がないわけではない。日本銀行竣工の五年前、永田町の参謀本部の敷地内に小さな建物が建った。日本最初の石造の建築とされるもので、およそ記念碑的な壮大とは程遠い建物ではあるが、古典主義様式であることは紛れもない。僅か二間四方の建築物で、中に水準原点の標石を納めている。この原点は大震災の後、八六ミリも下がったといわれる。

この間にも、三菱ヶ原には巨大な変化が現れ始めていた。かつては江戸城外濠の内側に入っていたこの土地は、維新の動乱を生き延びた建物が政府の役所に使われていたのだけれども、役所は次第によそに移り、明治三十三年、まとめて三菱財閥に売却された。現在の丸の内である。グリフィスをはじめ、明治の初期に東京を訪れた外国人が、東京には広大な空き地があると書いていることは前にも触れたが、彼らが見た空き地の中には、当然この丸の内も入っていたにちがいない。当時、三菱がこの土地を買ったことは大変な愚挙だといわれた。政府が要らなくなって売りに出した土地など、いったい誰の役に立つかというわけである。実際、当時の丸の内がどんなにさびれた所だったか、俳人の高浜虚子もこ

市庁舎屋上から撮影した東北方面の展望写真（小川一真撮影）

う書いている。

その頃日比谷はまだ公園にならず、草の生えた空地であつた。練兵はもうやらなかつたが、練兵場の面影がまだそのまゝに残つてゐた。和田倉門外も大概空地で、僅に明治生命と商業会議所と今の一号館と二号館があるばかりであつた。三菱ヶ原の四軒長屋と称へた頃で、あとは狐狸の住んでゐさうな原であつた。中には大名屋敷であつた時分の築山が、頽廃したままで残つてゐたりした。有名なお艶殺しのあつたのもその時分であつた。……

その時分の丸の内はたゞ暗く静かに、又さびしく物騒な天地であつた。夜分などはこの明治生命の前を通ると、向ふは

真暗な原つぱで、たゞ大空に星が輝いてゐるばかりであつた。今の東京駅のあたりも闇の続きで、その向うに京橋辺の灯が見えた。

（『大東京繁昌記』山手篇）

お艶《つや》殺しというのは明治四十三年に起こった事件で、明治の犯罪史上もっとも有名なものの一つとされる。この年十一月のある朝、市庁舎の近くで若い女性の死体が発見され、木下お艶と身許は割れた。犯人は検挙できなかったが、事件の十年後、まったくの偶然によって逮捕される。

明治の写真家として有名な小川一真が、明治末期、市庁舎の屋上から撮った展望写真を見ると、現在の都庁舎と同じ位置なのだけれども、ほとんどどの方角にも空き地

市庁舎屋上から撮影した東南方面の展望写真（小川一真撮影）

が拡がっている。しかも、まるでブルドーザーで削り取ったかのように荒涼とした空き地である。南西の方角には、日比谷の交差点までほとんどなにも建っていない。北を望むとさらに淋しく、兵舎のような建物がいく棟かあるだけで、日本橋の西の端の日本銀行まで見通しである。北西には新しい三菱の建物がいくつか建ち始めているが、明治の終わりの丸の内は、全体としていかにも狐や狸の住んでいそうなさびれた風情だ。僅かに東の方角だけは、まだ新しい鉄道の高架線の向こうに、銀座方面の街並みが続いている。しかしこれも、むしろ伝統的な日本家屋が主で、煉瓦造りの街路もまだ残っていたはずだが、少なくともこの写真では見えない。

けれども当時、すでに三菱の建物は丸の

内を埋め始めてはいた。後に三菱の一丁倫敦《ロンドン》と呼ばれることになる一角で、コンドルが煉瓦造りの一号館を建てたのが明治二十七年。以後、何人もの建築家が設計に参加して、そのスタイルもかならずしも一様ではなかった。最初に建物が建ち始めたのは、市庁の前を東西に走る道路で、この道が重厚な煉瓦造りの街並みとして完成すると、ビル街はまず南、次には北に向かって延びていった。そしてこの北に延びたビル街の東の端に、明治の末には新しい東京駅が姿を現し始めていたのである。丸の内のビル街は、結局、約四半世紀かけて完成するが、完成後四半世紀も経ないうちに姿を消してしまうことになる。現在、当時のままの煉瓦造りの街並みはまったく残っていない。第二次大戦後、三菱が全部取り壊してしまったからだが、いささか性急な決断だったかもしれない。今でもコンドルの建築が残っていれば、企業イメージのPRには抜群の効果があっただろう。

丸の内のビジネスの中心地としての優位は、大正三年、東京駅の開業によって決定的となる。銀座に代わって、今や丸の内が東京の玄関となったのである。当時の鉄道院総裁は、後に東京市長となる後藤新平だったが、なにか世間をあっと驚かせるような建物を造ってくれと辰野金吾に頼んだ。三つの塔をギャラリーで繋いだ煉瓦造りの新駅は、フランス流といわれるが、今日の目から見ると、別にあっと驚くほど新奇ではない。しかし当時は、周囲の景観の中ではひときわ華麗、かつ荘重な建物だった。中央の塔は、現在は多角形の屋根になっているけれども、最初はドームだった。戦災で壊れて、現在の形に修復したのである。いず

丸の内ロンドン街（一丁倫敦）

日本橋から見た東京駅（大正4年頃）

れにしても完成当時の東京駅は、着々と全容を整えてゆく一丁倫敦を隔てて宮城を望んでいたわけだが、この新駅でいちばん驚くべきことは多分、そもそもこの新しい東京の玄関口が、丸の内を正面にしていたということ自体だったにちがいない。古くからの下町は駅の裏手に回されてしまったのだ。しかも下町は、線路と掘割で駅とは切り離されている。未来がどちらの側にあるか、雄弁に物語る事実だった。

駅が西を正面にしたということの事実は、単に宮城に敬意を表したにすぎないと理解されているけれども、三菱と丸の内に測り知れない利益となったことだけはまちがいない。汚職や買収の証拠はないが、その気配は濃かった。いずれにしても、こうした配置自体によって、経済的な奇蹟が可能となったことは確実である。大体、この新駅を「東京駅」と名づけたということ自体、いかにも傲慢だと感じた人々は少なくなかった。これではまるで、それまで東海道線の終点だった新橋駅をはじめとして、市内のほかの駅はみな地方駅だと言わんばかりではないか。京橋や、新駅の東に当たる日本橋の人々は疎外感を味わわされ、汽車に乗る時は相変わらず新橋駅を利用した。こちらのほうが親しみがあったし、便利のよさも同じ程度だったからである。大正九年になって、ようやく東京駅に東口を設けることが決まったけれども、今度は下町側が仲間割れを見せる。東口を作るためには、掘割に新しく橋をかけなくてはならないが、その位置をどこにするかをめぐって、京橋と日本橋とで意見が対立したのである。決着は、大震災で両方の区がほとんど壊滅するまでつかなかった。

東京駅と上野駅が繋がったのも、やはり大震災後のことである。どうしてこんなに連絡が遅れたのか、その理由は、単に経済上の問題だったと考えていいだろう。両駅を繋ぐ鉄道用地は、人口の密集地帯を通らなければならない。明治期には、この一帯は新橋—東京間、あるいは上野以北にくらべてはるかに人口密度の高い地帯だった。いずれにしても、この東京—上野間の鉄道の開通で、丸の内がそれこそ土一升金一升の土地となることがいよいよ確実となった。

明治の革命にはまたもう一つ、江戸の陰影を追い払ってしまうという革命があった。もちろんこれは、世界中どこでも起きた革命にはちがいないが、日本の都市では、革命のテンポが欧米よりはるかに早い。谷崎潤一郎も有名な『陰翳礼讃』で論じたとおり、日本人の美意識にとっては、陰影というものが核心的な意味を持っていて、だから陰影を捨てることで、きわめて重要なものが破壊されてしまったと見ることもできよう。谷崎はさらに、もし近代の発明が日本人によってなされていたら、これほど手荒に陰影を放逐することはなかったろうとも論じている。

東京にガス灯がついたのは、ロンドンより六十年も遅かったが、銀座の再建は、この新しい文明の光を導入するには絶好の機会だった。明治七年、芝から銀座の大通りを経て北は京橋まで、八十五灯のガス灯が煌々と夜空に輝き、たちまち市民の讃嘆の的となった。二年後、ガス灯の列は浅草まで延び、西は銀座から宮城まで続いた。

さて次は電灯の時代だけれども、最初の実験はかならずしも成功に終わらなかった。明治十一年、中央電信局の開局式の呼び物は電灯だったが、わずか十五分で焼け切れてしまい、式場は真っ暗になってしまったという。明治十五年、大倉組商会の銀座支店の前にアーク灯が据えつけられ、これはみごとに成功する。当時の版画に、この灯りを見つめる群衆の姿が描かれているけれども、その表情には、谷崎が嘆いたように、陰影が放逐されたことを悲しむ様子はいささかも認められない。

こうした新しい照明が芸術に及ぼした影響も大きかった。特に深い影響を受けたのは演劇だろう。明治十年には歌舞伎にガス灯が使われ、その十年後には初めて電灯が使われている。今日では、舞台はそれこそ目も眩むばかりにまぶしく、ほの暗い中で演じていた昔の有り様など、ほとんど想像することもできない。

陰影を過去に捨て去った東京は、世界でもっとも明るい都市になろうと決意したかに見えた。各種の博覧会が開かれるたびに、さらに明るい照明の実験が繰り返される。漱石も『虞美人草』(明治四十年刊)に書いている。

文明を刺激の袋の底に篩《ふる》ひ寄せると博覧会になる。博覧会を鈍き夜の砂に漉せば燦たるイルミネーションになる。苟《いや》しくも生きてあらば、生きたる証拠を求めんが為めにイルミネーションを見て、あつと驚かざるべからず。文明に麻痺したる文明の民は、あつと驚く時、始めて生きて居るなと気が付く。

明治も末、すでに文明開化に飽きた人の言葉ではあるけれども、「イルミネーション」を明治の精神としている点は、やはり正鵠《せいこく》を射たものと言うべきだろう。さらに明るい照明を求めつづけるということ――それも、欧米よりもはるかに早いテンポで照明を明るくしつづけるというのは、確かに生の証《あか》しを求める衝迫に似ていた。江戸の暗夜から解放された人々は、灯りのいちばん明るい所を目ざして群がった。こうして夜になると人々は、まだ暗い日本橋から南の銀座をさして集まって来たのである。

谷崎が陰影の礼讃者になったのは後年のことで、子供時代は日本橋の暗さを怖れた。『幼少時代』の一節にこう書いている。

夜は下町でも街燈の数が乏しくて、可なり薄気味が悪かつた。私は日が暮れると、一人で蠣殻町から帰つて来る途中、一目散に走つて通り過ぎるやうな恐い場所が、何箇所かあつた。真つ暗で人通りの少い物蔭などには、美少年を追ひかける書生風の男が佇《たたず》んで、待ち伏せしてゐることもあつた。

谷崎自身も、当時のいわゆる「薩摩趣味」の陸軍将校に捕まって三菱ヶ原に連れ込まれ、危うく逃れた経験があるという。

電車の路線と同じように、電力の供給もまた、あまりにも急速に成長するこの都市の混乱ぶりを天下に曝《さら》すことになる。明治の末、東京には電力会社が三つあり、時に暴力を招くほどの烈しい競争を演じていた。料金は消費した電力によって決めるのではなく、電灯の数で決める制度になっていたから、消費者としては当然、全部の電灯を四六時中つけっぱなしにしておく気になる。一つの家庭に二つ以上の会社が電力を入れるような場合もあったし、ある家庭が別の会社に変えるなどという話が出ると、架線工夫同士が殴り合いの喧嘩を始めることまであった。こうした混乱を改めようとして失敗し、辞任に追い込まれた市長が二人もいたほどである（そのうちの一人は、「憲政の神様」尾崎行雄その人だった）。公営化しようとする試みも結局は実らず、ようやく大正六年になって、府内を三つの会社で分担する協定が成立する。だがやがて市は配線の一部を買収し、大震災の頃には、山の手のかなりの地域に電力を供給していた。

とはいえ文明開化の光も、暗がりを一気に放逐できたわけではない。ところがこれが悪臭となると、暗がりよりもさらに頑強に抵抗した。大震災当時、中央魚市場はまだ三百年前と同じ日本橋の真中、ほとんど三越の筋向かい、三井銀行や日本銀行から目と鼻の先に腰を据えたままだった。

新橋駅の開業した当時から、銀座を経て日本橋の中央を抜ける大通りを美化する努力が熱心に続けられて、魚市場は大通りを利用することを禁じられ、仲買人の姿を通りから閉め出す工夫が講じられていたけれども、臭いだけは閉め出すこともならず、日本橋はもちろん、京橋あたりまで悪臭が漂った。しかも公衆便所は、市場の東西の端に一つずつ設けられているだけで、忙しい仲買人が、わざわざそんな不便な所まで用を足しに行くわけもない。魚の腸《わた》は地面に放置され、雑踏に踏みつけられるに任せるという有り様。コレラが発生するたびに魚市場が元凶と槍玉にあげられ、もっと広い所に移し、もう少し衛生的に、悪臭の被害も防げるようにすべきだという声があがった。そして実際大正十一年には、コレラ菌が現に魚市場から拡がったことが明らかになって、数日間営業停止処分を受けるという事件も起こった。

すでに明治二十二年、市場を東の隅田川の岸に移すという計画が持ち上がったが、昔からの混み入った権益がからまっていて、実現には到らなかった。しかし大震災の火災で四百人近い死者を出すに及んで、ようやく問題に決着がつき、現在の築地の敷地に移転することになったのである。日本橋時代は、水路で運ばれてきた荷は一旦船から降ろし、艀《はしけ》に積み替えて掘割を運ばなければならなかった。けれども新市場は港のすぐ傍だし、旧新橋駅、今の汐留の貨物駅からもすぐ近くで、はるかに便利がいい。なるほど、浜離宮から掘割一つ隔てて向かい側という不都合はあったけれども、この離宮に外国の賓客が滞在した時代は、もう遥か昔のことになっていた。

明治の末には、東京には下水はまだほとんど出来ていなかった。神田には、台所のゴミを捨てる瓦貼りの溝はあったが、屎尿《しにょう》はいわゆる汚穢《おわい》屋に頼るほかはなかった。車に桶と柄杓《ひしゃく》を積んで、「おわい、おわい」と呼びながら町を歩く汲み取り屋さんである。明治末にはまだ売り手市場で、汚穢屋のほうが金を払って買っていたが、値段はどんどん下がっていた。市街が拡がり、農地はますます遠くなって、農家の人が市の中心まで出向いてくるのはむずかしくなっていたからである。大正期に入ると、事態は逆転して買い手市場になり、問題はほとんど危機的な様相を呈し始める。買い手が見つからず、屎尿の処理の方法がなくなる地域が出てきたし、新宿などは、東京の肛門と呼ばれる有り様になった。毎朝汚穢車が連なって、交通渋滞を引き起こす有り様だったのである。

水道のほうははるかに進んでいた。下水に関しては、徳川幕府はほとんどなんの手だても講じず、明治の知事や市長もこの点大して変わらなかったけれども、貯水池や水道にはすでに永い伝統が出来上がっていた。しかし下町では、明治の末にもまだ大方は井戸に頼っていたから、汚水の処理は単に厄介というだけではなく、衛生上の問題でもあった。井戸水は汚れていて味も悪く、そこで水売りが、天秤棒をかついで下町を回った。

暫く東京を留守にしていて帰ってみると、そのあまりに目まぐるしい変化のスピードに驚くというのが、この百年以上もの間通例のようになっているが、W・E・グリフィスもその例に洩れず、一年ほど地方にいてから、大震災の直前東京に帰った時の印象をこう書いている。東京は「あまりに急激に近代化していて、とても同じ町とは思えないほどだ。昔の江戸はもはや永遠に姿を消してしまった」。しかしこれ以後も、江戸が永遠に姿を消してしまったという声は無数に繰り返されることになる。

確かに、明治の初年と末年をくらべてみれば、銀座にしろ丸の内にしろ、ほとんど破壊的とも呼べるほどの変化があった。明治の初めには影も形もなかったものが、明治の末には忽然と姿を現していたのである。単に外国から訪れた人々ばかりではない。日本人も、そしてもちろん古くからの東京の住人も同じ変化に目をみはった。例えば田山花袋は、明治十九年以来東京に住みついたが、大正六年刊の『東京の三十年』にこう書いている。

橋梁のかけかへ、火消地《ひけしち》の撤廃、狭い通りの改良、昔の江戸は日に日に破壊されつつあつた。

確かに道は広くなった。特に明治の後半は、市内電車を通すために、あるいは防火区域を作るために、道路の拡張が相次いだ。逆に消えてしまった道もある。江戸の裏店《うらだな》はあまりにも立てこんでいて暗く、僅かでも道幅を拡げられる機会があると、住民は喜んで協力した。

写真その他を見ると、極端に密集した裏道や袋小路は、かなり早い時期に姿を消していたようである。

けれども、大震災や戦災をはじめとして、おびただしい災害を経た今日でもなお、東京の道路網は、驚くほど江戸の道筋をよく残している。大震災の直前ですら、旅行記の類を読むと、東京の道は雨が降れば泥の海となり、晴れれば晴れたで埃の雲に覆われるという不平がめずらしくない。舗装道路は、当時はまだごく目新しいものだったのである。下町の盛り場では、市街地全体に占める道路の割合が明治の後半、逆に少なくなった地域さえある。道が少々広くなっても、裏道がなくなるのに追いつけなかったのである。

大正四年、公園の整備に無策であることを批判された当時の市長は、いささか奇妙な弁明を行ったが、たまたまこの弁明によって、当時の裏町の生活ぶりがうかがえて興味深い。市長の言によると、市街の九割以上は木造家屋で、しかもそのほとんどは平屋、小さいながら庭が付いているから、これが小公園の役割を果たしている、従って東京では、西洋の都市のような公営の公園は必要がないというのだ。もちろん典型的な官僚の逃げ口上にすぎないけれども、しかし多少の真実はあったにちがいない。江戸の町人は伝統的に、道の真中の部分しか公のものとは考えず、路傍は昔から朝顔その他、草花を植える習慣だった。だから裏町は実際、小さな公園か市《いち》のような風情だったのである。もともと江戸は、大都会としては稀なほど緑の多い所だった。朝顔は下町のシンボルとして、算盤《そろばん》に劣らずふさわしいものだったかもしれないのである。

交通が便利になったお蔭で、明治も終わりに近づく頃には、下町と山の手との関係はこれまでよりも深くなっていた。江戸時代には、武家の妻女が下町に出かけることはほとんどなく、たまに芝居や役者に入れあげる例でもあれば悪名を残すくらいのものだった。けれども今では、山の手の奥様方もごく普通に銀座へ買い物に出かけるようになったし、歌舞伎は山の手の金持ち連中の趣味にもなった。もう下町だけの自慢ではなくなったのである。

だが別の面では、下町と山の手の区別は深くなった。階級の差というものが、それも家柄ではなく、財産によって決まる階級の差がいっそう露骨になったのである。金持ちは大方が下町を離れてしまった。谷崎の子供の頃には、日本橋川に臨む渋沢邸は下町の名所だったけれども、明治四十三年の大洪水で川べりの別邸はあらかた被害を受け、建て直しもされないままになった例が多い。とはいえ、こうした屋敷が完全に姿を消すのは第二次大戦後のことである。変化は徐々に進んだわけだが、いずれにしても下町にはこうして、そこここに中産階級の痕跡は残ったものの、古い士族や新しい資本家の住居は残らなかった。そして、財力が下町を去るにつれ、下町独自の自立した文化もまた姿を消してゆくことになる。

とはいえ、下町も山の手も区別がなくなったというのではない。延々と続く木造の家並み、それに隣近所の親密な連帯感には、下町情緒、下町の人情が依然として残っていた。ただ、新しいものを生み出してゆくエネルギーが衰えたことは否めない。江戸伝来の技芸は古

日本橋の渋沢邸

典芸能としてお上品になっていったし、他方、下町に残った人々には、伝統に匹敵するほど洗練され、かつ民衆芸能としての猥雑な活力を持った新しい技芸を創造する力はもはやなかった。かつては文化の中心だった地方の城下町と同じで、新しい独創的な活動の場は、今や別の所に移って行ってしまったのである。

明治の初期、工業化の始まった頃には、工場は市街全体に散らばっていた。けれども明治の終わる頃には、工場の分布には一つの型が出来上がる。工場の四分の三は、湾岸の京橋、芝、それに隅田川の東の二区に集中する。明治末には、東京は金融や経営、文化では圧倒的な優位にあったが、工業生産ではそれほどの優位を占めてはいない。けれども明治は中央集権化の時代であって、東京が抜群の重要性を帯びたことは争えない。江戸ももちろん重要だった。特に最後の一世紀間、少なくとも文化の面では関西を引き離していた。しかし明治の末の東京は日本の中心として、江戸よりはるかに重要な存在となっていたのである。

大震災前夜、東京の人口は全国の一六分の一に達し、資本の五分の二が東京に集中していた。大阪も企業の数ではほぼ東京に匹敵していたけれども、資本の額では約半分にすぎない。銀行預金も四分の一は東京に預けられていた。東京の中でも、特に富の集中していたのは麴町（丸の内を含む）、京橋、それに日本橋の三区で、資本金五百万円以上の会社のうち、実に五分の四はこの三区に本社を構えていた。

文化の面では、東京が不思議に遅れている点が一つあった。初等教育に関しては、私立学校に依存する度合いがはるかに高かったのである。明治十二年当時、全国の私立小学校の半分以上が東京に集中していた。これに対して公立の小学校は、人口は多いにもかかわらず、他のどの県よりも少なかった（ただし沖縄は除く）。江戸時代の寺子屋が、明治の中頃まではまだ、小学校教育の大半を担当していたのだ。明治も三十年代の後半に入って、ようやく公立小学校の生徒数が私立を上回ることになる。結局、明治政府も一時になにもかも片づけることはできず、初等教育は江戸時代に非常によく発達していたから、暫くは私立教育に任せたということだろう。徳川末期、江戸の寺子屋は全国でもいちばん進んでいたから、その分だけ後回しにされてしまったというわけである。しかし私立よりは、公立の学校のほうが格は上とされていた。一葉の『たけくらべ』でも、吉原の普通の子供たちが、公立小学校の子供たちにたいして劣等感とそねみを抱いていた様子がうかがえる。

高等教育については、東京は優位にあった。明治の末には、神田の西半分や本郷は大学町になり、学生が溢れる。さらに一般的な文化の面についていえば、維新以来の一世紀は、地方文化が次第に貧弱になっていった時代と見ることもできよう。なるほど京都や大阪も、教養や庶民の娯楽では独自の伝統を保っていたが、輿論《よろん》や流行の形成されるのは東京だった。大震災後、谷崎が関西に移り住むことを決めた時、世間があれほど驚いたというのも、東京があまりにも文化の中心となっていたからにほかならない。ほかにも東京を脱出した文学者はいたけれども、みな早々にまた東京に戻っている。谷崎ですら、晩年はまた関東に帰って来ることになった。

明治十一年に十五の区が出来た頃には、市街地ばかりでなくかなりの農地もこの中に含まれていた。明治三十年代には、田圃の三分の二は浅草区、それに隅田川から東の二つの区にあり、畑地の半分は芝、小石川の二区にあった。ところが明治の終わる頃には、農地は事実上十五区からは姿を消す。明治四十五年（大正元年）、十五区内の田圃は十年前の二五〇分の一、畑地は三〇〇分の一に激減している。

漁業についても情況は似たようなものだった。本物の「浅草海苔《のり》」が採れたのは実は江戸も初期の頃だけで、それでも明治の初めまでは、全国の海苔のほとんどは東京の郊外から出荷していたものの、明治も末になると、伊豆諸島は別として、東京では海苔はまったく採れなくなる。寿司にしても同様で、今日でも名前だけは「江戸前」——つまり東京湾産というけれども、明治末には、本物の江戸前はもうほとんどなくなっていた。

つまりこうして、明治はきわめて大きな変化の時代だったわけである。それに、明治の終わりには、それでもまだ相当に残っていた江戸の名残も、やがて大震災によって破壊されてしまうことになる。明治の末年、江戸っ子は江戸の死を嘆くこともできたと同時に、まだ下町のあちこちに古い家並みの残っていることを喜ぶこともできたはずだ。変化と伝統とを秤《はかり》にかけ、どちらが重いか決めることはむずかしい。だが結局は、まだ残っている伝統を喜ぶことのほうが、まだしも心安まることなのではあるまいか。大正十二年の九月、大震災から一週間も経った頃、最初のショックから多少は気を取り直した江戸っ子たちは、ほんの一週間あまり前まで、すぐ身の周りにまだあれほど残っていた江戸の名残を、なぜもっと心を込めて愛惜しておかなかったのだろうと、おそらくは無念の想いを嚙みしめていたにちがいない。

Ⅲ　二重生活

文明開化は混乱と困惑をもたらしたが、同時に刺戟と驚嘆をもたらすこともあった。日本人はよく「二重生活」ということを口にする。日本では、古来の生活様式と外来の風習とが重なり合い、昼間は靴をはいていながら、夜は畳の上に寝るといった生活が普通で、そのために余計な金がかかり、不便であるばかりか、悪くすれば、いわゆるアイデンティティーの崩壊に繋がりかねないという。

けれども日本人の普段の生活ぶりを見ていると、実は平然と、ごく当然のこととして二重生活を続けている。どうやらアイデンティティーの危機などという話は、ただインテリが騒ぎ立てているだけで、別に大した問題ではないのかもしれない。世界中どこへ行っても、社会の変化に悩まされるというのはごく普通のことで、例えば十八世紀の農耕社会が二十世紀の高度な都市文明に移り変わるといった変化は、ヨーロッパやアメリカでも共通に経験してきたことにすぎない。しかしそれでもやはり日本の場合、西洋の経験を越えている面があることは事実だろう。西洋の場合、なんといっても西洋自身の歴史を一歩一歩たどって来たのにたいして、東京にしろ大阪にしろ、他人のたどった道を無理矢理たどらされた——少なくとも日本人はそう感じたのである。

長谷川時雨がある日家に帰ってみると、新しい母親がいた。前の母親が追い出されて新しい母親が来ていたというのなら、まだしも驚かなかったかもしれない。実は古い母親が新しい顔をしていたのである。

　ある日、家へ帰つてくると、知らない顔のお母さんが居る。それが毎日の通り、ちつともちがはないお母さんらしい事をしてくれるが顔がどうも違ふのだつた。なぜなら母の顔は眉毛がなくつて薄青く光つてゐた。歯は綺麗に真黒だつた。それなのに、目の前に見る母はボヤ〳〵と生え揃はない眉毛があつて、歯が白くて気味が悪かつた。彼女はまた何時になく機嫌よくニヤ〳〵するのでよけい気味が悪かつた。（『旧聞日本橋』）

江戸時代の女性は結婚すると、眉を剃り、鉄漿《おはぐろ》で歯を染めていた。谷崎は『陰翳礼讃』の中で、こうした風習のために江戸の女性は、あたかも亡霊のような顔に見えたと書いているが、明治の新政府はこんな風俗は新時代にそぐわぬとして、これを廃止する方針を取った。明治六年（一八七三年）、まず皇后が鉄漿をやめ、宮中の女性たちもすぐさまこれに倣って以来、新しい化粧法はやがて下々にまで拡がって、ほぼ半世紀後には、どんな草深い田舎でももう鉄漿は見られなくなる。今日の感覚からすれば、この新しい風俗が最初はどれほどショッキングなものであったか、想像しにくいかもしれない。しかし例えば今イギリスで、女王や王女が突然歯を黒く染めた場合でも想像してみれば、当時の日本人のショックの深さが理解できるのではあるまいか。

けれども日本では、伝統と変化との関係はかならずしも単純ではない。変化そのものが伝統の一部をなしているからである。徳川時代、鎖国による孤立がもっとも厳しかった頃でさえ、外国渡来の流行はあった。例えばキャラコである。最初は砂糖の袋として入って来たものが、その後布地として大いに流行する。同時に日本では、周囲との釣り合いを重んじることもまた事実で、長谷川時雨の母親も、隣近所の噂の種にされて恥をかき、少し先走りしすぎたかもしれないと思い直した。また鉄漿に戻りこそしなかったけれども、髪型は昔ながらの丸髷《まるまげ》に戻った。前髪を高く結い上げた束髪、当時の言葉でいう「ひさし髪」は、まるで別人のように見えた原因の一つだったが、隣近所で散々悪口を叩かれたのである。

けれども隣近所の連中も、どういう服装や髪型、ないしは風習が新しい時代の標準とされているのか、時には判断に迷うこともめずらしくなかったかもしれない。今まではごく当然と思われていたことが、突然いかにも旧弊とされてしまうことがあまりに多かったからである。明治九年、東京市中で発生した軽犯罪の統計が残っているが、これによると、公衆便所以外の所で小用を足していたというのが半数近くを占めている。残りの五千ないし六千件は、ほとんどが喧嘩か、裸で往来を出歩いたという「犯罪」である。このほかにも禁止事項はいろいろあった。それにしても、これでは迂闊《うかつ》なことはできなかったろうという気がする。許可なく髪を切ったというお咎めがかなりあるが、これはもっぱら女性が対象だったろう。「男女混合の相撲」を見せたというのが一例ある。女装をしてお叱りを受けた例も八件ある。奇妙な「罪」だ。女装は歌舞伎では昔からやっていることだし、公のことでさえなければ、世間も大して気にしてはいなかったらしい。長谷川時雨の回想にも、小唄の稽古に来る女性の中に妙な人がいると思ったら、後で実は男だとわかったという話が出てくる。別に警察を呼んだりはしなかったようだし、稽古を差し止められたふうでもない。

東京では、男女の混浴は明治二年に禁止になった。しかしこの禁令はさして守られなかったようで、翌年にも、さらにその二年後にも禁令が繰り返されている。それに、道路から中が見えないよう、入り口に幕を吊ることも義務づけられた。こうした不便を強《し》いられたものの、銭湯は新しい時代になっても世間に取り残されることはなかった。単に体を洗うばかりではなく、一種の社交場でもあったからで、二階にはいろいろの娯楽施設があり、若い女性がお茶をいれてくれた。学生には特に人気があったらしい。明治の中頃以後、銭湯の性格はますます多様に、所によってはいささか怪しげにもなってくる。家庭の内風呂が少しずつ普及してくるにつれて、銭湯は風呂そのものとしてよりも、二階が時には女のいる矢場になったり、居酒屋に変わったりした。江戸の風呂屋は、一種のコミュニティー・センターのような役割を果たしていたが、今や新しい、多少ともいかがわしげな娯楽の場所になったのである。

江戸では床屋も風呂屋同様、集まって世間話に花を咲かせる所だったが、ここにも変化は押し寄せた。洋服は最初は非常に値段が高く、庶民にはとても手が出なかったけれども、洋髪なら誰にでも手が出せる。いわゆるザンギリ頭である。男たちはすぐにこれに飛びついた。初めての新式の床屋は明治二年、銀座に店を開いたが、明治六年には、新聞の報じるところでは早くも男の三分の一がザンギリになり、明治十三年には三分の二、二十一年にはすでに九〇パーセントに達していた。昔ながらのチョン髷は、よほどの変わり者しかいないという状態になったのである。

洋式の床屋は、洋服の仕立屋よりはるかに急速に普及した。女性が髪を短く切り、お下げ髪にし始めたのは、大正のいわゆるフラッパーの時代になってからで、明治の新しい女性は束髪を好んだ。明治も中頃以後は、芸者や色街の女性の中にも洋服を着る者が現れてくる。大正に入ると、日本最初の美容学校が出来た。マリー・ルイーズというフランス女性の開いた学校である。以後、続々とこの種の学校が開校する。

「ハイカラ」という言葉が流行《はや》り始めたのは、明治三十年代に入った頃のことである。最初はむしろ悪口で、外国風を気取りすぎているのを貶《けな》す言葉だったが、やがて広く新式のものを指す表現になった。当時ハイカラと見なしたものの中には、今日からすると意外なものが少なくない。実際、古くから日本固有のものだったように思える風習の中にも、実は明治時代、文明開化の影響で始まったことがめずらしくないのである。例えば「万歳」で、言葉そのものは古いけれども、これをなにか歓ばしい時に大勢で叫ぶというのは、明治二十二年、憲法発布の時に始まったことのようである。神式の結婚式も明治時代に始まったものだし、

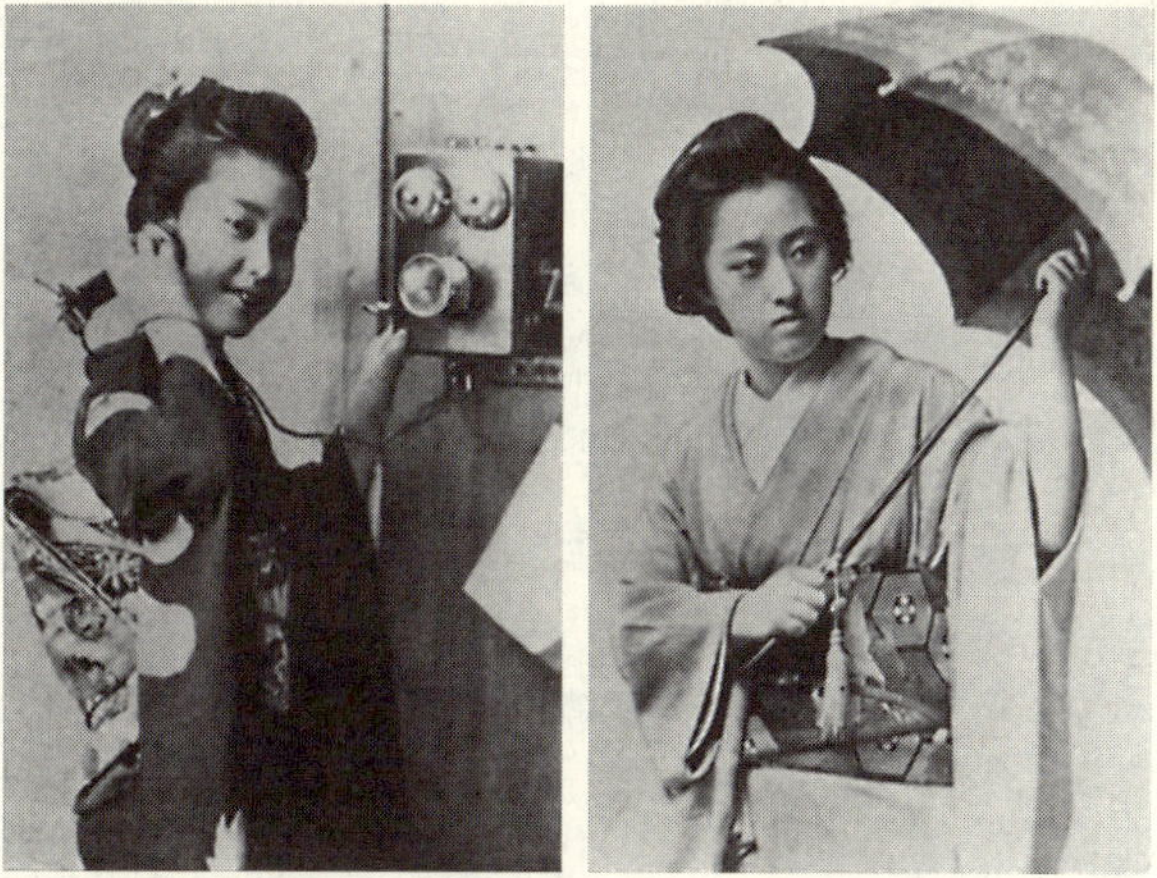

当世風の芸者（小川一真撮影　明治35年）

結婚の仲介業者というのも明治十年、浅草で始まったものだ。街角の交番は、明治以来、日本ではごく親しみ深いものだが、江戸の番所が起源とも考えられるけれども、外国人居留地や公使館の入り口に作られた護衛の詰め所が起源だった可能性も充分ある。日本に初めて私立探偵社が出来たのは、明治二十四年のこととされている。民間の信用調査機関は現在ではどこにでもあり、まことに多種多様、かつ精細をきわめた調査を行っているから、その起源が比較的最近のことだと知ると、いかにも意外の感を抱かざるをえない。

車の左側通行という習慣も、どうやら明治に始まったことらしい。江戸にはもともと車の通行は大してなかったけれども、橋の標識などを見ると、車は右側を通ることになっていたようだ。ところが明治の初め、車は左側を通行せよという警察のお達しが出る。多分イギリスの影響だろう。文明開化の先導役をつとめたのは、もっぱらイギリスだったからである。

横書きの文字を左から右に読む習慣が始まったのも、やはり明治のことだった。ただしこれは、別にお上《かみ》からお達しがあったのではなく、徐々に出来上がった習慣らしい。日本橋の会社の看板など、隣同士でありながら、一方は旧式に右から左、一方は新式で書いてあったり、同じ列車の中でさえ、行き先の表示は旧式、禁煙の表示は新式といった混乱がめずらしくはなかった。

ビールは、今や酒に代わって日本人の代表的な飲み物になった観があり、ちょうど野球が事実上、相撲に代わって日本の国技になってしまったのと似ているが、やはり明治の初めに登場した。最初のビール工場は、日比谷練兵場のすぐ南、後に鹿鳴館や帝国ホテルの建つ場所の近くに出来た。最初のビヤホールは明治三十二年七月四日、不平等条約の解消を祝って新橋に開店した。

日本ではごく最近まで、番地のつけ方はまことに支離滅裂だった。一見、大昔からの仕来たりの結果こんな状態に陥っていたように思われがちだが、実はそうではない。明治以前は、そもそも番地という観念自体がなかった。あるまとまりを持った一画を、ただ「何々町」と呼んでいたにすぎない。それ以上細かいことをいうには、例えば「二つ目の路地の角を入って、判こ屋の御隠居さんの家から二軒目」とでも言うしかなかったのである。明治になって、洋行した人々が持ち帰った新知識の中に、番地という観念もあった。西洋では、一軒一軒の家に番号がついている。これは日本にも取り入れるべきだということになり、新しい家が建つと、その都度これに番地を当てて行ったのである。そうなると、しかし、昔からある家も番号がほしいということになって、結局、まるで支離滅裂の番地が並ぶことになってしまったのである。

最近は、この点かなり改善されて、ある程度システムが出来、二番地は大抵、かならずしも一番地と三番地の間ではないにしても、どこかその近所に見つかるようにはなっている。とはいえ所番地の観念が、欧米のように道路に沿って線上に並ぶのではなく、面で捉えられている点では昔と実は変わりがない。なるほどこのやり方にも面白味はあって、誰かの家を探してさながら迷路でも踏み迷うような、一種冒険のスリルを味わうこともあるけれども、やはり一線上に番号を並べるほうが効率的であることは疑問の余地がない。それはともかく、明治の混沌とした番地制度はいずれにしろ文明開化の産物で、蒙昧な伝統の生み出したものではないのである。

今では日本人なら誰でも使う名刺というのも、実は西洋から入ってきたものである。文久二年、幕府の外交使節団がヨーロッパから持ち帰ったのが最初だという。

明治三十六年、チェンバレン＝メイソン共編の日本案内は、東京は「緑が多く、落ち着いた田園的雰囲気」と書いているが、現在でも日本のほかの都市とくらべると、東京は確かに緑が豊かである。特に大阪とくらべるとその感が強い。けれども街路樹というのは近代になって始まったものである。江戸時代にも、川や運河の岸に木を植えるという習慣はあった。神田川べりの柳原などは、徳川時代以前から続いていたものである。けれども江戸市中の樹木や草花は、もっぱら鉢植えや個人の庭にあったもので、本当の意味での街路樹の嚆矢《こうし》は、やはり銀座の松や桜、楓や樫の木だった。

西洋渡来の文物が初めて現れたのは、当然のことながら横浜をはじめ開港地という例が多い。けれども東京が発祥の地という例も少なくはなかった。ラムネやアイスクリームが初めて登場したのは横浜だったが、バターやスープの第一号は東京である。

日本最初の義足をつけたのは、歌舞伎役者の三代目沢村田之助《たのすけ》だったといわれる。ヘボン式ローマ字の発明者として有名なヘボン博士が、脱疽《だつそ》にかかった田之助の足を切断し、アメリカに注文して義足を作らせた。慶応三年（一八六七年）のことである。田之助はやがて残る片足ばかりか両手まで失ったが、それでも義手、義足で、明治十一年に歿するまで舞台を勤めつづけた。

ハイカラを取り入れるのは、大抵は女より男のほうが早かった。髷を切るのも、洋服にするのも男のほうが素早かった。アジアではどこでもこういう傾向が見られる。一つには、女性が装飾的な役割を与えられているということもあるのだろうが、多分もう一つ、西洋の衣服や機械には、どこか魔術的な力があると思われたせいではあるまいか。本来、背広のほうが着物よりビジネスに向いているかどうかは別として、日本人がそう考えたとしても不思議はない。背広を着ている西洋人のほうが、ビジネスがうまいことは事実だったからである。

芸者の中にも、バッスルを入れてスカートをふくらませ、ひだ飾りのたっぷりついた洋装に洋髪という者もあったにしても、これはまた、上流の貴婦人方が鹿鳴館に出かける時の正装だった。けれども明治も二十年代の末になると、上流婦人の間ですら、洋装よりも和装の「改良」に力点が移ったようである。暑い時期の服装のほうが、冬や春秋の服装より早く洋式が一般化したことは事実だけれども、大震災の直前の頃まで、銀ブラの女性はまだほとんどが和服だった。男のほうは、この時代にはもう三分の二は洋服である。もともと洋服を最初に採用したのは軍隊と警察で、これはすでに徳川末期から始まっていた。明治十四年には、東京には男物、女物を合わせて二百軒の洋服屋があり、その半数以上は日本橋に集中していた。

明治五年、天皇のお召しになるボタンや、皇后の腕飾り、洋式の髪飾りなどがフランスから到着し、同じ年、元老院は宮中の伝統的な衣服の廃止を決定する。もっとも、同じ明治五年の新橋―横浜間の鉄道の開通式には、ほとんどの宮廷人はまだ旧来の衣冠束帯で出席している。けれども洋服がまず普及したのは、女よりも男、庶民よりも上流の人々だった。

もともと鹿鳴館の最盛期ですら、日本の西欧化の実を世界に宣揚しなければならぬという義務感が第一で、西欧化自体を歓迎したわけではないように思える。新聞の報道を読むと、重要なパーティーでは踊るのはもっぱら外国人だけだったらしい。ピエール・ロティの語るところによれば、日本の女性は無理矢理説き伏せられてフロアに出ても、ステップは正確だが、まるで木の人形のようだったという。

鹿鳴館の夜会は、町の生活とは大して関係がなかった。むしろ政治の世界にかかわることで、それも社会の最上層の人々だけの問題だったからである。とはいえ、鹿鳴館時代というのはやはり注目すべきエピソードであることは確かで、単に政治の問題として、ないしは上流社会だけの問題として切り捨ててしまうとすれば、本書の対象とする範囲にこだわるあまり、明治の精神の熱烈な一面を閉め出してしまうことになりかねない。その意味で、この異常なエピソードにも多少のページを割いておかねばならないだろう。

鹿鳴館の雰囲気を感じ取るには、当時の浮世絵版画を見るのがいちばんである。版画家自身は、鹿鳴館の夜会を直接見る機会はほとんどなかったにちがいないが、彼らの描いた夜会の絵では、鹿鳴館のもっとも華やかだった時代、なかんずく、色鮮やかな洋装の貴婦人たちの姿がまことにチャーミングに描かれている。もし写真だったら、おそらくこれほど魅力的には見えなかったにちがいない。

鹿鳴館はそもそも井上馨《かおる》の発案だったらしい。明治十二年、井上が外務卿に任じられた時、最大の課題の一つは条約の改正だった。やがて明治十八年、同じ長州出身の親友、伊藤博文が初代の総理大臣となるに及んで、二人は西欧化こそ、不平等条約の改正、なかんずく治外法権の撤廃に最良の方法であると考えた。この西欧化のための行動の具体化の一つが鹿鳴館だったのである。

井上の発案による事業はほかにも多々あったにしろ、鹿鳴館を構想した人として永く記憶されるに足るのではあるまいか。その魅力は、御婦人方の美々しい衣装もさることながら、一種ファンタジーの要素のあることだ。いったい、西洋流の舞踏会を何度か開いて見せたくらいで、イギリス大使ほどの醒めた人物が心を動かし、本国政府に条約改訂を進言するなどということがありうると、本気でそんなことを考える政治家が、明治の日本以外にありえただろうか。だが鹿鳴館は、まさしくそのために出来たのである。若い明治の熱意と夢を、これほどみごとに体現するエピソードはほかにあるまい。

開場の夜、井上がどのくらいの客を招待したのか、記録によって数がまちまちだが、おそらくは千人を下らなかったろうし、そのうち外国人も何百という数だったにちがいない。正面の壁は緑の小枝と花々でびっしり飾られ、そこここに旗や紋章があしらってある。庭園には、鹿鳴館の名にちなんだ小さな鹿の作り物に小さな灯りがともっている。正面の階段にも、飾りつけた枝の茂みの間から二頭の鹿が顔を出している。すべてをできる限り西洋風にするために、井上はオーケストラの演奏を始める時間を、ヨーロッパの大都会の夜会の時間に合わせたが、江戸の住民なら、これはもうとっくに家に帰って寝る支度をする時間だった。そこで横浜から来るお客には、わざわざ特別列車を仕立てなければならなかった。

実際、鹿鳴館にまつわる事柄はなにもかもが新しかった。招待状が夫婦両方宛になっていたのも驚天動地のことで、江戸っ子ならまったく言葉に窮しただろう。鹿鳴館では夜会や園遊会のほかにも、明治十七年、大規模な慈善バザーを開いたが、これも非常に目新しかった。昔も慈善ということはあったけれども、やり方がまるでちがう。誰かよく知っている相手に、なにか相応の理由があって施しをするのであって、どこの誰とも知れぬ他人のためにバザーを開くなどというのは、およそ意味がないと思われたにちがいない。明治十七年のバザーは三日間催され、一万枚の切符を売った。最後に売れ残った品物は、三菱財閥がすべて買い取ったという。バザーの企画に当たったのは宮家の奥方で、錚々《そうそう》たる名流の婦人方が委員をつとめた。

とはいえ鹿鳴館で行われた行事の中心は、なんといってもダンスだった。紳士淑女は洋装で出席することを求められたが、和服よりはるかに動きが自由だったばかりではなく、西洋人に文明開化を印象づけるのが第一の目的である以上、これも当然のことだった。明治十七年からは、紳士淑女を集めて定期的、かつ厳格にワルツ、カドリールなどの踊りを訓練することも始まった。鍋島直大夫人、井上馨夫人など華族の令夫人が幹事をつとめ、指導には駒場農学校教師のドイツ人、ヤンソンが当たったという。

鹿鳴館時代の最大のクライマックスは、明治二十年、伊藤博文が催した大仮装舞踏会だった。ただし場所は鹿鳴館そのものではなく、首相官邸で開かれたのだけれども、しかしこの時代を集約したイヴェントとして紹介しておく値打ちはあると思う。この時も、招待客の数は記録によってまちまちで、四百人としているものもあれば、千人以上と報告しているものまである。仮装舞踏会ということもあって、この時は洋装でなくてもよかった。そこで日本人の客の中には、洋服を避けた者も多かった。伊藤自身はヴェニスの貴族に扮したけれども、井上は幇間、内務大臣は武士に仮装し、帝国大学総長は西行法師の姿で現れた。

けれどもこの直後、伊藤はある華族夫人とのスキャンダルに巻き込まれ、内閣は大揺れに揺れることになる。伊藤は明治二十二年まで総理の地位にとどまってはいたものの、鹿鳴館時代の初々しい華やかさはすでに過ぎ去ろうとしていた。

最初からエリート色の強かった鹿鳴館にたいして、批判の声はいよいよ烈しさを加える。感情的な批判もあったが、現実を踏まえた正論からする批判も少なくなかった。実際、批判を裏書きする事件がいくつか起こっていたのである。中でも注目を集めたのはノルマントン号事件で、明治十九年、イギリスの貨物船ノルマントン号が紀州沖で沈没し、イギリス人の乗組員は全員救助されたのに、同乗していた二十三人の日本人はことごとく遭難したという事件である。船長は神戸の領事裁判所で裁判を受けたが釈放された。その後、横浜の領事裁判所で三カ月の禁錮刑を宣告されたけれども、輿論は鎮まらず、治外法権にたいする憤懣はますます激化する。鹿鳴館など作ってお祭り騒ぎをしてみても、問題の解決にはなんの役にも立っていないという批判が高まったのも無理はない。

明治も二十年代に入ろうとする今、鹿鳴館を支持する勢力はもはやどこにも見当たらぬ情況になっていた。伊藤の政治生命はスキャンダルや辞職で終わりはしなかったが、井上は以後もう二度と第一線に立つことはなかった。極右の保守派も、左翼の民権運動の指導者たちも、鹿鳴館を廃止すべしとする点では一致していた。明治二十二年、鹿鳴館は華族クラブに売り払われ、忘却と、やがては取り壊しの運命をたどることになる。

官庁に初めて椅子が入ったのは明治四年のことだった。建物に入るのに履物を脱がなくてよくなったのもこの年である。靴は男女ともいち早く好んで用いられることになった。完全な和服で、足許だけは靴という小学生の女の子が明治の版画にはよく登場する。明治の初めには、殊さらよく鳴る靴が流行《はや》った。音をよくするために、「鳴革《なりかわ》」なるものまで売り出された。これを靴に差し込むのである。

男の学生服は明治の中頃に取り入れられて、白いセルロイドのカラーと金ボタン以外は真っ黒という、詰め襟の制服が第二次大戦後まで標準になる。最初、制服は強制はされなかった。全員洋服を着ることになったのは、男の子は乱暴だからという理由だったらしい。奇妙なことに、明治のごく早い時期には、学生は洋服を着てはならないとされた時代もあった。この時も、理由はやはり乱暴だからということだったようだ。それにもう一つ、学生が洋式の下着で出歩くのを見て、外国人が顰蹙《ひんしゅく》したということもあったらしい。大学生や高校生ばかりではなく、小学生に到るまであらかた洋服に変わったのは、ようやく大正時代に入ってからのことである。有名な私立小学校の卒業式の写真を見ると、明治の末にはまだ全員が着物だが、昭和の初めになると男子のほとんど、女子の約半数が洋服を着ている。いわゆるセーラー服は、大震災後に流行り始めたものである。

男子の大学生や高等学校の学生が洋服を着始めた頃、彼らはよく一風変わった着方をした。わざと汚いふうを気取るのである。いわゆるバンカラだが、この言葉自体も和洋折衷で、「バン」は野蛮の「蛮」、「カラ」は「ハイカラ」の「カラ」である。旧制高校がなくなり、大学生もほとんど制服を着なくなった今日でも、この「バンカラ」という言葉だけはまだ生き延びているようだ。

食べ物にもハイカラが現れた。特に目立ったのは肉を食べることで、これまでは仏教徒の忌み嫌っていた風習である。江戸時代にも、相撲取りは奇妙なものを食べていたようで、猿まで食ったといわれるが、一般には殺生《せっしょう》を嫌って肉は食べなかった。だから牛鍋は明治の大変革の一つで、明治のシンボルの一つと言ってよい。豚肉も馬肉も乳製品も、やはり明治以前はほとんど知られていなかったが、文明開化の一端として今や日本人の食生活に入ってきた。パンにしても同様である。ただし、パンを主食と考えるようになるのは大震災の頃で、明治時代は菓子の一種だった。特に餡《あん》餅をパンに応用した餡パンは、値段も安く、学生には大いに人気を博した。

東京にも徳川末期から屠場はあった。最初は芝の高台に出来たが、地元の反対にあい、もっと離れた大森の海岸に移った。慶応の学生はさかんに肉を食べたようだが、彼らにも遠慮があって、肉屋で顔を見られるのを嫌がり、注文の品を受け取るのにも小さな窓から受け取ったというし、肉屋の方から慶応に配達に来た時には、入り口で切火《きりび》を切って迎えたという。

中華料理も、長崎には昔からあったが、東京に入ったのは明治になってからだった。今日では日本中どこにでもあり、大いに日本化されてもいるから、つい昔から日本にあったように思うけれども、東京最初の中華料理店が開店したのは明治十六年、日本橋の偕楽園だった。牛鍋は特に誰の応援を受けることもなく時流に投じたようだが、偕楽園には鹿鳴館と同様、裕福な人々の強力な後押しがあった。いやしくも大都会というからには、中華料理店がなくてはならぬと考えたらしい。

南京鼠というのも流行したが、もっと流行ったのは兎で、実際、ほとんど熱狂的と言えるほどの流行がしばらく続いた。全国的に拡まったが、最初に始まったのは東京で、築地の居留地に住む英米人が売り出したのが発端である。彼らはまた、愛好家が兎のどこを珍重するのかも教えた。犬や猫のように愛撫し、観賞すべきものであって、食用に供するのではない。やがて兎の愛好者の会まで出来て、形のいい兎は法外な値を呼んだ。下谷のある住人は、白い兎の毛を柿渋で汚した廉《かど》で罰金を取られ、投獄されるというようなことさえ起こった。

外国からの輸入で兎の数も増え、これを投機の対象にして一儲けを企む者も現れる。明治六年には、市内で飼っている兎の数は十万に近くなり、当局は愛好家の集会を禁止し、さらには兎の繁殖まで禁じたばかりか、飼うこと自体もやめさせようと税金をかける決定を下す。これでさすがの流行もおさまったが、その後も外国人が浅草でフランス産の兎を売っているのを発見された。これにたいする領事裁判の裁決が手ぬるいという批判が新聞を賑わし、そこでまたしても、懸案の治外法権の問題が改めて論議の的となった。それと同時に、明治初期の最大の社会問題の一つがここでも顔を出すことになる。新しい時代に順応するのに苦労していた下級士族が、この兎の投機で損をした最大の被害者だったからである。

舶来品崇拝熱は、明治も中頃になるとやや衰えてくる。例えば服装や髪型にしても、日本のものを捨てて西洋流に走るよりは、むしろ日本の伝統を「改良」するのが流行になる。けれどもこうした民族主義的な反動も、徳川末期によくあったような、外国人にたいする暴力行為にはならなかった。なるほど明治になってからも、暴力行為がまったくなくなったわけではない。けれどもそれは、なにか特別の事情があってのことだった。例えば明治三年、大学で教えているイギリス人二人が斬りつけられて傷を負い、たまたまW・E・グリフィスが手当てを手伝うということがあった。最初はグリフィスも、東京に住む外国人一般と同様、怒りと恐怖を感じたらしい。けれどもやがて細かい事情を知るに及んで、宣教師としての潔癖感をひどく傷つけられ、むしろイギリス人のほうに責任があると考えるようになった。二人のイギリス人は、女を漁《あさ》ってうろついていたのである。斬りつけた日本人二人は処刑されたが、証拠不充分という声もあった。凄腕で聞こえたイギリス公使、サー・ハリー・パークスがちょうど帰国の直前で、この事件でなにか目ざましい成果を残しておきたかったのだとする説もある。

鹿鳴館時代に現れた新しい風俗として、もう一つ、喫茶店がある。初めての喫茶店は明治二十一年、上野公園の近くに中国人の開いた店だが、その様子を説明した当時の記録を見ると、今日でいうヘルス・クラブのようなもので、コーヒーは一種の健康剤として出したらしい。面白いのはコーヒーの表記で、「可否」という字を当てている。今ではもちろん「コーヒー」という英語流の呼び方が一般的だが、これにたいして「カフェー」というフランス語流の呼び方は、ハイカラな男たちが女給をはべらせて洋酒を飲む所を指すことになった。カフェーはやがて大正時代、モダンな都会生活のシンボルとなる。

海水浴は明治にもまったく見られなかったわけではないが、女性の水着が商売として成り立ち始めたのは大正になってからである。荷風が明治の末、夏の海岸を叙した文章があるけれども、現代では日曜の午後など、足の踏み場もないほど混雑する海岸だが、荷風の描写ではひどく人気《ひとけ》がない。谷崎にも、芝の海岸に出かけた思い出を書いた文章があるが、海水浴より、むしろ潮干狩りが目当てだったようだ。明治末、このあたりの海岸を海水浴場として売り出す宣伝が繰り拡げられた。当時、すでにこの南は工場地帯になり始めていたし、造船所なども出来ていたけれども、まだまだ水はきれいだった。

高名な外国の賓客の来日は、明治のごく早い時期から始まっている。みな概して好意的に迎えられた。例外はロシアの皇太子で、明治二十四年に来日した際、東京の話ではないけれども、警官に襲われて負傷するという事件が起こった。明治になって最初に来日した賓客は明治二年のエジンバラ公。以後オーストリアのフランツ・フェルディナント大公、ハワイ国王などが来日している。国務長官を辞任したばかりのウィリアム・シューアードも明治三年に来日した。明治政府がもっとも大きな脅威を感じていた外国勢力はロシアだったが、シューアードは、ロシア問題はアメリカがごく最近アラスカを買収したのと同様、領土買収で片をつけられると進言した。明治の日本を訪れた文学者としては、おそらくピエール・ロティがいちばん有名だろうが、彼が例えば鹿鳴館に招待されるなどの扱いを受けたのは、作家としてというより、むしろ大使館付海軍武官の肩書のためだった。

外国の貴賓としてもっとも盛大な歓迎を受けたのは、やはりグラント将軍夫妻である。南北戦争で北軍の総司令官をつとめ、ついで大統領の職にあった将軍は、大統領辞任後の明治十二年六月、世界周遊の途次まず長崎に来航し、七月の初めから二カ月間東京に滞在した。最初は京都や大阪も訪れる予定だったが、コレラの発生のために取りやめになった。長崎から護衛に当たったのは、ほかならぬ乃木希典《まれすけ》その人である。将軍夫妻の新橋到着にあたって駅頭で歓迎の式典があり、駅前にはあじさいの花で将軍の頭文字、U・S・Gがかたどられていた。駅から宿舎の浜離宮まで、沿道の家々にはみな日の丸と星条旗が飾られ、離宮に到着すると、今度は知事主催の歓迎式典が待っていた。

その後も、工部大学校や上野で歓迎会が引き続いたが、ちなみにこの工部大学校の宴会は、日本初の西洋式夜会だったという。各地の学校や工場の訪問もあった。今日の中国で、よく外国の賓客をこうした施設に案内するのと似たようなものである。将軍は上野に糸杉を植樹したが、この記念樹は大震災と空襲を経て今も生き延びている。夫人は木蓮の木を植えた。これも今なお健在である。能や歌舞伎、それに隅田の川開きの見物もあった。当時は川沿いにまだ士族の別邸が残っていた頃で、将軍はそうした別邸の一つに陣取り、悠々と花火を見物した。天気が悪かったが、人出は例年の二倍に達し、江戸の花火の粋が披露されて、将軍はいたく満足の意を表した。

将軍は天皇とたびたび会見している。まず到着の翌日の七月四日、早速表敬訪問し、七月七日には朝食を共にした後、軍隊を閲兵。八月に入ってからも、上野の歓迎式でふたたび顔を合わせ、同じく八月、浜離宮で長時間、比較的打ち解けた話をした。将軍は民主主義の利

グラント将軍のパレード（国周画　明治12年　木版）

点を論じ、ただしこの最良の政治形態も、採用には慎重を期し、あまりに性急に取り入れるべきではないと語った。将軍はまた日中関係にも触れ、以前から両国が領有権を主張している琉球諸島を日本が併合するについて、中国側の感情を考慮して適切な配慮をすべきことを希望した。日本を離れる前にも、将軍はもう一度天皇と会って別れの挨拶をしている。

　全体として見れば、訪問が非常な成功だったことは間違いないが、かならずしも愉快とはいえない出来事もまったくなかったわけではない。アメリカ女性クララ・ホイットニーが耳にしたところによると、いかにも意地の悪い噂話を好みそうな日本女性が、こんな話をしていたという。グラントさんはまるで神様みたいな大層な扱いを受けているが、今にお宮でも建つのではないか。訪問も終わりに近づいた頃、将軍暗殺の計画があるという噂まで立った。だがこれは、将軍のあまりの人気を妬《や》っかんだイギリス人の流したものだと判明する。将軍来日のしばらく前、コレラが流行した。明治期、ほとんど定期的に何度も襲った流行のひとつだったが、その結果、東京で初めての隔離病院が出来た。ところがこの病院は、実は肝臓を抜き取るために作ったのだという噂が立った。将軍は、法外な金を払って肝臓を買い取っているというのである。

しかしこうした出来事も、所詮は取るに足らぬ小さなことで、全体として見れば、東京の町は将軍に熱烈な好意を示し、将軍のほうでもまた、この町に大いに好意を抱いたようだ。将軍自身にとっていちばん面白かったかどうかはともかく、東京の歴史をたどろうとする者にとっては、将軍の滞在中のクライマックスは歌舞伎見物である。将軍の訪れたのは、当時最新式の劇場、新富座で、浜離宮からわざわざ絨緞《じゅうたん》と椅子を運び込んだ。皇族が三人、総理大臣と列席する中で演じられたのは、後三年の役を題材にした芝居で、それというのも主人公の八幡太郎義家の事蹟に、将軍を思わせるところがあったからだ。義家は戦いに勝ちを収めながら、敗れた敵軍をきわめて丁重寛大に遇したのである。

座元の守田勘弥は団十郎をともない、フロックコート姿で幕間に舞台に進み出、将軍が引幕を寄贈されたことに謝辞を述べた。いちばん盛り上がったのは、旗と提灯をあしらった幕を前にして演じられた踊りで、囃子方の半数は赤と白の縞、残る半分は青地に星の着物。そこへ現れた柳橋の芸者衆も同じく赤と白の縞模様の着物で、片袖を上げると、下から青地に星飾りが現れるという趣向。しかも扇子には日米の国旗が描かれていた。

劇場に来ていたクララ・ホイットニーは日記に書いている。

ああ、なつかしい旗、栄光の星条旗！　これ以上美しい衣装は想像することもできなかった。私たちは、日本人がわが国の国旗にこれほど美しく敬意を表してくれるのを見て感動し、グラント将軍にたいしてばかりではなく、名誉あるアメリカ国家にたいして日本人の示してくれた友情に、深い感謝の念を感じないではいられなかった。

グラント将軍夫妻についで、新聞や版画師の注目を集めた外国人といえば、多分スペンサーというイギリス人だろう。明治二十三年、気球を携えて来日し、横浜で一度、東京で二度曲技を披露した。東京の一回目の曲技には天皇まで臨席したが、気球からパラシュートで飛び降りたスペンサーは、危うく御座所のテントを直撃しそうになり、これを避けようとして軽傷を負った。数日後、上野で二度目の曲技を見せた時にはおびただしい見物が集まり、今度はスペンサーは田圃に着陸した。翌月、ボールドウィンというアメリカ人がスペンサーの上を行こうと、空中アクロバットばかりか、気球から煙を出して見せるなどという危険まで冒した。けれども世間の記憶に残ったのはスペンサーで、ボールドウィンの曲芸らしいものを描いた絵にまで、イギリス人スペンサー氏という説明がついている。翌年、この曲技を黙《もく》阿弥《あみ》が芝居に仕組み、菊五郎がスペンサーを演じて、福沢諭吉の甥の指導を受けて英語のせりふまで喋った。浮世絵で盛んに描かれたのはもちろん、気球飴《あめ》が売り出されるなど、気球熱は以後しばらくつづいた。

W・E・グリフィスが、女を漁っていて斬りつけられたイギリス人二人について、非はむしろ彼らにあると感じたことはすでに書いたが、グリフィスはまた外国人襲撃事件一般についても、彼の知る限り同様のことが言えると述べている。明治二十四年、津田三蔵がロシアの皇太子を襲った大津事件については、一見このグリフィスの一般論は当てはまらないように思えるかもしれない。しかし犯人津田に言わせれば、ロシア自身が挑発的な行動を取ったからだということになるだろう。救世軍の活動にたいしても暴力事件が起こったが、この場合も同様の弁護が成り立つかもしれない。救世軍自身、そうした事件を誘発しかねない活動を展開していたのである。

日本で救世軍の活動が始まったのは明治二十八年だが、三十三年にはアメリカ人の救世軍大佐が来日し、吉原の娼妓たちに廃業を奨励する冊子『ときのこえ』を発行して、呼びかけに応じた女性たちを救護すると訴えた。妓楼の経営者たちはこのパンフレットをすべて買い占めようと試み、街頭で冊子を売っていた救世軍の日本人兵士が、吉原の用心棒にさんざんに殴られるという事件が起きた。また、洲崎《すさき》遊廓から女性を救い出そうとしていた二人の男が、やはり襲われるという事件も起きる。娼妓救済運動は一般の注目を引き、新聞社も支援に乗り出して、ついに記者の一人が吉原から女性を助け出すことに成功するに及んで、遊廓脱出がほとんど流行のようにさえなった。救世軍の発表では、この年の後半数カ月の間に、東京だけで千人以上の脱出者があったという。この数字の裏付けを取ることはむずかしいが、非常な評判になったことは確かだった。だがやがてこの流行も去り、救世軍も二度と、この当初の大成功に見合う成果を挙げることはできなかった。

「二重生活」は明治のごく早い頃からあった――というより、すでに徳川の末期から始まっていた。けれども明治の大半を通じて、外来の要素はまだあくまでも借り物で、窮屈になればいつでも捨てられるものにすぎなかった。ところが明治も末、日露戦争の頃になると事情は大きく変わってくる。外来の要素の土着化が始まるのである。そのきっかけを与えたのは、広告業者と小売業者だったかもしれない。もちろん彼らの強引な活動などなくても、いずれは起こる変化ではあったろうが、しかし明治の末、昔流の呉服屋が近代的なデパートに変貌する過程のうちに、二重生活のあり方そのものの変化を見て取ることはできるだろう。明治も後半になると、もう文明開化はそれほど世間の話題にはならなくなったけれども、江東のどんな見すぼらしい裏町の住人でさえ、今年は三越や白木屋がなにを売り出しているか、いやでも知らずにはいられなくなっていたのである。

広告宣伝は近代の産物である。江戸でも、抜け目のない商人は広告の効果には気がついていたし、歌舞伎役者が着物のスタイルの宣伝に一役買った話は有名である。けれども江戸は閉鎖社会で、芝居や花柳界から始まる新しい流行も、宣伝というような、不特定多数に訴えかける方法ではなく、人から人へ、いわば伝染病のように拡がって行ったのである。客と店とはおたがいに顔見知りで、どんな大きな店でも得意先ははっきり決まっていた。ところが今、交通が便利になって、購買層が飛躍的に拡大し、やがては全国的な規模に拡がる。これと同時に、あらゆる品物をあらゆる人々に提供するという観念も生まれて来たのである。

明治の中頃までは、まだ昔ながらのやり方が一般だった。大きな店はもっぱら呉服専門だったし、売り場も畳敷きで、上がるにはまず履物を脱がなくてはならない。ウィンドー・ショッピングなどというものもなく、山の手の上流夫人が下町に買い物に出るということもなかった。むしろ店から御用聞きがお屋敷に出向いたのである。

三越の前身、三井越後屋呉服店は、創業以来、「現銀安売り掛値なし」の原則を堅持していた。けれども明治の初めには、買い物の時値切ることはよく行われていたようだし、また地方ごとの文化の違いを反映してもいたらしい。江戸に乗り込んで来た薩摩や長州の連中は、江戸・東京とは生活習慣を異にする点が多々あり、値切って買うのが当たり前と考えていたようで、江戸の小売商たちは、それぞれ商売の勘に従って、ある者はこれに抵抗し、な

三越のガラスの陳列ケース

いしはこれに迎合したが、古くからの呉服屋の大店の中にも、文字どおり値切り倒されて潰れた所も一軒あった。だが越後屋は、江戸以来の「掛値なし」の原則を頑として守り通し、生き延びる。

やがて明治の後半、デパートが登場する。さまざまの面で、これは新しい西洋流の小売業の出現であって、昔風のやり方は小さな専門店に余命を保つことになった。新しい方法は、もちろん西洋の模倣から始まった。けれども日本のデパートは、新しい東京のシンボルであったとしても、あくまで日本的なシンボルだったこともやはり事実で、大勢の客を集めるのに、単に商品ばかりではなく、同時に文化的な催しや娯楽を提供した。つまりデパートは、かつての神社やお寺の縁日の市《いち》を受け継ぐ面を持っていたのである。

新しい商品販売の形を生み出すについて、その先頭に立ったのは三越と白木屋だった。二つの店は、日本橋の橋を挟んで相対峙する位置にあり、共に江戸時代から商売を始めた老舗だけれども、今世紀に入ってからは、三越のほうがはるかに業績がよかった。三越は、もともと延宝元年（一六七三年）、伊勢松坂から江戸に出て来た店である。だから、これもまた、地方出身の商人が江戸土着の商人に勝ったという、よくある例の一つと見ることもできるかもしれない。しかしこの見方は、やはりあまりにも表面的と言うべきだろう。要は三越のほうが宣伝がうまく、イメージ作りが巧みだったのである。あらゆる種類の品物をあらゆる種類のお客に売るにしても、三越はいつでもある種の上品さを失わなかった。明治の後半、二つの店は大胆な新機軸でたがいに鎬《しのぎ》を削ったが、特に世間を驚かせたのは、日露戦争の直後、三越が二階にも売り場を開き、しかもガラスのショーケースを置いたことだった。江戸時代には、商売はすべて一階で行われたし、商品を直接陳列するなどという習慣はなかった。

白木屋も新機軸では負けてはいなかった。そもそも明治十九年、昔からの呉服屋で洋服を売り出したのは白木屋が初めてだったし、東京で最初の電話のうち一台を置いたのも白木屋である。初めて女性の売り子を置いたのも白木屋だった。昔の呉服屋では、売り子はすべて男だったのである。越後屋が、三井呉服店を経て正式に「三越」という屋号を登録したのは

日本橋白木屋デパート（明治44年以後）

明治三十七年だが、この頃から、三越では帽子や革製品その他の雑貨も扱い始めた。やがて、日本橋の大通りの拡張工事の間裏道に移転した後、明治四十一年、再び大通りに開店した時には、三越はすっかりデパートとしての体裁を整えていた。白木屋もこれに対抗して、明治四十四年、三階建てに塔のついた新しい店舗を建てた。新しい店には遊技室や展示会場を設けたが、以後、日本のデパートではかならずこうした施設が作られ、美術館や展覧会場、それに遊園地の性格を兼ね備えることになる。大正三年、三越は大拡張を断行する。震災で太陽のようにまぶしく燃えたのはこの建物だが、五階建て、ルネッサンス様式を模した建築で、東京でいちばん高い建物ではなかったにしても、スエズ以東最大の建物といわれた。しかも大いに近代的で、集中暖房の設備があり、屋上庭園、そしてエレヴェーターはもちろん、エスカレーターまで備えていた。

大正三年に新築した三越の建物は、建築物としては特に興味のあるものではなかった。少なくとも外観に関する限り、格別目を引くような特徴はない。だが白木屋のほうは、大いに人々の目を楽しませたに違いない。大胆な和洋折衷スタイルで、後に大正期に入って流行となる奔放、空想的なスタイルを先取りしている。明治末のこの建物は現存しないが、写真で見る限り、三越よりはるかに面白味がある。ただ経営面で時流に乗るという点では、三越ほどの成功を収めることはできなかった。

三越が白木屋を抜いていたのは、大胆な宣伝を駆使した大量販売だった。すでに明治三十年代から、新橋駅には等身大の美人の絵が立って、三越へどうぞと艶然たる笑みを送っていたし、大正に入ると、帝国劇場と組んで有名なキャンペーンを展開する。「今日は帝劇、明日は三越」というこの時のスローガンは、日本宣伝史上初期の大ヒットとして今も人々の記憶に残っているほどだ。少年音楽隊というのも話題を呼んだ。軍楽隊などは別として、日本最初の私設バンドだという。少年たちは赤と緑のキルトをはいていた。

とはいえ明治の末のデパートは、今日にくらべればはるかに規模は小さかった。昔からの市場はまだ健在で、普段の買い物はほとんどが近所の店ですんだ。日本橋のデパートは、庶

上野松坂屋デパート

民にはまだいささかハイカラすぎたのである。けれども、デパートが巨大な文化的変貌の先触れとなったことはやはり事実で、明治の末の東京は徳川末期の江戸にくらべて、はるかに現在の東京に近い。しかもデパートは三越と白木屋に限らなかった。神田と上野にも一軒ずつ出来ていて、大震災後いずれも銀座に進出することになる。

履物をどう処理するかという厄介な問題が解決したのは、ようやく大震災後のことである。デパートが大衆のものになりにくかったのも、一つにはこれが原因だったようだ。昔ながらに入り口で下足を預け、備えつけのスリッパに履き替えるのだが、下足の数は時に何万足にもなった。日本橋の新しい橋の竣工式の時など、三越では、下足を五百人分まちがえるという事故が起こったこともある。こういう事情もあって、デパートは銀座の煉瓦街と同様、誰もが見物はしたがるものの、誰でもすぐ実際に利用することにはならなかったのである。

今日のショッピング・センターに当たるものとして、これも明治になって新しく出来たものに、明治の末から大正にかけて「勧工場《かんこうば》」というものが大いに流行《はや》った。名前だけからすると、「工業を促進する場所」というような意味に見えるが、実は一種のバザールあるいは市場で、小さな店が同じ建物の中（ないしはアーケード）に集まった所である。昔からの呉服屋が近代的なデパートに変貌を遂げるまでは、勧工場のほうがはるかに人気を集めていた。履物を脱がなくてよかったのも一因だろう。しかしやがてデパートが、社会のあらゆる階層にわたって家族全員の楽しめる場所として定着すると、勧工場は次第に衰微してゆく。

最初に出来た勧工場は公営で、明治十年、上野で開かれた第一回内国勧業博覧会の残り物を売るために、翌年、今の丸の内の北の端に作られた。一方、新橋駅の近くにも勧工場が二つ出来、このあたりの中心になっていたが、東京駅が完成して人の流れが変わり、勢いを失った。明治の末には、神田に三つ、銀座に七つの勧工場があったし、明治三十五年現在、市内全部で二十七の勧工場が散在していたのが、九年後には十一に減り、大正二年になると僅か六つになっている。

勧工場という名前は、昭和になるともう使わなくなったけれども、考えてみれば今日のスーパー・マーケットと似たようなものだったはずだし、江戸の市場とも共通点は多かった。こういう事柄には連続性があるもので、一見新しく見えるものも、実は古い伝統が形を変えて生き延びたものであることが意外に多い。

デパートにしろ勧工場にしろ、金儲けが主目的だったことはもちろんだが、同時に娯楽の場所でもあった。博覧会も同様である。国家と文明開化のために民衆を啓蒙し、産業を振興するのが表向きの目的だったが、同時に一種のお祭りでもあった。

日本人は早くから博覧会のことは知っていた。一八六七年（慶応三年）のパリの万国博覧会には、幕府ばかりか薩摩藩も出品したし、一八七三年（明治六年）のウィーンの博覧会、それにフィラデルフィアの博覧会には日本政府が出品した。国内でも何度か実験を重ねた後、明治十年、上野で開かれたのが第一回内国勧業博覧会である。天皇、皇后両陛下も、開会式のほか二度にわたって臨席された。建物はみな臨時のものながら派手な洋風建築で、中心に美術館、その両側に農業、工業、物産品の建物が並んだ。陳列品は十万点に及び、出品者は一万六千、参観者の総数は、当時の東京のほぼ全人口に達したという。

その後、明治を通じて博覧会はしばしば行われる。明治十四年、第二回の博覧会の結果、東京に初めて恒久的な博物館ができた。コンドルの設計した煉瓦造りの建物で、明治十一年に着工しながら、博覧会の時にはまだ完全に竣工してはいなかった。第四回と第五回は明治三十年代、京都と大阪で開かれたが、明治四十年、また上野に戻って開かれた第六回が、東京で行われた中では最大のものとなった。日露戦争の直後で、大いに愛国心を盛り上げると同時に、戦後の不景気を乗り切るために消費を刺戟するという、経済的な狙いもあったらしい。ゴチック風の主会場は巨大な噴水の周りに建てられたが、噴水は六段もあり、頂上にはバッカスの像が赤、青、紫のライトを浴びていた。建物はほとんどが洋風だったけれども、当時日本画も大いに威信を回復していて、美術館の天井は橋本雅邦の筆になる竜の絵で飾られた。雅邦はフェノローサや岡倉天心と共に、日本の伝統美術の復興と革新に努めた人物である。漱石が『虞美人草』で文明とイルミネーションを論じた文章は前に引いたが、あの一節の着想を得たのもこの第六回の博覧会である。実際、博覧会は時代の嗜好を左右することが多かった。大正時代の建築は、明治にくらべて装飾的で奇抜な傾向が強いが、これなど明らかに博覧会の影響だろう。

さて、博覧会の会場となった上野は、明治六年、東京に初めて出来た公立公園だった。公営の公園というのも、西洋の影響で明治に新しく生まれたものである。江戸にも花を見たり、四季折々の草花を見たりする場所は、大小の庭園や寺社などおびただしくあったけれども、市が特定の土地を、もっぱらリクリエーションのために維持するという考えはこれまでなかった。東京には緑が多いから、公営の公園など不必要だと論じた市長もいたことは前に紹介したが、時代が下るにつれて、市民が利用できる緑地は次第に少なくなっていた。この問題に市自身が責任を負うという原則が認められたというのは、だから、重要な意味を持つ変化だったわけである。

上野の緑地が公園として確保されたのは、実は一人の外国人の功績だった。彼の力がなかったら、彰義隊の上野戦争で荒廃したまま、上野はどうなっていたかわからない。この戦いの時まで、上野の山そのものはもちろん、今の上野駅のあたりまで、徳川家の菩提寺の一つ、寛永寺の境内になっていたが、戦争で建物が焼失してから後は荒れたままになっていた。しかしこれだけまとまった土地で、しかも今より緑が深かったのだから、新しい施設を作るのには恰好の場所だった。文部省はここに医学校を建てたいと考え、陸軍は陸軍病院を作ろうとした。上野を救った外国人が登場するのはこの時点である。

オランダ人医師ボードインは、文久二年（一八六二年）に来日し、まず長崎、ついで江戸、さらに東京の大学で医学教育の指導に当たった。彼を長崎から呼び寄せ、上野に医学校を建てる件について意見を求めたのは文部省だったが、ボードインは期待に反して、上野は公園にするのに絶好の土地である、医学校はどこかほかの場所、例えば本郷の旧前田邸（現在の東大）にでも作ればよいと主張した。

結局このボードインの意見が通って、上野は明治六年、東京最初の五つの公園の一つとなった。残りの四つは、浅草寺、芝の増上寺、深川の富岡八幡の境内、それに北の郊外にある飛鳥山である。市街地の公園の中では、文字通りの公園は上野だけだったし、その後たどった歴史もほかの四つとはちがっている。上野は明治二十三年、宮内省の管轄に移されるが、大正十三年、皇太子（後の昭和天皇）の御成婚を記念して東京市に移管された。今日でも、正式の名称は上野恩賜公園という。不忍池は、かつて下町のほとんどに拡がっていた湿地帯の名残だが、明治十八年、公園の一部となった。

上野も、コマーシャリズムにまったく侵されなかったわけではない。昔は寛永寺の境内に並んでいた屋台店は取り壊されるか、ないしはほかの場所に移ったけれども、精養軒の大きな建物が目障りだった。とはいえ、浅草や芝の場所にくらべれば、商業主義に食い荒らされることも少なく、公園らしさを失ってはいない。明治の中頃、不忍池の周りに競馬場が作られていたことがある。競馬といっても、娯楽や賭けが目的ではなく、これもいかにも明治らしいが、国防のために馬術を奨励するのが目的で、開場式には天皇御自身も臨席された。

上野公園には、日本で初めての博物館、初めての動物園、それに、博覧会の呼び物として日本初の電車も出来た。大正九年、日本最初のメーデーが行われたのもここである。美術学校のキャンパスまで含めれば、東京最初の煉瓦造りの建物もこの公園にある。もう一つ、これは木造だが、最古のコンサート・ホールもある。国立博物館の一部になっているルネッサンス様式の円屋根の建物は、当時の皇太子殿下（後の大正天皇）の御成婚を祝って東京府民の寄贈したものだが、完成を見た時にはすでに次の皇太子、つまり昭和天皇は七歳に達していた。そもそもの計画から資金集め、それに建築に時間がかかったのである。

上野公園の最大のシンボル、西郷隆盛の銅像も明治の名残で、明治三十一年に除幕された。高村光雲の作である。最初は宮城前の広場に建てる計画だったが、西南戦争で官軍に弓を引いたことがまだ多少のしこりになっていて、現在の場所に変わったのである。未亡人はこの銅像が気に入らなかった。あんな見すぼらしいふうをしていたことは一度もないと語ったという。

博覧会で厖大な人々が群がった上野だが、公園になってからはまた江戸時代と同様、花見の名所に戻った。とはいえ上野は、江戸時代には徳川家の墓地になっていたこともあって、飲めや歌えの大騒ぎは遠慮するふうがあった。恩賜の公園となってからも、ある種の重々しい雰囲気は残っていたようで、隅田川べりや飛鳥山では花見はもっと騒々しく、気がねがなかった。実際、上野は早い時期から、遊ぶ所というより、むしろ教化の場所となっていたようである。

上野にくらべると、浅草公園はまったく趣を異にしていた。斎藤緑雨が浅草と上野を比較した面白い文章がある。緑雨も荷風と同様、生粋の江戸っ子ではない。幼時の経歴はよくわかっていないが、慶応三年ないし明治元年に伊勢に生まれ、九歳の頃に上京したらしい。けれども江戸の伝統を愛する点では、むしろ本物の江戸っ子より徹底していた。ただその表現の形は荷風とちがって、抒情よりは諷刺を好んだ。江戸文学には、江戸の粋を解さぬ田舎者を好んで取り上げる諷刺の伝統があったが、緑雨もこの伝統に連なっていると見ることもできよう。その緑雨が、上野と浅草について語っているところは引用の価値があると思う。

上野は目の公園なり。眺望の公園なり。浅草は口の公園なり。飲食の公園なり。上野は行き止りの公園なり。浅草は通りぬけの公園なり。上野にありては神楽も厭世なり。浅草にありては念仏も楽天なり。上野の夕の鐘はしきりに帰るを促し、浅草の朝の鐘はひとへに来《きた》るを迎ふ。上野に遊ぶものは今日の課程のなほ了せられざるが如く、浅草に遊ぶものはあすの業務のはや廃せられたるが如し。上野は黙していはず、浅草は語りてやまず……。

（『錦絵幕末明治の歴史』第十巻に引用）

明治九年、浅草公園は拡張されて、西側の庭園や火除《ひよけ》地が繰り込まれ、十五年にはこの空き地（「田圃」と呼ばれていた）を掘って池が二つ作られた。公園は六つの区域に分かれていたが、池を作った残土で湿地を埋め立てた区域を「第六区」と呼んだ。明治の末から大正を通じて第二次大戦の始まるまで、興行街、歓楽地として栄えた所である。初めてここに劇場が出来たのが明治十九年。三十六年には電気館という、日本最初の常設映画館が建った。劇場のほかにも見世物や娯楽施設がいろいろ出来たが、中でも目をひいたのが二十メートルほどの高さの小さな富士山、それに、奥山の感じを出すために作った吊り橋だった。富士山は台風で壊れ、例の十二階が公園の北の外れに出来た年に取り壊される。イギリスのジャーナリストで、『アジアの光』の著者で知られるサー・エドウィン・アーノルドも、この吊り橋を渡った一人だった。悪童どもが何人か寄ってたかって、アーノルドと連れの女性を池の中に振り落とそうと、橋を揺すったというエピソードを書きとめている。橋の造りは、どこかインカ文明を思い出させたという。

明治三十年代には、六区は見世物小屋や射的場など雑多な建物が立てこんで、さながら迷路にも似た歓楽街として賑わった。これもまた、江戸以来の伝統の連続ないし復活の一例だったかもしれない。観音裏の「奥山」は、昔から多少ともこうした盛り場だったからである。ただ明治の六区ははるかに派手でけばけばしく、そしてこの六区が公園全体の雰囲気を支配していた。

浅草生まれの久保田万太郎は、映画の出現で浅草がいかに変わったかを嘆いて書いている。

玉乗だの、剣舞だの、かつぽれだの、都踊だの、浪花踊だの、さうした「見世物」の一部にすぎなかつた「活動写真」がその前後において急に勢力をえて来た。さうしてわづかな間にそれらの「見世物」のすべてを席巻し「公園」の支配権をほとんどその一手に掌握しようとした。と同時に「公園」の中は色めき立つた。新しい「気運」は随所に生々《なまなま》しい彩りをみせ、激しい、用捨のない響きをつたへた。――幸龍寺のまへの溝ぞひの町も、さうなるとまたゝく間に、「眠つたやうな」すがたを、「生活力を失つた」その本来の面目をたちまち捨てて、道具屋も、古鉄屋も、檻褸屋も、女髪結も、かざり工場も、溝を流れてゐた水のかげとゝもにいつしかその存在を消した。さうして代りに洋食屋、馬肉屋、牛肉屋、小料理屋、ミルクホール、さうした店の怯《め》げるさまなく軒を並べ看板をつらねるにいたつた。——といふことは、勿論そのとき、その横町の、しづかな、おちついた、しめやかなその往来の、格子づくりのしもたやも、建仁寺の植木屋も「三番組」の仕事師も、いつかみんな同じやうな恰好の小さな店。——それは嘗て「公園」の常盤座の裏、でなければ、観音堂の裏で念仏堂のうしろ、大きな榎の暗くしづかな枝をさし交してゐた下に限つてのみ出すことの出来た小さな店……銘酒屋あるひは新聞縦覧所……にたち直つてゐたのである。

（「吉原附近」）

浅草は賑やかに栄え、やがてさびれてゆく。終戦後、池は淀んでガスを発し、ついには埋め立てられてしまった。人の足も遠のく。しかしそれは、浅草自身が変わってしまったからというより、娯楽の形が変わり、交通のパターンが変わってしまったからだろう。かりに浅草が歓楽街になっていなかったら、これほど露骨にさびれることはなかったのかもしれない。公園としての趣きを保っていたら、上野と同じように、今でも人をひきつけることができていたのかもしれない。だが答えは誰にもわからないし、浅草が上野公園のような形で生き延びることなど、誰も望みはしなかったのかもしれない。浅草こそは、下町が最後に花を咲かせた場所だったのである。今日でも、浅草ほどあけっぴろげに陽気で屈託のない所はどこにもない。三十年前の浅草を知る人たちがその変化を嘆くのは当然だろうが、それならば、六十年前を知る人々の嘆きが何倍も深いとしても、けだし当然というものだろう。それはともかくとしても、公園としての浅草に話を戻せば、誰も目を光らせている者がなければ公園がどんな状態になってしまうか、浅草はその実例を示すものと言うことができるだろう。というより大事なのはむしろ、そもそも浅草は、本来の意味で公園ではなかったという事実にあるのかもしれない。さらにまた観念の歴史という観点からすれば、これは、言葉を輸入することは簡単でも、実体は容易なことではともなわないという事実を例証している。明治六年、五つの公園を設けた東京は世界各国の首都に伍して、東京にも公園があると称することはできたとしても、実際に都市公園を計画し建設することができたのは、ようやくその三十年後のことだった。つまりそれだけの時間をかけて、ようやく二重生活も、生活の基本的な問題にまで浸透してきたということである。上野が公園としての性格を全うすることができたのは、計画によってというより、むしろ偶然に負うところが大きかった。浅草に到っては、公園としての性格をまったく失ってしまったのである。

丸の内がオフィス街の中心となって以来、日比谷公園は、隣の皇居前広場と並んで、東京の都心公園としての役割を果たしている。重要性という点では、銀座に近い分だけ上野にまさっているだろう。このあたり、徳川時代の士族の屋敷が並んでいたが、これが取り壊されて以来、狐や狸の棲み処となっていたことは前にも触れた。北に隣接した旧江戸城跡の一部に、いささか行き当たりばったりに新政府の建物が建っていた頃、日比谷は練兵場になった。明治四年に整地され、翌年には天皇がここで初めて閲兵を行っている。その後、練兵場の東には鹿鳴館や帝国ホテルが出来るが、その頃でもここは恐ろしく埃が立ったようで、それというのも近代的な戦闘は、土煙の中で訓練するのがふさわしいと考えられたのである。けれども明治二十六年、軍は青山にもっと好適な土地を手に入れ、日比谷は段階的に市に委譲すると発表した。こうして明治三十六年、日比谷公園が開園する。

実は最初は、日比谷を中央官庁街にする計画があった。この計画が持ち上がったのは明治五年、宮城の火災後のことで、皇居を旧江戸城跡に再建することに異論はなかったが、政府は明治十九年、中央官庁を日比谷練兵場に集結させる計画を立て、ドイツ人技師の意見を求めることに決める。エンデ、それにベックマンという、二人の高名なドイツ人建築家が来日し、いささか装飾過多の建築群の設計が出来上がった。ところが、莫大な費用をかけて大きな穴を掘り、地盤を調査してみると、こんな本格的な煉瓦と石の西洋建築は支え切れないことが判明し、もっと西寄りの霞ヶ関のほうが適当であるという結論が出た。ドイツ人建築家の声望は落ちたけれども、この結果には感謝すべきかもしれない。もし穴を掘ってみなかったら、ひょっとして東京にも大阪同様、都心の本格的な公園は生まれていなかったかもしれないからだ。ドイツ人の立てた計画は、和風七分に洋風三分のスタイルだったといわれるが、こうしたデザインは、もっと簡素化した形でやがて実際に用いられることになる。

新しい公園は賛否両論だった。明治四十一年に帰国した荷風は、あまりにも形式ばっているとして嫌ったが、若い人たちの間では逢引きの場所として非常に人気が出て、ついに麹町署が対策に乗り出すまでになった。四十一年の夏の夜、十人あまりの巡査が初めて公園の巡回に出て、風俗を乱すものとして十組ほどのカップルを逮捕し、罰金を科した。日比谷は日本最初の本格的な洋風公園といわれる。荷風はそれが気に入らなかったのだが、しかし実際には、ここにも日本的なところは少なくないし、また、あらゆる時期の記念の品が残っている。樹木の中には、江戸の町そのものと同じくらい齢《よわい》を経たものもあるというし、江戸城の濠の一部や石垣の一部もある。野外音楽堂は開園当時からのものだし、青銅の噴水も開園後間もなくの頃から伝わっているものだ。もちろん細部で変わったところはいろいろあって、例えば野外音楽堂には、最初は丸屋根がついていたという。けれども東京の主な公園の中で、日比谷はいちばん変化が少なかった。最初から西洋流の公園として計画されたために、あまり変化を蒙らずにすんだということだろう。

明治・大正を通じて、公園用地は多少ずつ面積を増してはいったが、西洋の都市とくらべると依然として少なかった。例えばワシントンと比較すると、大正末現在、東京の緑地の総面積は、寺院や神社、墓地などを含めても僅か四〇〇分の一にすぎなかった。ニューヨークでさえ、ロンドンやパリにくらべれば狭苦しいが、一人当たりの公園の面積は東京の四十倍に達した。

　けれども東京の場合、公に公園に指定された土地は狭くても差し支えないのだという、前にも紹介した大正時代の市長の議論にも、一斑の真理があったこともまた事実である。もちろん、公園に意味がないというのではない。ただ、西洋の都市では公園は不可欠だが、東京ではそれほど差し迫った必要はなかったということである。下町では、家々の前に小さな緑が充分あったばかりではなく、使ってない土地が意外なほど多かった。これは特に山の手に著しかったけれども、下町にしても同じだった。

　荷風は、時に空き地について抒情的な美しい文章を書いている。

　私は雑草が好きだ。菫《すみれ》蒲公英《たんぽゝ》のやうな春草《はるくさ》、桔梗女郎花《ききやうをみなへし》のやうな秋草にも劣らず私は雑草を好む。閑地《あきち》に繁る雑草、屋根に生ずる雑草、道路のほとり溝の縁に生ずる雑草を愛する。閑地は即ち雑草の花園である。「蚊帳釣草《かやつりぐさ》」の穂の練絹《ねりぎぬ》の如くに細く美しき、「猫じやらし」の穂の毛よりも柔《やはらか》き、さては「赤の飯《まゝ》」の花の暖さうに薄赤き、「車前草《おほばこ》」の花の爽《さはやか》に蒼白《あをじろ》き、「蘩蔞《はこべ》」の花の砂よりも小《ちひさ》くして真白なる、一ツ一ツに見来《みきた》れば雑草にもなか〳〵に捨てがたき可憐なる風情があるではないか。然しそれ等の雑草は和歌にも咏《うた》はれず、宗達光琳の絵にも描かれなかつた。独り江戸平民の文学なる俳諧と狂歌あつて始めて雑草が文学上に取扱はれるやうになつた。私は喜多川歌麿の描いた絵本虫撰《むしえらび》を愛して止《や》まざる理由は、この浮世絵師が南宗の画家も四条派の画家も決して描いた事のない極めて卑俗な草花《そうくわ》と昆虫とを写生してゐるが為めである。この一例を以てしても、俳諧と狂歌と浮世絵とは古来わが貴族趣味の芸術が全く閑却してゐた一方面を拾取《ひろひと》つて、自由に之れを芸術化せしめた大《だい》なる功績を担ふものである。

私は近頃数寄屋橋外に、虎の門金毘羅の社前に、神田聖堂の裏手に、其他諸処に新設されるゝ、公園の樹木を見るよりも、通りがゝりの閑地に咲く雑草の花に対して遥に云ひ知れぬ興味と情趣を覚えるのである。

（『日和下駄』）

神社や寺院の中には事実上、公園とさして変わらぬ役割を果たしている所も少なくなかったが、そうした中に、明治に入って新しく加わった大事な神社がひとつある。九段坂は、かつては現在より高い丘になっていたが、麓にひろがる湿地を埋め立てるために上半分を切り崩し、頂上は現在のように平らになった。幕末の一時期、ここに兵舎が設けられていたこともあったが、明治二年、その跡地に招魂社が建てられたのである。同種の神社は全国各地に作られる。その目的は「嘉永以来」、職務中、国家のために死亡した人々の霊を祀ることとされた。しかしこの表現は、やや誤解を招く惧れがあるかもしれない。嘉永といえば当然、ペリーの黒船の来航を連想する。そこで、この黒船の来航に抵抗し、死者が出たかのような印象を与えかねない。けれども実際には、この時死傷者などは出なかった。本当の狙いは、実は戊辰戦争で命を落とした人々を祀るためだったのである。その後、日清・日露をはじめ新たな戦闘が起こり、新たに戦死者が出るにつれて、祀られる人々の範囲もひろがってゆく。中には意外な人々も含まれていて、例えば日本海海戦で死んだ三人のイギリス人などその一例だし、明治三十三年の義和団の乱（北清事件）の時、日本人の戦歿者があったことも、今ではもう憶えている人はそう多くはあるまい。興味があるのは、東京出身者の数はいつでも全国平均を下回っていることだ。江戸っ子は、お国のために死ぬことにはそれほど熱心ではなかったらしい。

明治十二年、東京招魂社は靖国神社となる。江戸以来の伝統で、この神社もまた、尊崇の場であると同時に楽しみの場でもあって、境内に競馬場が設けられた。不忍池に競馬場の出来るより前のことである。明治二十九年の秋の大祭には、実に二六八頭の馬が出走したという。だがこれをピークとして、以後はしだいに下火となり、最後の競技の行われたのは明治三十一年。その三年後には競馬場そのものが廃止になった。しかし境内では相変わらず、相撲の興行からお能の上演まで、種々さまざまの催しが続けられた。明治三十四年に建った能舞台は現在も残っている。現存しているといえば、境内にはまた、明治四年に出来た高灯籠も残っている。かつては築地の沖を行く漁船が九段坂から望めたが、こうした船の目印として建てられた灯台である。

日露戦争中からその直後にかけて、靖国神社の参拝者は年に一千万人に達した。その後は数は落ちたとはいえ、毎年なお数百万人が参詣を続ける。いずれにしてもその境内は、例えば浅草公園などより、西洋でいう意味での公園にむしろ近かった。

東京は日本の大都市の中で、いちばん急速に大きくなった都会である。明治の末には、丸の内には煉瓦造りのビルが建ち並び、もうかつてのように狐や狸の住みつく余地はなかったし、雑草の生える余地さえほとんどなくなっていた。しかしそれでも、日本のほかの大都市にくらべると、京都と比較してさえ、東京が緑の多い町だったことに変わりはない。谷崎夫人は大阪の生まれだが、初めて東京へ来た時、なにがいちばん印象的だったかと訊《き》かれて、緑の多いことだと躊躇なく答えたという。明治の終わりには、田圃は吉原の入り口からすでに消え、それ以後ますます遠く後退してゆく。けれども依然として建物はほとんどが一階か二階で、いちばん家のたてこんだ所ですら、かつての江戸ほど密集してはいなかった。

東京が明治の末にもまだ自然に近かった――そして現在でもまだ自然に近いということには、またもう一つ別の側面がある。自然のリズム、四季の変化がなお感じられるという点である。日本の大都会の中で、この意味でどこがいちばん自然に近いか、別に客観的な尺度があるわけではないから、主観的な印象で決めるしかないけれども、例えば『細雪』の蒔岡《まきおか》家の人々は、花見をするのに大阪からわざわざ京都まで出かけている。桜なら大阪でも見つかることはもちろんだが、しかし大阪は東京以上にビルとアスファルトの町で、高い建物の上から見ると、いかにも灰色の町という印象が強い。東京は関西の大都会にくらべて、今でも自然に近く、農村のリズムに近いという印象が強い。明治の末の東京人は、花の下で浮かれたければ飛鳥山に行くこともできたろうが、もっと手近に上野もあれば隅田川の堤もあった。大阪にしろ京都にしろ、これに相当する場所はそんな手近にはない。

なるほど明治の初め、季節季節の花の名所とされた所が、明治の末になるとさびれた例も少なくない。隅田川の桜は煤煙に蝕まれたし、芝や深川からは蜆《しじみ》も姿を消し、夏の潮干狩りの楽しみもなくなった。けれども東京がますます巨大に、いよいよ汚れてゆく一方では、花や草を楽しむ場所が新しく作られるということもあった。

江戸や東京の名所図絵の類には、季節ごとの楽しみに訪れるべき場所が列挙してある。一年の最初に来るのはまず雪だが、昔は隅田の川岸が雪見の名所ということになっていた。しかし明治になって、新しく靖国神社が雪見の場所に加わる。真冬の花といえば椿があるが、椿には特に見物の名所は挙げていない。ところが雪見のほうが季節の行事に入っているのは、おそらく桜と同様、少なくとも東京ではすぐに消えてしまうからだろう。

明治もまだ早い頃には、季節ごとの花や草がいちばん豊富に見られたのは隅田川の東だった。川を渡って程なく街並みは切れ、田園地帯に入ってしまう。振り返れば家並みの向こうに山の手の丘が連なり、その向こうに富士山の雄大な姿が見える。だがこうした楽しみも、明治も終わりに近づくにつれて乏しくなった。江東一帯は工業化の犠牲になってしまったからである。荷風が明治の末年に書いた小説に、友達や芸者を連れて本所の牡丹《ぼたん》を見に出かける話がある。行ってみて三人はがっかりするのだが、この失望は実はこの牡丹ばかりではなく、江東一帯の未来をいち早く予見するものだったと言えよう。

花や草を見るのにいい場所として、もう一つ、山の手の台地が切れて下町になる境界線沿いの土地があった。上野も飛鳥山もこの稜線の上にあるが、この上野と飛鳥山の間は、江戸時代、鉢植えの菊や朝顔などの栽培の中心だった。このパターンは今世紀に入ってもまだ残っている。ただ現在では、栽培地は次第に市外に追い立てられ、都下にはもう大して残っていないけれども、市街を北に出た郊外は今もこの種の植木屋が多い。

さて春になると、まず咲くのは梅である。明治の初期には、梅の名所は浅草と亀戸だった。亀戸はまた、五月の藤も有名である。藤は今でも残っているが、梅はもうない。梅はもちろん菅原道真ゆかりの花で、亀戸天神の梅は姿を消してしまったけれども、その後、今度は湯島の天神様に新しく梅が植えられて現在に到っている。こうしてつまり東京の花や草は、一方ではなくなりながら他方では増え、なんとか生き延びているわけだ。

四月はもちろん桜である。ちなみに桜は東京の都花でもあるが、咲くにも散るにもいさぎよいところが日本人の無常感に訴えてか、昔から大いに重んじられてきた。けれども花見が飲めや歌えの賑やかな騒ぎになったのは江戸時代のことらしい。明治の東京では南の端に当たる御殿山は、明治の初めの花見の名所の中にはもう名前が見当たらない。明治時代、花見の場所として有名だったのは飛鳥山、上野、それに隅田川の堤だった。そのうち二つは、市街の膨張や近代化の波に呑み込まれて昔日《せきじつ》の面影を失ったけれども、都心にいちばん近い上野は今も栄えている。東京中で——というよりおそらく日本中で、上野ほど花見客の押しかける所はほかにあるまい。

桜の次は桃と梨の花である。明治時代のこの種の本には、桃や梨の見物のことを律気に書いてあるけれども、日本では中国ほどこうした花は重んじない。日本人の趣味からすれば派手すぎるという説も立てられそうだが、しかし菊や牡丹も結構派手で、どちらも大いに珍重されている。おそらく、季節ごとに花をめでるという習慣も次第に簡略になっていて、桃や梨はその略されたうちに入るのだろう。いずれにしても、桃にしろ梨にしろ、市内に特に有名な見物の場所はなかった。梨の場合は、横浜の手前の生麦あたりがよいとされた。春から初夏にかけては、ほかにも藤、躑躅《つつじ》、それに山吹などが見頃になる。

けれども季節の楽しみは、花を見る以外にもいろいろあった。春の野草摘《つ》みや新芽摘みには、江東や西の郊外が特によい所とされ、新緑を賞美するなら上野や武蔵野、夏の蜆取りには洲崎や芝浦といった具合である。虫や鳥も大事で、例えば蛍は、今では人工的に孵化したものを公園に放す以外、市内からはまったく姿を消してしまったけれども、かつては神田川沿い、荷風の生家のすぐ下にもいた。そのほか吉原に近い田圃や、隅田川にさえかつては蛍がいたという。鳥は姿を見るより、むしろ声を聞くのが楽しみだった。市内には、「鶯谷」という地名が二つある。一つは下谷、もう一つは小石川だが、今でも鳴き声は聞こえるかもしれない。郭公《かっこう》にも、鳴き声で有名な所が二カ所あった。一つは神田、もう一つは本郷の旧前田邸である。雁の声を聞くには、隅田川を渡るか、吉原田圃、あるいは深川の洲崎へ出かけた。秋の虫の音には西の郊外が名所だった。

夏の盛りには朝顔、蓮、それに菖蒲《しょうぶ》である。明治天皇が賞美された菖蒲園が、崩御の数年後から一般に公開された。現在の明治神宮の菖蒲園がこれである。朝顔は、昔から下町の生活の中で特別の位置を占めてきた花で、個人の家の小さな庭にも路地の軒先でも、到る所に咲いて夏を告げ、江戸庶民の芸術では、主題としても背景としても盛んに顔を出す夏の風物である。明治時代、朝顔で有名だったのは入谷で、今でもその名残は残っているが、ここの朝顔が有名になってから百年の間に、さまざまの浮き沈みがあった。明治の初めには入谷はまだ田圃で、その間に朝顔を育てる苗床が拡がっていたけれども、大正に入る頃にはもう郊外ではなくなり、朝顔の栽培も姿を消した。けれども第二次大戦後、今から二十年あまり前になって、朝顔はまた入谷に帰ってきた。七月の初めには朝顔市に大勢の人がやってくる。ただ花そのものは、今では北の郊外から運び込んで来たものだ。

明治の間に、かつては有名だった蓮の名所が一つ消えてしまった。溜池である。泥がたまるにまかせたまま、ついには池は乾上がり、やがてその上に家が建ちふさがってしまったの

上野不忍池

である。明治の蓮の名所として、もう一つ有名だった不忍池は、博覧会場や競馬場が出来たにもかかわらず明治を生き延び、第二次大戦中は麦畑に変えられたりしながらも、現在まで生き延びている。隅田川の東には、明治時代は食用の蓮根を植えた田圃が連なっていて、蓮の花を見るのにいい所とされていたが、今ではほとんど完全に姿を消した。

江東の田園地帯は、秋の七草を摘む名所にも挙げられている。一方、菊は、東大のすぐ北の団子坂が有名だった。明治十一年、ここに初めて菊人形が現れ、その後市内のあちこちで、さらには郊外でも菊人形を展示することになった。明治の初めは、浅草観音も菊で有名だったが、今はもうない。

さて秋には、春の桜で有名な飛鳥山が紅葉狩《もみじが》りの名所でもあった。そして、雪に始まった一年の最後を締めくくる冬の枯れ野の景色を眺めるには、市街の西のはずれ、早稲田が一番の場所とされた。

明治の初めには季節ごとの風物の名所とされていた場所の多くが、明治の末にはもう姿を消してしまっていたというのは悲しいことではあるけれども、やはり当然のことと言わねばなるまい。例えば吉原の夜桜は、明治の初め、まだ電灯のなかった頃にはあれほど人気があったのに、明治の末の名所案内の類にはもう名前が見当たらない。むしろ驚くべきなのは、これほど大きくなり、煤煙のひどくなった東京に、まだこれほど多くの名所が残っていたということだろう。明治四十年に市が出した『東京案内』には、季節季節に訪れるべき名所の数々が、市内と近郊を合わせて、実に十ページにわたって列挙してある。

単に自然の風物ばかりではない。神社や寺の年ごとの祭り、月ごとの縁日の類もおびただしかった。閑と元気のある人なら、ほとんど一年中、毎日見て回ることもできたはずで、市発行の案内には、この種の行事も五ページにわたって誌されている。各神社の年ごとの祭りの賑わいは、時に乱暴の域に達するほどで、その中心は言うまでもなく神輿だった。江戸っ子の祭り好きは有名で、祭りの費用を工面するためなら、女房を質に置くとさえいわれたものだ。一台の神輿をかつぐ人の数は時には百人にもなり、熱狂して店に突っ込むこともある。時にはわざと突っ込むのだが、特に浅草では、神輿に乗って神様が表から押し込むと、厄病神は裏から逃げ出してゆくと考えられて、神輿に店頭を壊されるのをむしろ歓迎したものである。

神社や寺の中には、年ごとに市《いち》の立つ所もあった。いちばん有名なのは吉原のすぐ近く、鷲《おおとり》神社の酉《とり》の市だろう。十一月の酉の日には、おびただしい群衆が吉原に押しかけた。十二支の中から特に酉の日が選ばれたのは、「酉」と「取り」とを掛けた洒落から来ている。そこで、酉の市では熊手を買った。一年の商売繁昌を「掻き取る」というわけである。熊手売りのほうでも心得たもので、毎年、前の年より大きな熊手を買えば、それだけ商売も繁昌すると宣伝した。最近ではこの酉の市もさびれてきている。昔の吉原の商売が禁止になったのがなにより響いているのだろう。しかし、まだ姿を消してはいない。

とはいえ、昔は大いに賑わった年中行事が、今ではすっかり姿を消してしまった例は多い。例えば「二十六夜の月待ち」など、今ではまったく耳にしないが、かつては陰暦の七月二十六日の夜、九段坂とか愛宕山などの高台、ないしは芝浦や洲崎といった海岸に群衆が繰り出し、月の出を待った。月が三重に見えると、非常な幸運の印とされたらしい。祭りは明け方近くまで続いた。二十六日はもう新月に近い頃で、月の出は夜明け近くになるからである。

山王の日枝神社の祭りは、かつて江戸の三大祭の一つといわれたが、今世紀に入って昔日の賑わいを失った。日枝神社は将軍家が赤子を宮詣りに連れて行った所で、大祭には将軍自身も愛顧を与えたほど格の高い祭りだった。これが勢いを失った時期は、麓の溜池が埋め立てられ、高級住宅地として、あるいは上流人士に娯楽を提供する土地として発展した時期と重なっている。こうした娯楽を楽しんだのはもっぱら高級官僚で、裕福なブルジョワや高級官僚が神社のお祭りなどと没交渉だったのも当然だった。お祭りは下町と庶民のものだったのである。

神田祭も江戸三大祭の一つだが、これも明治時代、困った問題を抱え込んだ。神田明神の祭神は二柱で、一柱は本来の神道の神様だが、その名前はほとんど誰も耳にしたことがない。有名なのはもう一柱の平将門である。将門は日本の逆臣の中では特異な存在で、普通は、天皇の権力は奪っても地位を奪おうとはしないのに、将門はみずから天皇になろうとした。明治七年、神田明神の神官は、当時の尊皇思潮におもねってか、将門を祭神から外す請願を知事に出し、常陸《ひたち》の鹿島神宮から新しい祭神を勧請した。神田祭は衰え、将門の霊を追い出した祟《たたり》だといわれた。確かに憤懣は強かったようである。それまでは、神田明神は平将門を祀った所と誰もが考えていたし、東国一帯に将門信仰は根強かった。というのも東国の人々は、永年にわたって上方に軽蔑されてきたからで、将門はこれに叛旗を翻した東国の英雄だったのである。十年後、もう憤懣も収まったものと見て、昔ながらの祭りを催そうとし、そして実際に祭りは行われたが、二日目に台風の直撃を受ける。新聞は、これこそ将門の怒りと書き立てた。もちろん半分は冗談だったけれども、しかし冗談の背後に、本気でそう信じているふうが読み取れなくもない。これ以来、神田祭は、二度と昔ほどの賑わいに戻ってはいないようだ。

明治の間に姿を消してしまった行事がある一方、まったく新しい行事が出来たり、古い行事が復活したり、あるいは面目を改めた例もある。新年の行事のクライマックスとして、観兵式が行われたのなど新しい行事の一例だが、消防の出初式は、古いものが面目を新たにした好例である。古い火消しの制度は、完全になくなったのは大震災後のことだが、明治の新時代にはすでに実用の意味を失いかけていた。だから出初式も、もはや単なるショーになり始めていたけれども、しかしスリルのあるショーであることだけは確かで、同時に美しいショーでもある。今も正月には欠かせない行事として残っていて、姿を消してしまう心配は今のところなさそうである。

今ではあまりに深く風景に溶けこんでいて、風土そのものと同じくらい古いように思える行事も、実は明治に始まったものが少なくない。例えば七五三である。子供が一定の齢になると、無事な成長を祈って神社に詣でるという風習そのものは非常に古い。けれども、今でいう七五三の習俗が定着したのは江戸時代で、それももっぱら上流階級の風習だった。下町でも一般的になったのは、明治の中頃以後のことでしかない。端午の節句に鯉のぼりを立てる習慣も、不幸なことに軍国主義の風潮と結びついてしまったのか、一般に流行し始めたのは日清戦争の頃だった。今は五月五日は子供の日ということになっているが、昔はこの日から夏が始まるとされた節句である。

山王祭や神田祭には大勢の人がつめかけたが、しかし本来からいえば、これは氏神と氏子の祭りである。これにたいしてもっとアニミズム、ないし自然信仰の性格の強い、東京全体の行事として行われる祭りもあった。いちばん大きなのは旧暦の六月に行われたもので、一つは富士山、もう一つは隅田川の祭りである。

江戸から明治の初めにかけて、富士登山には強い宗教的な意味があった。市中に散在する浅間《せんげん》神社では富士の山開きの行事が行われ、これは今も続いている。時には、富士をかたどった築山が作られている神社もあり、本物に登れない人も、これに登れば御利益があると信じられていた。浅間神社の中でも特に人気のあったのは、浅草のすぐ北、吉原の東にあるお宮で、夏の初めに植木や庭石の市が立ち、大勢の人が集まる。

隅田川は、江戸や東京にとって特別の意味を持ってきた川で、江戸の優雅な楽しみもこの川なしには考えられなかった。特に両国橋で行われる夏の川開きは盛んで、舟と花火と群衆は見ものだった。グラント将軍がこの花火を見て感嘆したことはすでに触れたが、E・S・モースも見物し、その印象を書き残している。

川の眺めはまことに心を奪うものだった。ひろい川面は見渡す限り、さまざまの舟でびっしり埋まっている。私たちはある大名の屋敷に入ることを許され、召使が川べりに椅子を用意してくれた。しばらくそこに腰かけていたが、もっと近くで見ようということになった。ちょうどそこへ舟が来かかって、舟頭が乗ってくれと言う。私たちが乗り込むと、舟頭は群がる舟の只中へ漕ぎ出していった。この時目にした光景ほど不思議な景色は想像することすらむずかしかろう。大小さまざまの舟が何百隻——大きな、底の平らな舟もいれば、日覆や屋根のついたみごとな屋形舟、それがみな、屋根の軒にずらりと吊るした色あざやかな提灯の光に照らされている。……花火を打ち上げているすぐ近くまで寄ってみると、実に異様な光景で、大きな舟の上で裸の男が十人あまり、筒形花火を打ち上げ、複雑な仕掛花火に火をつけている。この時の光景はけっして忘れることができまい。男たちの肌は、雨のように降りかかる火の粉を浴びてキラキラ光り、振り向けば群なす舟がゆらゆらと、波間に揺れつつ花火の光に照らし出されている。まだ新しい月はやがて沈み、星は異様なほど明るくきらめき、暗い川面に何千、何万という、さまざまの形と色の提灯の灯影が映り、舟が揺れるにつれてゆらめく波間に砕けるのである。

（『日本その日その日』）

クララ・ホイットニーも見物に出かけた。ただ彼女の場合、その美しさに感嘆すると同時に、ある種の悲しさも覚えたようだ。

目の前にひろがる川面は、上流も下流も一マイル近く、一面おびただしい舟に覆われていた。不恰好な艀《はしけ》から、さざ波に揺られて貝殻のように踊っている小粋なゴンドラまでさまざまだ。……川は目の届く限り無数の提灯に埋められ、まるで燦く光の海のように見える。……何もかもが溶け合って、まことに美しい光景――あかあかと灯りのあふれる家々も、輝く川面も、心躍らせる花火も。……人々は、さながら川の流れのように私たちの桟敷の前を通り過ぎてゆく。ママと私は語り合った、この笑いさざめく人々の魂が、霊的には救済を得ぬままであるという悲しい事実を。

（『クララの日記』）

祭りや年中行事の形式は、明治を通じて、さらには大正に入るにつれて、当然のことながら変化していった。例えば正月の行事や風習にしても、明治の末には大分簡略化されている。「宝船」などのように、まったく姿を消してしまったものも少なくない。宝船の絵を枕の下に入れて寝ると、いい初夢が見られるという俗信で、そしていい初夢を見れば、一年の幸運が約束されると考えられていた。保守的な商家では、こうしたことには特に気を配ったから、正月の行事が簡略化されたというのは、つまりは商業にも近代化が進出してきた証拠と言えるかもしれない。明治の正月は一月二十日の「骨正月」まで続いた。年末に用意した御馳走も、この頃にはもう骨しか残っておらず、これを粕汁などにして食べたところから来た呼び名だという。明治の末には、十五日を中心にまだ「小正月」という風習が残っていた。昔は年齢は満で数えず、誰もが新年に数えで一つ齢を取った。十五日が成人の日に決められたのは、このかつての習慣と小正月とを漠然と結びつけたものだろう。

こうした変化はあったものの、春の花見も秋の七草も、神輿も祭りも縁日も生き残った。なるほど正月の祝い事は短く簡略になり、江東の霧は煤煙に取って代わられ、朝顔の栽培地は北へ北へと追いやられて、やがては川を越えて埼玉に移っていったけれども、にもかかわらず東京は、世界中のどんな大都会より、自然にちかしい都市という特質を失ってしまうことはなかった。毎年お盆になると厖大な人々が故郷の村に帰省し、帰れない人々も市中の到る所で村の盆踊りを踊った。二重生活のいちばんいい面である。文明開化は必然の勢いであるとしても、だからといって古い土の感覚を一切捨ててしまう必要はない。日本の近代化の中でこうした面こそ、経営法や品質管理などより、むしろほかの国民も見習いたいと思う面ではないのだろうか。

とはいえ、土地の雰囲気というのは確かに変化するものだ。たとえ意識的、無意識的な伝統の力がどれほど強くとも、最初は異国的に見え、大胆な革新と思えたものも、やがてめずらしくもないものになり、革命家が執拗に変革を進めなくとも、革命的な変化はいつのまにか成就している。古いものが完全に消え去ってしまったのではない。だが次第次第に新しいものに押されていった。こうした変化が特に顕著になったのは、二度にわたって外国との戦争を経験した後、明治もいよいよ終わりを迎えようとする頃だった。
もしも一人の江戸っ子が明治の初年、もう充分物心もついた齢で東京を離れ、四十年後に帰って来たと仮定したら、当然大いに驚いたにちがいない。変わっているのに驚くばかりではなく、市中の大部分がいかに変わっていないかにも驚いたはずである。なるほど日本橋の西半分や神田には、堂々たる銀行やデパート、大学などが新しく建っていたにしても、東の方は依然として低い木造の家がひしめき、相変わらず火事が頻繁に起こるし、もっとハイカラな京橋にしても同じで、京橋の橋までは新しい銀座の街並みが続いていても、そこから北には昔の江戸の面影がまだまだ色濃く残っている。

けれどもこの江戸っ子の浦島太郎の目に、新しいものがたっぷり映ったこともまた言うまでもない。銀座が面目を一新していることはもちろん、霞ヶ関のあたりには官庁街が出来ているし、丸の内は大会社の事務所が建ち並んでいる。内濠と外濠の間には大きな武家屋敷が並んでいたはずだが、今はほとんど痕跡すら見当たらない。昔の呉服屋が今はデパートになり、高架の鉄道線路が、かつては大名と狐や狸の住んでいたあたりを突き抜けて市の中心にまで達している。

けれども、おそらくもっとも強く変化を意識したのは、町の生活の雰囲気そのものが変わってしまっていることではなかったろうか。それにこの雰囲気、気分の変化というのは、はっきり目に見えるものではないだけに、具体的にどこがどう変わったのか、捉えにくいと感じたのではあるまいか。

明治の始まったばかりの頃も、確かに社会不安は大きかった。荷風の自伝的な中篇『狐』は、その時代の雰囲気をよく伝えている。西南戦争の終わった頃、場所は小石川、水戸藩の屋敷のあった後楽園のすぐ上である。

丁度、西南戦争のすんだ頃で、世の中は謀反人だの、刺客だの、強盗だのと、殺伐残忍の話ばかり。少し門構の大きい地位ある人の屋敷や、土蔵の厳めしい商家の縁の下からは夜陰に主人の寝息を窺つて、いつ脅迫暗殺の白刃が畳を貫いて閃き出るか測られぬと云ふやうな暗澹極まる疑念が、何処となしに時代の空気の中に漂つて居た頃で、私の家では父とも母とも、誰れの発議とも知らず、出入の鳶の者に夜廻りをさせるやうにした。乳母の懐に抱かれて寝る大寒の夜な〳〵、私は夜廻りの拍子木の如何に鋭く如何に冴えて、寝静つた家中に響き渡るのを聞いたであらう。

騒ぎの中には単なる物盗りもあったが、大多数は明らかに反動的なもので、新時代の豪商や政治家を目標にしていた。かつての平和な孤立状態に戻りたいという欲求の表れである。ある意味では昭和初期の極右の運動と同じように、いわば瀕死の旧体制の喘《あえ》ぎであり、痙攣にも似たものだった。鹿鳴館の時代、文明開化の最盛期はすでに目前に迫っていた。荷風の家の女中たちはまだ江戸の絵草子を読んでいたが、その子供たちはもうそんなものは見向きもしなくなる。鹿鳴館時代が始まった頃には、維新の変革はまだ完全ではなく、充分徹底してはいなかった。この時期の暴力事件は、ある面では民族主義的な性格を持ち、かつて島国として安穏に孤立していた昔を憧れ、その郷愁に動かされたものではあった。けれどもこれは、新しい焔を燃やすというより、古い焔の消え残りの余影だったのである。

確かに明治というのは、暴力的な騒乱が折々に噴出した時代だった。いわゆる自由民権運動にも、日本が初めて国際的な冒険に乗り出した日清戦争と共に興った愛国主義、国粋主義にも、やはり暴力の爆発がともなった。明治十年代、二十年代の壮士たちの運動には、狭い国粋主義と海外への拡大主義とが奇妙な形で結びつき、きわめて日本的な性格を帯びていた。この時代の排外主義はもっぱら同じアジア人に向けられたが、これに異論を唱える者は多くはなく、わずかに反対の声をあげたキリスト教徒たちも口ごもりがちだった。人々が日常の生活にさえ危険を感じていたという意味では、明治の初め、荷風の少年時代のほうが社会不安は大きかったかもしれない。だがその頃の暴力沙汰は、今、日清戦争前後の騒乱にくらべれば、それほど性《たち》の悪いものではなかったと言えるだろう。過去を懐かしむものであり、やがて死に絶えることのはっきりしているものだったからである。だが明治もなかばに達しようとする今、東京は、良い意味でも悪い意味でも、もっと近代的になっていた。

経済的には不況だったにもかかわらず、日清戦争中は一種のお祭り気分だったようだ。六本木で飲んで浮かれるという話が、初めて話題にのぼったのもこの戦争中のことである。当時の六本木は南の郊外の外れだったが、これが今の東京でいちばんモダンとされる盛り場の最初の登場だったわけである。六本木が栄え始めたのは兵営があったからで、とすると、今、平和の恩恵をいちばん騒々しく享受している遊び場が、軍国主義のお蔭で誕生したというのも皮肉な話だ。当時の浮世絵も少なからず軍国主義的、民族主義的で、実はこれが浮世絵の栄えた最後の時期に当たるわけだが、戦争の絵さえ出せばなんでも売れた。版画屋の前は大変な人だかりで、お蔭で掏摸《すり》も大繁昌した。管轄下に銀座を抱えた麴町署など、掏摸専門の巡邏《じゅんら》隊を編成しなければならなかったという。

中国人蔑視の風潮は醜悪だったし、日本人が新しい自信に目醒めたとしても、そこには同時に傲慢の気配がなくもなかった。それに六本木などという新しい盛り場が生まれて、もっと人間味のある古い盛り場から若さと金を吸い取ってゆくことになったというのも、やはり残念なことと言うべきかもしれない。けれども日清戦争は、死傷者もあり、不況でもあったにしても、東京にとっては、むしろ一種のお祭り気分だったにちがいない。

だがこの十年後、明治三十七年から八年にかけての日露戦争となると、雰囲気ははるかに深刻になる。日清戦争の時のような景気のいい軍歌は影をひそめ、浮世絵その他、庶民芸術の反応も消極的で、日露戦争から生まれた版画はきわめて少ない。浮世絵は二つの戦争の間に、民衆芸術としては死んでしまったということかもしれない。神田のロシア正教の大聖堂は、大主教ニコライにちなんでニコライ堂と愛称されたが、日露戦争中はスパイだという陰険な噂が広まり、大主教もついに警察に保護を依頼しなければならなかった。こんなことは、大主教が幕末に来日して以来初めての経験だった。

明治三十八年、ポーツマス条約調印後に起こった暴動は、新しい意味を持つ事件だった。あからさまに民族主義を標榜し、荷風の少年時代の暴力事件とはほぼ逆のことを要求するものだったからである。日本は明治を通じて懸命に努力してきた、今こそその成果を最大限に利用すべきである、しかるに政治家どもはあまりにも諾々として条約を受け入れた——暴徒たちはそう主張した。そもそもこの戦争自体、西洋の強国を相手に、初めて本格的に戦った戦争だったことは言うまでもない。その勝利の後なら、熱狂的な愛国主義が爆発したとしても、そのこと自体は別に驚くには当たるまい。しかしそれをいうなら、日清戦争後の三国干渉によって、戦勝の結果得た遼東半島の返還を余儀なくされた時にこそ、暴動が起こってしかるべきだったはずである。けれどもあの時は暴動は起こらなかった。明治三十八年の東京は、あの頃よりさらに近代的となっていたのだ。

ポーツマス条約の調印された明治三十八年九月五日、日比谷公園で抗議の集会が開かれた。その後二日間、騒ぎは広まり、特に五日の夕刻から翌六日の夕方までは、暴動は手のつけられぬ有り様となった。暴徒はほしいがままに行動し、警察もこれを止める術《すべ》がなかった。東京は、ごく短い間ではあったけれども、無政府状態と化したのである。交番が襲撃され、官庁や著名人の私邸、新聞社、さらにはアメリカ大使館にまで暴徒が押しかけた。シオドア・ルーズヴェルトが、条約締結に仲介役を果たしたことに憤激したのだ。下町では、キリスト教の教会までが破壊された。死傷者の数は一千を越えたが、半数近くは警官や消防夫だった。犠牲者のいちばん多かったのは、そもそも事件の発端となった麴町区で、同時にここは政府の建物がもっとも集中している区でもあった。そのほか、犠牲者の多かったのは下町の浅草区と本所区で、麴町と合わせると、全死傷者の三分の一に相当する。暴動に参加した連中が、みな政治的理由で行動したとは考えにくい。本所の場合は、いわば新しい貧窮地域で、住民が今や政治的使命に目醒めたのだと見ることもできなくはない。しかし浅草の場合はそんな説明はできない。なるほど豊かではなかったけれども、保守的な職人や小商人が大多数を占める地域だったからである。

ある面では、暴動は驚くほど礼儀正しかった。鹿鳴館や帝国ホテルは西洋化の象徴であり、日比谷公園のすぐ目と鼻の先にあったが、なんの危害も加えられなかった。アメリカ大使館の「襲撃」というのも、過大視しては危険である。確かに前例のないことではあったが、実は穏やかなもので、喚声をあげ、石を投げた程度だった。だから暴動などといっても、本来ならもっと政治的で危険なものともなりえたはずだが、実際にはそれほどのことではなかったのかもしれない。騒動全体を通じて、どこかお祭り気分、遊びの要素があったのである。東京で騒ぎが起こる時には、大抵はどこかそうした気分がある。

とはいえやはり日露戦争は、大きな転機を画すものだったように思える。江戸もまだ、完全に霧の彼方に消え去ってはいなかったけれども、遠ざかってゆくスピードは一挙に加速し始めていた。例の江戸の浦島太郎も、明治の初めから四十年後にひょっこり帰ってきたよりも、日露戦争後の十年間留守をしていて帰ってきた場合のほうが、変化の大きさにもっと驚いたのではあるまいか。文化史でも、政治史上の区分に倣って、天皇の治世の終わりを区切りにするのが慣例だが、明治と大正との区切りは、むしろ日露戦争の直後、かりに明治四十年としたほうが、はるかに鮮明になるのではあるまいか。

IV

デカダンスの退廃

どんな国民も、自分たちは他国の人間とはちがっていると考えたがる。そしてもちろん、他国の連中より優れていると考えたがるのが通例である。けれども徳川の鎖国時代は、日本人は他国とのちがいを強調する機会がほとんどなかった。そこで日本人同士、おたがいの間のちがいを強調することになった。例えば江戸っ子は上方人とのちがいをしきりに口にし、上方人が江戸とのちがいを強調するより熱心だった。ひょっとすると、江戸っ子の劣等感の表れだったのかもしれない。上方は天子様のお膝下だが、江戸は将軍様のお膝下でしかない。だが今日では、どうも大阪人のほうがちがいを気にしているようだ。

徳川時代、三都の特徴をいう諺の類《たぐい》がいろいろあった。そしてなかなか気の利いた、一斑の真実を穿《うが》ったものもある。中でも穿ったのが例の、「京の着倒れ、大坂の食い倒れ」という諺だろう。この伝でゆけば、江戸はさしずめ「見倒れ」ということになるかもしれない。江戸っ子はものを見るのが大好きだった。祭りや縁日、芝居をはじめ、ありとあらゆる見世物、興行の類を好んだ。見世物はいわば江戸文化の中心で、そしてその最上位に位し、江戸の通人の関心の的だったのが歌舞伎である。これとほとんど肩を並べて遊里があった。二つは非常に深く結びついていたから、どちらが上かはほとんど甲乙つけがたい。歌舞伎の名優たちは時代の好尚を左右する民衆的英雄だったし、金さえあれば誰でも歌舞伎見物を楽しめた。例外があったとすれば、武士道で凝り固まった堅物の侍くらいのものだろう。遊里となると、いちばん贅を尽くした大店《おおみせ》などは特に、粋を解し、かつ金のある男しか近づくことはできなかったが、しかし遊里で得られる最上の楽しみは、歌舞伎で得られる楽しみと非常に近いものだった。二つのちがいは、シンフォニーやオペラと室内楽のちがいのようなものとでも言えるだろうか。

文化史家の間では、徳川末期の文化を普通デカダンスと称している。確かに幕府の高級官僚にも、あるいは文明開化の鼓吹者たちにも、幕末の文化はまさしく退廃的と見えた。臆面もなく官能的で思想性のないところが、いかにも嘆かわしいものに思えたのである。かならずしも、こうした人々がまったく石部金吉だったというわけではない。けれども彼らの目からすれば、芸術にしろ演劇にしろ、なにかしら教訓を与え、知的で、人民の志気を鼓舞し、例えば富国強兵とか、はっきりした目的に役立つものでなくてはならなかった。江戸の遺産も、こうした目的に適うものがあればよし、それ以外は一切が消滅するのが世のためだというわけである。

なるほどごく狭い意味でなら、これほど官能の快感を中心とした文化はデカダンスと称すべきかもしれない。芝居にしろ遊里にしろ、どれほど飾り立ててみたところで、その背後にはセックスがあり、なお悪いことにはセックスを提供するということがあった。しかしそれをいうなら、西洋の宮廷風恋愛についても似たようなことは言えるのではあるまいか。それはともかく、いずれにしても江戸文化の粋は、芝居と遊里を抜きにしては理解できない。とすれば、こうした分野がその後どんな運命をたどったかは、明治の東京を語る上で抜かすことのできない問題である。

明治十二年（一八七九年）の夏、グラント将軍夫妻が歌舞伎を見物した話はすでに紹介した。ただ、将軍自身はおそらく知らなかったろうが、実は歌舞伎改良運動に一役買わされていたのである。この頃すでに、歌舞伎は相当大幅に社会的地位が高まっていた。もし将軍が幕府の賓客として来日していたとしたら、歌舞伎に案内するなどということは、誰一人夢にも考えなかったはずである。いや、接待にあたる武士自身、中にはこっそり芝居見物に出かける者もいただろうが、表向きは、芝居を見たことがあるなどとはおくびにも出さなかったにちがいない。歌舞伎は町人のものであって、別世界の出来事だったのである。歌舞伎を「改良」し、上流人士の鑑賞に耐える文化的活動とすることは、だから結局、歌舞伎を町人の手から取り上げることにほかならない。

グラント夫妻が訪れたのは新富座という劇場だったが、この小屋の経営に当たっていたのが十二代目守田勘弥で、明治初期の興行主としてもっとも革新に熱心な人物だった。歌舞伎の主な劇場三座は、例の天保の改革で浅草に移されて以来、維新当時まだそのままだったが、三つのうち、勘弥の座元をつとめる守田座が真っ先に浅草を脱出し、新島原の遊廓跡に移転して、名前もその町名に因んで新富座と改め、新時代の先駆けとなったのである。

勘弥は前々から、劇場を市の中心に戻したいという野望を抱いていた。ただ、できれば隠密裡に実行したいと考えていた。浅草の残りの二座に後を追われたくなかったのである。と

新富座

いうのも勘弥は、古い客層からできるだけ離れたい——なかんずく、魚の仲買人連中のような古い贔屓《ひいき》筋とは縁を切りたいと考えていたからである。この連中は、歌舞伎の改良などには反対するに決まっている。新富町を選んだのも、第一に新興の銀座に近かったこと、それに遊廓が廃止になって以後、目ぼしい施設はなにも出来ず、土地が空いていたということもあった。けれども、役所との関係で移転計画は一頓座する。移転願を受理するには、三座合同で願を出すことが条件と聞かされたのである。しかし勘弥は諦めず、手を回してついに残る二座の連署を手に入れる。ようやく移転が行われたのは、銀座の大火の直後だった。その後の改築によって、銀座が文明開化の最前線に立つことになった経緯はすでに書いたとおりである。

新しく建った新富座は、一見したところごく伝統的な建物に見えるが、細部には建築上いろいろ新機軸があり、例えば銅板葺きの櫓《やぐら》など、歌舞伎好きの讃嘆の的となった。平土間には、洋装のお客の便を考えて椅子席も設けられた。ただ、この第一次の新富座は明治九年に焼失する。グラント夫妻が訪れたのは第二次の新富座で、明治十一年の開場である。

勘弥の改良熱は、内容、舞台機構、経営とあらゆる面に発揮された。特に目新しかったのは照明を一新し、夜の公演を導入したことである。それまで、歌舞伎は昼間しか上演しなかった。道徳上の理由もあったらしいが、実際的な問題として、暗くなってからでは火の心配が大きかったのである。もう一つ、勘弥は第二次新富座の開場に当たって、芝居茶屋の数を一気に減らした。できれば全部廃止したかったのである。茶屋は飲食物ばかりではなく切符も扱い、いい席は茶屋が一手に押さえていた。時間はかかったものの、勘弥は結局、茶屋の全廃に成功する。切符の売り上げを完全に手中に収めなければ、経営の合理化は不可能だ。

勘弥はまた莫大な金を使って、政府の高官や外国人を接待した。明治十一年、第二次新富座の開場式には、あらゆる分野の貴顕たちが、燕尾服に身を固め、舞台の上の椅子に並んだ。総理大臣や知事をはじめとして、将来劇界を担うと嘱望される役者たちもほとんど顔を揃えていた。

演目についても勘弥は大胆な実験を試み、新しい要素を歌舞伎に導入しようとする。特に、九代目団十郎と組んで始めた「活歴物」は有名で、歴史劇の小道具や衣装に歴史そのままの忠実な考証を持ち込んだし、他方、五代目菊五郎は、「散切物《ざんぎりもの》」と称する現代劇で有名となる。例えば毒婦として世間の耳目を集めた高橋お伝、花井お梅、さらには、すでに紹介した気球男スペンサーまで芝居に仕組んでみせたのである。勘弥は、外国人俳優を使った外国物まで実験した。明治十二年、クララ・ホイットニーもこの実験を見たが、横浜から連れてきた外国人女性が甲高い声でヴィブラートをつけてせりふを喋る。ホイットニー嬢は美しい声だと思ったが、「日本人の観客にはこれがたまらなくおかしいらしく、声をあげて大笑いする。腹が立って仕方がなかった」。この実験は経営的にも失敗で、さすがの勘弥の西洋熱もこれ以後冷《さ》めてゆくことになる。

菊五郎の気球男は歌舞伎の演目として残ることはなかったけれども、勘弥の舞台技術の革新は、その後の上演形態に深い影響を残した。江戸の夜はほとんど真っ暗闇に近かったが、今の東京はほとんどまぶしいくらいの照明である。勘弥はいわばこの変化を舞台の上に先取りしたのだ。第二次の新富座にはガス灯が持ち込まれた。ただし劇場にガス灯を入れたのは、かならずしも勘弥が最初ではなかったらしい。E・S・モースは明治十年、歌舞伎見物をした時の模様をこう書いている。劇場はおそらく、まだ浅草に残っていた二座のうちのどちらかだろう。

客席より一段高くなった通路に登場すると、役者たちはいかにも大仰な身振りで大股に歩み、ふんぞり返る。中でもいちばん身分の高そうな役者の傍には、いつも少年が付き随っていて、長い柄のついた蠟燭を役者の顔の前にかかげて顔を照らしている。役者がどんな方向を向こうと、少年も素早く動いて、いつでも顔の前に蠟燭を持ってゆくのだ。……フットライトも五個あった。ただガス灯を棒のように立てただけで、高さは三フィート位、シェードも覆いもつけていない。ごく最近始めた新しい装置で、このまぶしいガス灯を使うようになる前は、役者一人一人にみな少年がつき、顔を照らしていたのである。

（『日本その日その日』）

保守的な役者たちはまだ、江戸の版画や手書本に誌されているとおりの古い型に従おうと試みていたが、照明の明るさは歌舞伎を完全に変えてしまった。

勘弥はまた、先程も言うとおり夜の興行という新機軸を導入した。お役所も、明るい新式の照明のほうが古い蠟燭より火事の危険が少ないと考え、許可したのである。江戸から明治の初年にかけては、芝居は時には朝の七時から始まり、夕方までできるだけ演目を詰め込んだ。考えてみれば、自然光と蠟燭の光しかないとなれば、古い歌舞伎の舞台にはどれ程重く薄闇が垂れ込めていたか、想像もできようというものである。勘弥をはじめ、革新派の努力で歌舞伎は良くなったと言えるのか、それとも悪くなったのか、いずれにしても変わったことだけは確かなことだ。

勘弥が活躍した時代は、いわゆる演劇改良運動の時代だった。その目的とするところは、改良家たちが幕末の野卑、卑俗と見なしたものを歌舞伎から放逐し、上流人士の鑑賞に耐える芸術とすることにあった。下層の観客は、その気さえあれば、能力に応じて随《つ》いて来ればよろしいというわけである。

すでに早くも明治五年、役所は歌舞伎にたいして軽佻、好色のふうを廃すべきこと、人心の教化に資すべきことを勧告している。改良論の先頭に立ったのは、ほかならぬ団十郎自身だった。第二次新富座の開場式で、団十郎はモーニングに縞のズボンといういでたちで、役者一同を代表し、挨拶の言葉を読み上げた。

> 顧るに近時の劇風たる、世俗の濁を汲み、鄙陋の臭を好む。彼の勧懲の妙理を失ひ、徒らに狂奇にのみ是れ陥り、其下流に趣く、蓋し此時よりも甚しきはなし。団十郎等深く之を憂ひ、相与に謀りて奮然此流弊を一洗せんことを冀《こ》ひ……。

鹿鳴館時代に入ると、改良の動きは「演劇改良会」という正式の組織にまとまり、朝野を挙げての運動となる。イギリスでは、ギルバート＝サリヴァンの喜歌劇『ミカド』が初演された直後に当たるが、実はこの二つの出来事の間には関係があったようだ。鹿鳴館に集まる人々の間では『ミカド』のことが話題になり、この喜歌劇の日本の扱い方は国辱的であるという議論がもっぱらだった。この屈辱に報復するには、外国人もいやでも感服せざるをえないような日本演劇を創造するにしくはない――人々はそう考えたのである。こうして演劇改良会の創立者には、外務大臣や文部大臣も顔を揃えることになった。古い歌舞伎はその猥褻、卑俗を捨て、国の内外を問わず紳士淑女の鑑賞するにふさわしい、高尚なる演劇をもってこれに代えなければならない。

しかしこうした改良運動も、少なくともレパートリーに関しては、後々まで残るような影響はほとんど与えなかった。団十郎もやがて「活歴」からは遠ざかる。もともと活歴は始まった時からして人気がなく、わけがわからぬという観客が多かった。森鷗外も、劇場に入る時には耳にコルクを詰めたほうがよいと酷評している。団十郎は姿はいいが、せりふは聞くに耐えないというのである。

けれども、良かったか悪かったかはともかく、歌舞伎を広く社会に受け入れられるものとするという努力は成功した。歌舞伎に限らず、天覧の栄に浴するというのは社会的地位を確立した証《あか》しとなったが、天皇は側近の勧めるままに勤勉に各種の興行に臨席して、さまざまの娯楽が社会的地位の証しを手に入れた。例えば明治十七年、天皇は浜離宮で相撲を御覧になった。最後の大取組は、誰の面目も潰さぬように、めでたく引き分けに終わったという。天皇はまた寄席の演芸も御覧になり、そして明治二十年、外務大臣井上馨の私邸で歌舞伎上演に御臨席になった。勘弥が上演の段取りを取りしきり、座頭は団十郎がつとめた。一日目の天覧公演は午後から夕刻いっぱい続き、天皇が退出されたのはほとんど真夜中に近かった。団十郎は花道がないのが不満で、これではまともな芝居はできないと文句をつけたが、しかしもちろん天覧舞台とあっては公演を中止することなどできない。二日目は皇后陛下が観劇され、その後さらに二日間、各皇族のために上演が続けられた。天皇御自身はあまり反応を示されなかったけれども、皇后は「寺子屋」のわが子を殺害する場面であまり烈しくお泣きになるので、あわてた勘弥は役者たちに、芝居を抑えるよう言ったと伝えられる。

明治の後半になっても、歌舞伎が遊里と並んで、依然として下町の上流社会の中心だったことに変わりはない。例えば木場の材木問屋が、小山内薫の『大川端』にもあるように、まだ歌舞伎の贔屓筋でありえたのである。しかし今日では、こんな例はまず見当たらないだろう。現代の歌舞伎役者にパトロンがいるとすれば、山の手の大会社の重役といったところである。こうした事実そのものが、歌舞伎改良論者が結局いかに成功したかを物語っている。歌舞伎役者は、今やエリートにも受け入れられる芸術家となったのである。こういう変化が定着してゆく過程で、古い下町との結びつきは切れてしまった。歌舞伎は今でも花柳界と縁が深いが、花柳界もまた下町との結びつきを断ってしまった。景気よく大金を使うお得意様の中に、もう江東の住人は見つかりそうにもない。

団十郎は新時代のエリートに媚び、歌舞伎の生みの親たる庶民文化に背を向けたと批判されることが多い。歌舞伎の上に起こった変化を、もっぱら団十郎の責任にすべきかどうかはともかく、劇界をめぐる社会的背景の変化のうちに、古い町人文化の四散を見ることができる点だけは確かだろう。

守田勘弥の得意の時代は、菊五郎が気球に乗ってみせた頃にはすでに絶頂を過ぎていた。気球男の芝居が掛かったのは歌舞伎座である。明治二十二年、東銀座の現在の敷地に開場した歌舞伎座は、やや地味なルネッサンス様式の洋風建築だが、細部には伝統的な要素を取り込もうとした形跡が見える。例えば切妻《きりづま》屋根に作りつけた装飾は、写真で見ると、神社の棟木を模したような印象を受ける。内部について言えば、新富座とちがっていたのは第一に大きさで、はるかに大規模な劇場だった。新富座が劇界の中心をなした時代は意外に短く、歌舞伎座はたちまち東京の歌舞伎の中心となり、そして現在までその地位を保っている。明治十九年に生まれた谷崎潤一郎は、母に連れられ、歌舞伎座に通った思い出をこう回想している。

私は、母と一緒に南茅場町の家から、胸をわくわくさせながら築地の方角へ人力車を走らせた当時の心境を思ひ出す。母は、明治の初年に一時新島原と云ふ遊廓のあつた新富町のことを、未だに「島原」と呼んでゐたが、桜橋を渡つて、その頃は新富座が建つてゐた島原を過ぎて、築地橋の手前を築地川の岸に沿うて南へ曲り、亀井橋の辺まで来ると早く

歌舞伎座（明治35年　石版）

も歌舞伎座の屋根の頂上の、円筒形を成してゐる部分が見え出す。歌舞伎座が出来たのは明治廿二年であるから、その時分はまだ創立後漸く四五年を経た頃であつた。座附の茶屋は十一軒あつて、開場中は楼上に花を染めた幔幕を引いてゐたが、私たちは常に菊岡と云ふ茶屋に俥をつけた。そして座敷に一と休みする間もなく、茶屋の女に急き立てられていそいそとしながら福草履《ふくざうり》を突つかけ、渡りの板を踏んで小屋に這入つた。私は又、草履を脱いで歌舞伎座の廊下へ上ると、すべすべした板の間が妙に足袋の底に冷めたい感触を与へたことを思ひ出す。いつたいに昔の小屋は木戸をくゞつた時の空気が肌寒く、晴れ着の裾や袂から、風がすうツと薄荷《はくか》のやうに襟元や腋の下へ沁みた。でもその肌寒さは恰も梅見頃の陽気の爽かさに似て、ぞくぞくしながらもこゝちよく、「もう幕が開いてゐるんだよ」と母に促がされながら、慌てゝ廊下を走つて行つたものであつた。(『幼少時代』)

けれども改良論者たちは、この歌舞伎座でも満足できなかった。歌舞伎座が開場してもまだ、上流人士が上流人士だけで伝統演劇を鑑賞する劇場がなかったからである。そこで明治もいよいよ最後の四十四年、お濠端に帝国劇場が開場する。計画が始まったのは明治三十九年、渋沢栄一が中心だった。明治の実業家の中でももっとも精力的、かつ多面的な活動で知られる渋沢は、天保十一年(一八四〇年)、現在の埼玉県の生まれで、日本橋に生まれ育った人々から見れば田舎者だったかもしれないけれども、新興の首都東京で成功したのが大阪人だけではなかったことの証拠にはなる。あらゆる所に顔を出し、あらゆる方面で活躍して、例えば日本銀行の設立にも一役買い、日本最初の株式会社組織による銀行、第一国立銀行(後の第一銀行)を創立したほか、王子製紙、日本郵船、あるいは東北地方に鉄道を開通させた私鉄の設立にも当たっている。帝劇建設の発起人には、この渋沢のほか、西園寺公や伊藤博文も名を連ねていた。

この時建った初代の帝劇は、昭和二十年の大空襲にも焼け残ったが、フランス風の大理石造りの建築で、内部にはタペストリーを張りめぐらし、千七百の椅子席が設けられた。最初は劇場付きの歌舞伎の劇団があったけれども、歌舞伎の劇場としては人気が出ず、むしろ特別公演がよく行われ、特に大震災前には、例えばロシアのバレリーナとして有名なアンナ・パヴロヴァなどが来演している。

その間にも、演劇は巨大なビジネスになり始めていた。そしてここでもまた、大阪人が主導権を握っていた。実際、興行とジャーナリズムの分野は、大阪資本が東京を征服した例として典型的な分野だろう。ただ、大阪資本の東京征服というのは、よく言われているわりには、その実態を突き止めようとすると意外にむずかしい。ともかく大阪資本がいちばん成功したのは、どうやら危険が大きく、資本投下率の低い分野だったようだ。いずれにしても大阪の興行資本、松竹は、明治の末には新富座を買い取り、大正元年には歌舞伎座まで買収して、以後、歌舞伎界全体を支配することになる。

けれども、大劇場だけが劇場ではなかったし、主な三座が去って浅草から歌舞伎が消えてしまったわけでもない。宮戸座という名前は、古い時代の芝居を知っている人々には大いに郷愁を掻き立てる名前のようで、というのも芝居通が口を揃えて言うところでは、この小屋こそ江戸歌舞伎の伝統をもっともよく継承していたからである。明治二十九年、浅草寺の北にあった劇場が破産し、名を宮戸座と改めて再開した。「みやと」は隅田川の古称である。明治歌舞伎の大名題は、さすがにこんな小屋で演じることはなかったけれども、それほど有名ではなくとも有能で、そしてもっと伝統的な役者たちが数多くここの舞台を踏んだし、やがて大正時代に頭角を現すことになる役者が、ここで修業を積んだというケースも多い。宮戸座は大震災で一度は焼け落ちたが、再建され、昭和十二年、ついに幕を閉じる。これ以後、浅草にこんな小屋は二度と出来なかった。浅草ばかりではない。東京中のどこにも、こういう芝居小屋はもう二度とは生まれなかった。

劇場の経営は危険が大きく、不安定な商売だったが、それでも永く生き延びた劇場もいくつかはある。市村座と中村座は、火災後の再建工事中は別として、明治を通じて最後まで芝居を打ち続けた。明治に出来た歌舞伎劇場のうち、今日まで残っている所は二つ——日本橋浜町の明治座、それに歌舞伎座である。ただし、どちらも元の建物ではない。明治座の開場は最初の新富座の建った時代で、だからすでに百年近い歴史を経ているわけだ。

歌舞伎は上品な、さらには高尚なものにすら「改良」されてしまった。劇としての内容もさることながら、さまざまな社会情勢の絡み合った一つの社会現象として見る時、歌舞伎は完全に変わってしまった。そして歌舞伎が江戸・東京の文化にとって決定的な意味を持つものだった以上、この都市の文化そのものもまた変化せざるをえなかった。もちろん変化は一挙にして起こったのではない。けれども歌舞伎が天覧の光栄を得た時、一つの重要な変化があったのだ。そして次には帝劇が開場した時、なにかしら重要な変化が生じたのだ。この時ついに上流人士は、おたがい顔見知りの選ばれた者同士として、彼らだけで安んじて伝統演劇を見る場所を手に入れたのである。下町文化は、ほんの二、三十年前まであれほど重要だった要素をこうして失ってしまったのだ。この変化によって利益を受けた人もいれば、場所もあった。けれども、ほとんど誰にも害など与えず、むしろ多くの人々の趣味を洗練し、心を高める効果さえあったものが、こうして失われてしまったというのは悲しい。やがて江戸っ子の末裔は、同じ見倒れするにしても野球で見倒れすることになる。歌舞伎に入れあげて身を滅ぼすのにくらべれば、これではやはりいささか侘しい道楽というものかもしれない。

江戸の町人の育てた芸術のうちで、いちばん活力に溢れていたのは歌舞伎だったが、しかし歌舞伎は入場料が高かった。大勢のお客を集めたという点では、歌舞伎よりも寄席である。寄席はまさに庶民の演芸で、歌舞伎のいちばん安い席とくらべても、ほぼ半分の入場料で楽しめた。江戸の庶民は、狭くて騒々しい家から逃げ出したいと思う時には、銭湯でなければ寄席に出かけた。

岡本綺堂も、晩年、下町の生活で寄席がどんな意味を持っていたかについて、こう書いている。

今日と違つて、娯楽機関の少ない江戸以来の東京人は芝居と寄席を普通の保養場所と心得てゐた。殊に交通機関は発達せず、電車もバスも円タクもなく、わづかに下町の大通りに鉄道馬車が開通してゐるに過ぎない時代にあつては、日が暮れてから滅多に銀座や浅草まで出かけるわけには行かない。先づは近所の夜見世か縁日ぐらゐを散歩するに留まつてゐた。その人々に取つては、寄席が唯一つの保養場所であつた。自宅にゐても退屈、さりとて近所の家々を毎晩訪問するのも気の毒、殊に雨でも降る晩には夜見世のそゞろ歩きも出来ない。こんな晩には寄席へでも行くのほかは無い。

（「明治時代の寄席」、『綺堂劇談』所収）

小山内薫の『大川端』に出てくる芸者の父親は、毎日午後になると寄席に出かけて講談を聞く。長谷川時雨も近所の人の中に、朝は銭湯、午後は寄席に行くのを日課にしている人がいたと回想している。

寄席の数は明治を通じて増減を繰り返したが、十五区を合わせて百を下ることはなかったし、時には二百に達することすらあった。特に集中していたのは、下町のあまり豊かではない地域で、明治十五年の記録では芝に十七軒、神田に二十二軒、明治四十年にはそれぞれ十六軒、十七軒となっている。

落語の中でも特に優れたものは、むしろ文学と呼べるかもしれない。明治の落語家としていちばん有名なのは三遊亭円朝だろうが、文学史家は近代口語散文体の先駆者と見なしている。天保十年（一八三九年）湯島の生まれで、明治三十年代の初めまで活躍したが、歌舞伎の団十郎に相当する役割を果たしたと言えるかもしれない。円朝もまた落語を「改良」し、上流社会に受け入れられるものにしようと企てたのである。例えば勧善懲悪的な歴史物を創作したり、西洋文学の翻案なども試みた。有名になったわりには人気がともなわなかった点でも、やはり団十郎に似ている。同時に円朝は自己宣伝も巧みで、天皇の御前で一席勤めるように求められたと称していたが、しかし最近の研究ではこの話は疑問だとされている。年代的にいって、天皇が各種の演芸を御覧になった時期と一致しない。おそらく後年、円朝が勝手に作った話だろう。そして誰も、わざわざこの話を疑ってみる必要は感じなかったということだろう。

円朝の努力にもかかわらず、落語は歌舞伎ほど上品な、格式のある芸能にはならなかった。上流階級の手に移って、職人や小商人が居心地の悪い思いをしなければならぬような、そんな羽目にはならずにすんだのである。荷風は若い頃、寄席の芸人になろうとしたことがあったが、告げ口をする者がいて家に連れ戻され、やがて海外へ追いやられることになった。歌舞伎の台本作者になろうとした時も、家族はやはり反対はしたけれども、もし荷風があくまで台本書きになると言い張っていたとしたら、すでに改良されていた歌舞伎のほうが、開化されない寄席より、許される見込みはまだしも大きかったかもしれない。

円朝が大きな仕事を残したことはやはり認めておかなければならないが、しかし彼も、寄席の最後の黄金時代を作り出したいくたの名人の一人にすぎなかった。ただこの黄金時代も、明治の三十年代に入ると翳りを見せ始める。とはいえ明治の黄金時代も、いずれにしても江戸後期ほどではなかったとは言えるかもしれない。天保の改革に当たった人々は、いかにも清教徒流に愉快を退廃と同断して、かつては市中到る所に散在していた寄席を、三〇分の一にまで減らしてしまった。江戸の最盛期には五百以上の寄席があったというが、明治時代の寄席がそんな数に達したことは一度もなかった。江戸には町内ごとに寄席があったといわれるが、かならずしも単なる誇張ではなかったのである。

明治の末以来、痛ましいまでに衰えてしまったとはいえ、江戸や明治の最盛期、寄席がどんな様子だったか想像するよすがは、今でもまったく残っていないわけではない。今日の大衆娯楽に較べれば、どの点から見てもはるかに優れていたことは確かだろう。講談にしろ落語にしろ、たった一人でさまざまの人物を演じ分ける語りの芸は、まことに見事と言うほかない。後に現れる無声映画の「活弁」なども、日本独自の特異な芸だが、寄席の話芸を継承したものと見ることができる。今でも時に寄席で演じられることがあるが、あらゆる登場人物を明快、的確に語り分けるその技倆には舌を巻く。現在の大衆芸能はもっぱら歌手、それに漫談——というか、むしろ単なるトークに独占されているけれども、彼らは別に何かの人物に扮するのでもなく、たまには面白いこともなくはないが、大抵は面白くもおかしくもない。文化一般が大衆化し、下町のしっかりと親密にまとまった共同体が霧消してしまうにつれて、芸能にもまたこうした現象が起こるというのは、おそらく避けられないことではあるのだろうが、やはり淋しい話ではある。

今日僅かに残っている寄席は、明治の標準からすれば大きすぎる。明治の頃は、普通の寄席はもっと小ぢんまりしていて身近だった。例えばどこか路地の奥の、誰か個人の家が一軒か二軒、火事で焼けるとか朽ちて壊れた跡に、何ということもなく寄席が出来たという感じだったのである。明治の名人と言われる人々も、ごく少ないお客を相手に、いわば膝を突き合わせるようにして語ったらしい。理想的なのは百人位とされたようだ。百人より少ないと、いかにも入りが悪いように見えるし、逆に百人を越えると、お客との親密な関係が損なわれるとされたのである。実際、あんまり人がつめかけすぎると、名のある咄家は、出番を弟子に任せ、もっと落ち着いた雰囲気になるまで待ったという。

江戸や東京の庶民には、歌舞伎や寄席のほかにも見る楽しみはいろいろあった。大きなお寺や神社の境内も楽しみの場所の一つで、中でもいちばん賑わった浅草寺の境内などは、雑多をきわめた芸能の一大中心地をなしていた。チェンバレン゠メイソン編の日本案内記もこう書いている。

人気のある寺院はぜひ訪問すべき所である。というのもこうした場所は中・下層階級の人々が休みの日には大挙して繰り出す場所で、敬虔と遊楽、豪奢な祭壇とグロテスクな奉納額、美しい衣装と薄汚れた偶像が雑然と同居し、下駄の音、参詣人の間をわがもの顔に歩き回る鶏や鳩、駈け回る子供たち、兵隊が煙草をふかしている傍では、参拝客がお守りを売る男と声高に値段を掛け引きし、古くからの芸能があるかと思えば近代的な宣伝があり――要するに、これほど変化と多様をきわめた光景が、宗教的な礼拝の場所で見られる例はかつてどこにもない。……

浅草寺の境内ほどものめずらしく活気に溢れた所は東京のどこにもない。のぞきからくりがあり、安芝居があり、猿回しがあり、安直な写真屋が客を引き、大道芸人、手品師、相撲取り、あるいは等身大の泥人形があるかと思えば、ありとあらゆる種類の玩具や飴を売る屋台が並び、そしてこうした見世物や物売りの間を縫って、せわしなく行きかう行楽客の群れが沸き返っている。

浅草が盛り場としてもっとも栄えたのは、観音様のほかに吉原と劇場があったからだが、ほかにもこうした盛り場として、上野の寛永寺や芝の増上寺、それに両国の回向院《えこういん》などがあった。浅草にしろ上野、両国にしろ広小路があって、元来は火災の際、延焼を食い止めるために家並みを立ちのかせた所だが、明治になると、浅草がますます栄えるにつれ、上野や両国の広小路は勢いを失った。浅草でも、屋台や見世物は、やがて境内から浅草公園の西の端に移ってゆく。

見世物の中にはかなりいかがわしい、グロテスクなものもあったようだ。浅草の大きなお祭りには、いつも「蜘蛛男」と称する男が出て人気を博していた。顔は老人だが、身の丈は二尺余、腕と脚は赤ん坊のようだったという。浅草にはまた、臍《へそ》で煙草をふかす女がいた。画家の岸田劉生は子供の頃（ということはつまり、明治三十年前後に当たる）、銀座で見た人形芝居の思い出を書いているが、その中には、鬼婆が妊婦の腹を切り割いて胎児を食ってしまう——というか、人形だからその場で食べて見せることはできないので、家に持って帰って晩飯にしようと言う場面などがあったという。

こうした見世物は、薬などを売る呼び物の場合もあったが、ただ見物人がいくばくかの金を投げてくれるのを待つという場合も多かった。大きな神社にはお神楽《かぐら》の舞台もあったが、谷崎の思い出の伝えるところによると、演目は神楽そのものに限られてはいなかったようだ。

今は東京市内の神社で神楽堂を備へてゐるものは、殆どなくなつたであらうし、まして祭礼や縁日の日に神楽を奏するやうな行事は、滅びてしまつたことであらう。尤も今の子供たちにあの頃のお神楽を見せたところで、何の変哲もない詰まらないものだと感じるであらうが、私は此の頃になつて、もう一度あの時分の人形町や茅場町の、のんびりとした春の日永に、馬鹿やひよつとこの面《めん》を被り、笛や太鼓の音に合せて素朴な踊を踊つてゐたあのお神楽の雰囲気に、何とかして再び遇ふことは出来ないものかとたまらなく懐しく思ふ。……私が最もしば〳〵見たのは、毎月の八日の晩に、町内の明徳稲荷のお神楽堂で行はれた茶番であつた。つまり明徳稲荷では、縁日の日に、たまにはお神楽を奉納することもあつたけれども、大概の月は代りに茶番狂言の催しをしたのであつた。出演者はそれ〲別に本職のあるしろうと連中ではあつたが、矢張座頭《ざがしら》のやうな男があつて、寿々女《すゞめ》と云ふ芸名を持ち、弟子たちからは親方々々と呼ばれてゐた。……

その時分、と云ふのは明治卅年の春、お茶の水のおこの殺しと云ふ有名な事件があつたことを、私と同年配ぐらゐの老人は多分記憶してゐるであらう。それは牛込若宮町に住む福島県人松平紀義《のりよし》四十一歳なる者が、小金を溜めてゐる酌婦上りの内縁の妻御世梅《ごぜうめ》このを、四月廿六日の毘沙門の縁日の夜に殺害し、見分けがつかぬやうに顔面に数条の疵《きず》を刻み込んで、死体を裸かにして縄でくゝつて菰包に入れ、お茶の水から神田川へ投げ込んだところ、菰包は川まで達せず、五尺ほど手前の地上に転がつてゐたので、忽ち発見されて大騒ぎとなり、紀義は間もなく逮捕されるに至つた。新聞が此の事件を大々的に報道したのは云ふ迄もないが、当時ずたずたに切れ目を入れられたおこの顔の手札型の写真は、俳優や芸者の写真と並んで方々の店頭で売つてゐたので、私も水天宮の縁日で、しば〲露店に曝されてゐるのを見たことがあつた。……これを壮士芝居が取り上げないでゐる筈はなく、早くも同年の六月に、伊井蓉峰と山口定雄合同の一座が「大評判」と云ふ外題で脚色し、「滑稽地獄廻り」と共に市村座で上演した。……山口定雄が紀義で、河合武雄がおこのに扮した……。と、恐らくそれから一ケ月後であつたらう、寿々女の一座が明徳稲荷お神楽堂で、山口と河合のしぐさを真似て此の事件を演じて見せた。……おこのが男に毒づいて憎たらしい雑言を吐き、金切り声で罵り散らす工合など、努めて河合そつくりに演じたものらしく、可なり上手にやつてゐた。紀義はとう〳〵我慢がなりかねて、おこのの頸を締めて殺す。そして、屍骸の顔に刃物で何段も疵を刻んで行くところも、実に念入りを極めてゐたが、次にはその首を、髷を摑んで見物の方へ持ち上げて見せた。

今考へると、よくこんな芝居を大道《だいだう》のお神楽堂で堂々と演じさせたものだと思ふが、何しろおこのの写真までが平気で店頭に飾られてゐた時代であるから、さう云ふことも有り得たのであらう。　（『幼少時代』）

明治の犯罪のうちでも、特に世間の注目を集めた猟奇的な事件はすべて芝居に仕組まれたし、すべて女性が絡んでいた。女が殺された事件は、芝居でも通俗小説でもいい材料になったけれども、女が殺した事件となればなおさらである。例えば原田絹の事件で、お絹は通称「夜嵐のお絹」と呼ばれたが、小塚原の刑場に向かう時に作った辞世の句にちなんだ名である。

夜嵐にさめてあとなし花の夢

お絹は明治五年の春の初めに首を刎《は》ねられた。当時はまだ昔ながらに晒し首という風習が残っていて、W・E・グリフィスも、初めて横浜から東京へ旅をした途次、鈴ヶ森で首の晒されているのを見たと伝えている。新聞の記事によると、お絹の首は不気味な、この世ならぬ美しさだったという。お絹は小藩の大名の側室だったが、維新後は自活するほか道はなく、ある質屋の妾になっていた。ところが、ある歌舞伎役者を見染めて、当時は世間も認めていた風習だが、その役者を買った。けれども単なる遊び以上に深入りし、明治四年のある冬の朝、役者と一緒になろうとして質屋に猫いらずを盛ったのである。お絹にも同情できなくはない。維新の革命でもっとも大きな犠牲を強いられた階層の出だからである。

明治の毒婦としていちばん有名なのは、やはり高橋お伝だろう。舞台でも小説でも非常な人気を博した。明治十二年、市ヶ谷監獄で首を刎ねられたが、お伝もまた下級武士層の出である。お伝の凶状は通俗小説などではかなり誇張されていると思われるが、ついに市ヶ谷送りとなった殺人の前にも、一度ならず毒殺を犯したとされている。しかしこうした話には証拠が乏しい。死刑の対象になったのは、ある浅草の旅籠で古着屋の喉を掻き切った殺人罪である。動機は単なる色恋沙汰ではなかった。維新後、お伝は身を売って暮らしを立てていたが、いちばんの贔屓の旦那の借金を払うために古着屋を襲ったのである。処刑人はお絹の首も刎ねた有名な首斬り役人、山田浅右衛門だったが、お伝の処刑は彼に与えられた最後の仕

高橋お伝の処刑（明治12年　木版）

事となった。この時は手許を狂わせ、重傷を負わせた後でようやくとどめを刺した。新聞によると、凄まじい悲鳴だったという。お伝も辞世を残している。

しばらくも望みなき世にあらんより
　渡し急げや三途《みつ》の河守

谷中の墓地にあるお伝の墓にはこの歌が刻まれているが、いかにも哀れな墓で、公衆便所のすぐ傍にあり、墓地の端にしがみつくようにして建っている。ただ墓石そのものは相当に立派で、これにはほろ苦い皮肉もある。明治十四年に建ったこの墓石は、当時の有名な劇場人、新聞人をほぼ網羅した人々の寄付によって出来たもので、世話人は仮名垣魯文だった。お伝の処刑後わずか一カ月で、お伝のセンセイショナルな一代記を出版した人物である。

こうした女たちの中で、いちばんロマンティックなのは花井お梅だ。三人の中で、有名になった後も生き延びたのはこのお梅ひとりである。お梅の場合は、よく言われているとおり、加害者というよりむしろ被害者だった。やはり下級武士の家の出で、柳橋や新橋で芸者として働いた後、日本橋の浜町に自分の店を開いた。ところが雇い人の箱屋の峰吉が、お梅ばかりか店まで自分のものにしようと企んで彼女を苦しめた。明治二十年の初夏の夜、峰吉の呼び出しに応じて大川端に出向いたお梅は、峰吉の持っていた出刃庖丁を奪い取って、男を三度刺した。そぼ降る雨の中、柳の下の凶行だった。ただ問題は、このロマンティックな情景にはいささか水を差す話だけれども、最初に庖丁を持っていたのは峰吉ではなく、逆にお梅だったともいう。お梅は終身刑を宣告されたが、明治三十六年になって釈放され、その後は旅役者の一団に加わった。いちばんの当たり役が、かつて自身の演じたあの劇的な情景だったことは言うまでもない。お梅は大正四年、四谷の貧民街で世を去った。

谷崎が子供の頃に見た茶番では、殺すほうも殺されるほうも男が演じていた。とすると、当時としては「前衛的」な劇にも、歌舞伎の手法がまだいろいろと残っていたことがわかる。明治二十三年、男女が同じ舞台に立つことを許可する旨の通達が出た。当時の歌舞伎を代表する役者のうち、団十郎はこれに賛成だったが、菊五郎は反対した。男女の混浴や、男と女の相撲などは文明開化にそぐわないとされた当時の情況を考えれば、男優と女優の共演を認めるこの新しい方針は、相当に革命的だったと言うべきかもしれない。

これまで、女性はいつでも芸能の世界で重要な役割を果たしていた。花柳界の座敷芸は圧倒的に女性中心だったし、また明治も後半に入ると有名な女優が現れ、さらに大正ともなると、時代のシンボル的存在となった女優もめずらしくはなくなる。女性だけの芸能として、明治期、特に人気のあったのは娘義太夫で、なかんずく学生の間に熱狂的な支持者が多かった。当時の学生にはひどくエロティックに思えたらしい。流行の最盛期に当たる明治三十三年当時、東京だけで千人以上の娘義太夫がいたといわれる。

ほかの芸能にくらべて、音楽はなかなか西洋化しなかった。娘義太夫の流行がやがて衰えたのも、別に新しい洋風の音楽に取って代わられたからではなく、むしろ別の伝統的な音楽があらたな流行になったからだった。けれども明治時代にもすでに、近代的な通俗音楽の萌芽がなくはない。演歌である。

演歌師が初めて現れたのは明治の中頃、東京でのことだった。昭和の初期まではまだ姿を見かけたという。頭と足許だけは洋風で、山高帽と靴、それにいつでもヴァイオリンで弾き語りをしたけれども、そのほかは和服で街角に立ち、時事的な歌をうたって小銭をかせいだ。レパートリーには色恋の歌もあったが（ここから艶歌という当て字も生まれる）、最初はむしろ政治的、諷刺的な歌がもっぱらだった。今でいうヒット曲に当たるものとして「松の声」というのがある。女学生のデカダンぶりを諷刺した歌で、これなどはむしろ艶歌とは正反対と言えるかもしれない。後に日本の代表的なテノールとなる藤原義江も、最初はこの「松の声」を歌った男に弟子入りし、まず演歌師として歌手生活を始めたのである。

花見や芝居と並んで、明治の東京人のもう一つの楽しみは相撲だった。だが相撲もまた変化を経験しなければならなかった。江戸時代には、相撲も男だけの楽しみで、女性が見ることを許されたのは千秋楽の一日だけに限られていた。これには漠然とながら、宗教的な儀礼の清浄を守るという意識があったらしい。けれども明治五年以後、初日以外はいつでも女性も見ることが許され、明治十年には初日も見てよいことになる。それでも土俵の上だけは別で、今でも女性は足を踏み入れることは許されない。

相撲もまた、天覧の栄に浴することで社会的地位を保障されたことはすでに述べたとおりである。明治の初めには相撲は衰微していたようだが、中期以後はかつてない盛況を見た。かならずしも天覧相撲のせいではなく、むしろ稀代の名力士、常陸《ひたち》山、梅ヶ谷が同時に現れて技を競ったためらしい。

明治四十二年、相撲界は国技館という、スポーツ施設としては東京一――というより、東洋最大の競技場を建設する。それまで相撲興行はほんの掛け小屋程度の所で行われ、天気が悪いと中止しなければならなかったのにくらべれば、まさに大変な改善である。だが両国に敷地が決まるまでには、実は場所選びに永い時間がかかった。丸の内が候補に上がったこともあったが、昔から相撲が本拠地としてきた下町から遠すぎるということでこの案は潰れ、結局、両国の回向院の敷地に決まったのである。明治の国技館は、大正六年の火災で内部が黒焦げになり、震災でまたしても大きな被害を受けて、その後同じ敷地に再建される。

相撲の近代化は、また別の面でも起こった。力士の「人権」が焦眉の問題となったのである。力士の養成にしろ興行の方法にしろ、昔ながらの権威主義的なやり方は、文明開化の新時代にはそぐわないという議論が高まり、回向院に本拠を置く東京の角界は、明治六年この問題をめぐって分裂。「人権」派は一旦名古屋に本拠を移したが、すぐまた東京に帰り、秋葉原で場所を開いた。明治十一年、同じ東京に二つの派が併立しているのは、治安を乱す惧れがあると見た警察当局が仲介に入り、両派は政府の認可のもとに合同する。ただ進歩派の力士の中には、これに参加することを拒んだ者も少なくなかった。

こうして分裂派も本流としての地位を獲得したけれども、やがて今度は彼ら自身がストライキを打たれることになる。明治二十八年のことで、直接のきっかけは勝負の判定をめぐるいざこざだったが、本当の原因は、実権を握っている連中の権威主義にたいする不満だった。ストライキは一応の功を奏し、かつて分裂派の一員だった一族の頭目から権力を奪うことに成功した。とはいえ基本的には、相撲界は現在に到るまで保守的な体質を保っていて、経営の方法もかつての歌舞伎と似た方式を今も取り続けている。

明治の初め（正確な年代は諸説があってにわかに断定しにくいが）、今にして思えばまことに重大な意味を持つ事件が起こった。影響を及ぼした人の数からいって、これほどに日本人の生活に大きな影響を与えた事件はそう多くはないかもしれない。一本のバットとボール数個が横浜の港に荷上げされて、日本に野球をもたらしたのである。最初の頃のゲームは相当に貴族的で、徳川一族の中でも名門を誇る田安家の屋敷で行われた。初期の日本の野球界を牛耳っていたのは「新橋クラブ」と称するチームで、政府お雇いのアメリカ人が多く参加している。この頃のキャッチャーはかなり危険だったにちがいない。バットとボールは届いたが、ミットもプロテクターもまだ届いてはいなかったからである。

明治も中頃になると、市内のあちこちにチームが出来、学校のチームも生まれた。この時代のリーダーは一高である。早慶戦の始まったのは明治三十六年だったが、三十九年の早慶戦ではスタンドがあまりに殺気立ったので、以後、大正も終わりになるまでシリーズは中止になった。

明治二十九年、日本の学生チームと横浜のアメリカ人チームとが対戦したが、これが初めての国際試合だったとされている。この時は日本チームの勝ちに終わった。明治三十八年には、日本の大学チームが初めてアメリカに遠征し、この二年後にはハワイのセミプロのチームが、外国チームとして初めて来日している。野球の試合に入場料を取ったのは、このハワイ・チーム来日の時が初めてだった。

野球はチーム・スポーツであるという点で、日本人にとっては非常に新しいものだった。

日本古来の競技は、みな個人対個人の競技だったからである。ところがこの野球が、外国から入ってきたスポーツは多々ある中で、なぜ現在のように広く愛好され、ほとんど相撲に代わって新しい国技になる勢いさえ見せているのか、理由はただあれこれ臆測してみるしかない。明治の初めなら、むしろクリケットのほうが流行しそうに思えたはずである。当時はイギリス熱が強かったからだ。しかしクリケットは現在、外国の主だったスポーツの中で、日本人が全然興味を示さないほぼ唯一の競技である。

相撲は明治の末以来「国技」と呼ばれるようになったが、しかし相撲が大変な人気を博したのはかならずしも民族主義には関係がなく、むしろ力士の技倆や人となりによるものだった。ところが柔道は、スポーツではなく武術としての性格を持ち、民族主義の色合いを強く持っていた。柔道は柔術にくらべて精神修養の面を強調し、一つの「道」として全身全霊を打ち込む必要を強調するが、おそらく柔道そのものよりも興味深いのは創始者、嘉納治五郎のオーガナイザーとしての才能だろう。嘉納の指導の下、厖大な数の人々が講道館柔道の門に入ったという事実は、伝統的な価値観に回帰しようとする時代風潮の反映と見ることもできる。日本では、伝統とは民族主義、ナショナリズムを意味することが多い。とはいえ明治の後半はまた、野球の人気が高まっていった時代でもあったことを思えば、この時代のナショナリズムは、もはやかつてのように鎖国の昔に帰ろうとし、外来の文物も思想も拒否する単なる復古主義ではなかったことがわかる。

明治四十年に市が発行した『東京案内』では、その娯楽の項に、劇場その他の興行、さらには墓地などと並んで、いかにも率直に現実を認めている点でむしろ好感が持てるが、遊廓のことも説明してある。

明治時代は、遊廓にとっては苦難の時代だった。かつては江戸の文化の重要な中心であったものが、売色ということ自体は相変わらず盛んだったけれども、文化の中心としては、はなはだしい衰退を経験しなければならなかったのである。デカダンスの退廃がこれほど露骨に現れた場所はほかにはなかった。

小山内薫は、この点を的確にこう述べている。

> 江戸演劇の作者が好んで吉原を舞台にとつた理由は明白である。当時の吉原は色彩と音楽の中心だつた。花魁のしかけにも、客の小袖にも、新流行の奔放な色と模様とがあつた。清掻《すががき》の賑かさ、河東、薗八のしめやかさ。これは今日の吉原に見る事は出来ぬ。今日の吉原は拙悪なチヨオク画の花魁の肖像と、印半纏に深ゴムを穿いた角刈と、ヴイオリンで弾く『カチユシヤの唄』の流しとに堕してゐる。当時の吉原は実際社会の中心であつた。百万石の大名も江戸で名うての侠客も、武家拵への大賊も、みんなこゝへ集まるのであつた。それ故、劇中の人物に偶然な邂逅をさせるのに、こゝ程便利な場所はなかつたのである。併し今日の吉原をさういふ舞台に選むのは無理である。大門側のビィアホオルの

イルミネエシヨンの下で、計らず出会ふのは奥州訛りの私立角帽と農商務省へ願ひの筋があつて上京中のその伯父さんとである。裸の白壁に囲まれた、ステエシヨンの待合じみた西洋作りの応接間で、珈琲入角砂糖の溶かした奴を飲まされ、新モスの胴抜に後朝の背中をぶたれるのは、鳥打帽のがふひやくか、場末廻りの浪花節語りである。今日の吉原は到底 Romantic の舞台でない。

(『世話狂言の研究』――久保田万太郎「続吉原附近」に引用)

花柳界が消えてしまったのでも、かならずしもただ衰微したというのでさえない。要するに変わってしまったのである。確かにかつて色街には、殊に最大最古の吉原には最高の音楽と舞踊があり、その質はけっして歌舞伎に劣るものではなく、むしろ歌舞伎と大いに共通するものだった。お大尽が求めたのはそういう芸だったし、そして事実、かつての遊里ではそうした芸を楽しむこともできたのである。

「花柳界」という表現はもともと李白の詩句に由来し、花街の女性を花と柳に譬えたものだが、やかましく言う人はこの二つを区別する。今ではほとんど忘れられているけれども、元来、花は遊女、柳は芸者を指したという。ただ、この区別が広く行われたことは一度もなかったし、かりに理屈の上では認めても、実際にはたちまち曖昧になってしまった。そもそも「芸者」という言葉は、日本語の中でいちばん定義のむずかしい単語の一つだ。荷風も芸者という言葉自体、それにこの言葉の指す観念もまた、殊に明治の山の手の色街では堕落したと嘆いている。なるほど芸者の中には、まるで修道女さながら禁欲的に芸に身を捧げる者もいたけれども、芸者とは名ばかり、なんの芸があるのかと問われれば困る者も多かった。こういう「芸者」は、値段さえ折り合えば身を売った。けれども江戸の花魁は、時には驚くほど高い教養と技芸を身につけていた。彼女たちの手になる絵や恋文が今も僅かに残っているが、そうしたものを見れば、その教養の高さは歴然としている。

こうした曖昧さはあるものの、少なくとも江戸期の吉原では、客をもてなす手の込んだ手順の中で、芸者と花魁はそれぞれに別の役割を分担していた。お大尽の豪儀な一夜の歓楽のうち、芸者は宵のうちに歌と踊りを披露し、夜がふければ花魁の出番になるわけである。

明治から大正へと進むにつれて、遊廓の芸者は次第に衰え、遊廓以外の芸者のほうが盛んになる。遊廓はただ色を買うだけの場所になってゆく傾向が強く、もう少し上品な楽しみを求める時には、金のある連中はむしろ料亭街に出かけ、芸者を呼ぶという形に変わってきたのだ。この変化がいちばんはっきり現れたのは引手茶屋の衰微だった。格の高い妓楼では直接には客を入れず、金のある客のほうでもいきなり登楼することなど考えない。まず茶屋に入って、そこで手筈が整えられる。当然、茶屋は芸者や幇間との結びつきが深かったし、伝統の仕来たりを守る上でも大きな役割を果たしていた。このお茶屋が衰微するにつれて、遊廓がただ売色だけの場所になっていったのも当然である。

明治44年の大火後、再建された吉原遊廓

引手茶屋に代わって盛んになったのが「待合」である。元来は茶会の時、客同士が待ち合わせて席入りの準備などする所を指したが、そのうちに、客が芸妓を呼んで遊ぶ待合茶屋の意味になり、それがやがて、芸者の呼べる料亭を指すことになる。こうして花柳界といえば、遊廓そのものよりむしろ、料亭街や芸者を意味するようになり、かつての引手茶屋、それに、吉原へ優雅に客を送り迎えした船宿などは新しい待合に取って代わられ、あるいはみずから待合になってしまったのである。もちろん、吉原から芸者がまったくいなくなったのではない。というより、大正時代、いちばん芸の修錬をつみ、才能にも恵まれた芸者は吉原にいて、東京中からここへ芸を習いに来たものだった。

文明開化が吉原はじめ遊廓にもたらした最初の変革は、娼妓たちの「解放」ということだった。明治五年、政府は解放令を出すが、これは、いわゆるマリア・ルース号事件の直接の結果だったらしい。この年、ペルー船マリア・ルース号の船長は、奴隷、特に中国人苦力《クーリー》を使っているという廉《かど》で、横浜の裁判所から有罪の判決を受けた。ところがペルー側はこれに反訴し、日本人自身も奴隷を売買している、その主な商品は吉原はじめ遊廓の女たちであると告発した。その結果、日本の遊廓というものが国際的に注目を浴びることになったのである。政府もこれを放置できず、こうして娼妓は法律的には「解放」されることになった。同時に「私娼」――つまり鑑札を受けていない売春にたいしては、厳しい禁止措置が取られることにもなった。けれども法律は、この女たちにほかに生活の手段があるかどうかなどは顧慮しようとはしなかった。

文明開化の徴《しる》しは、ほかにもいろいろな形で遊廓に現れた。例えば明治七年、新聞の報じたところによると、拍子木を打って夜廻りをしていた若い衆が、代わりにラッパを使い始めたが、さすがに評判が悪く、すぐやめてしまったというし、鹿鳴館時代にはここでも洋装が流行したらしい。進取の気性のある妓楼の主人が、ベッドを入れた部屋を設けた例もあったし、同じ店ではまた、女たちにも多少ながら国際色を加え、東京で初めて沖縄の娼妓を雇ったともいう。

解放後、妓楼は「貸座敷」と名を変えて危機をしのいだ。女性たちは、名目上はあくまで自由で、鑑札を受けた家なら貸座敷を借りて商売をすることが許されたのである。こうした貸座敷のある色街が、市内と周辺に六カ所出来た。品川、新宿、板橋、千住（いずれもかつては江戸に入る街道の宿場だった）、それに吉原と根津の六カ所である。新しい商売の仕方も昔と同様成り立ってゆくことがわかるにつれて、こうした色街にもまた活況が戻ってくる。

六つの中で最大の吉原も、維新直後は存立の危ぶまれる程の疲弊ぶりだったが、十年ばかりのうちにまた息を吹き返した。けれども妓楼の数は、日清戦争前夜の頃になっても、まだ江戸末期の域には戻っていなかった。ただ個々の妓楼の中には、江戸時代にはかつて見なかったほど豪壮、豪華な店も出来たことは事実で、堂々たる正面、時には四階、五階もある建物、シャンデリアやステンド・グラスまで備えているといった有り様だった。

色街ごとの格の高さは、茶屋がどの程度重要な位置を占めているかを見ればわかる。根津は吉原に次いで大きかったが、茶屋の数はかなり少なかった。昔の宿場町の中では、妓楼にたいして茶屋の数がいちばん多かったのは品川である。東海道はやはりいちばん重要な街道だったし、目の高い上方の客が泊まったことを思えば、品川がもっとも格を重んじたのも当然だった。一方、中仙道が江戸に入る板橋では、明治の末には茶屋は一軒もなくなってい た。六つの中ではいちばん小さく、新時代への順応でもいちばんうまくゆかなかった所である。これにたいして新宿は、時代に順応する点ではまことにみごとだったが、五十八軒の貸座敷にたいして、茶屋は僅かに九軒しかなかった。吉原はほぼこの十倍である。なんといっても吉原は、やはり伝統の守り手だったわけである。

吉原には一年を通じて、季節と深く結びついた独自の祭りがあった。明治になると、江戸末期にくらべて簡略になり、時代を経るに従って簡略化も進んだけれども、旧幕時代には華麗な花魁道中が行われていた。祭りはそれぞれ季節の花にちなんだもので、殊に旧暦三月三日の桜、五月五日の菖蒲、そして九月九日の菊の祭りが盛んだった。吉原にはまた、「積夜《つみや》具《ぐ》」と称する奇妙な風習があって、明治になっても、江戸時代ほど度々ではなかったが、まだ見られたものらしい。花魁が客から贈られた夜具を店の前にうず高く積んで、自分の人気と客のお大尽ぶりを披露するのである。奇妙なばかりでなく、大いにエロティックな風習でもあったにちがいない。披露のために特別に注文した夜具は、金糸銀糸の縫い取りを施し、思い切って派手な色の絹地だった。

吉原の行事の中には、登楼する客ばかりではなく、女子供も大挙して出かける行事が少なくとも三つ残っていた。一つは春の夜桜で、廓全体が見物に繰り出したほか、市中から、なかんずく下町一帯からおびただしい見物客がつめかけた。夏の終わり、ないし秋の初めには、十八世紀の名妓、玉菊を記念して提灯がともされ、山車《だし》の上では仁輪加《にわか》が演じられて大通りを行列する。そして十一月にはお酉様である。普段は北の大門《おおもん》しか開いていないが、西の市には鉄漿溝《おはぐろどぶ》にはね橋が下ろされ、ただ冷やかしの連中も自由に出入りすることができた。お酉様の賑わいは実際大したものだったようで、樋口一葉の『たけくらべ』にもその情景が鮮やかに描かれている。

> 此年三の酉まで有りて中一日はつぶれしかど前後の上天気に大鳥神社の賑ひすさまじく此処をかこつけに検査場の門より乱れ入る若人達の勢ひとては、天柱くだけ、地維《ちい》かくるかと思はるゝ笑ひ声のどよめき、中之町の通りは俄かに方角の替りしやうに思はれて、角《すみ》町《ちやう》京町《きやうまち》処々のはね橋より、さつさ押せ〳〵と猪牙《ちよき》がゝつた言葉に人波を分くる群もあり、河岸の小店の百囀《もゝさへ》づりより、優にうづ高き大籬《おほまがき》の楼上まで、絃歌の声のさま〴〵に沸き来るやうな面白さは大方の人おもひ出でゝ忘れぬ物に思《おぼ》すも有るべし。

明治十四年の春、桜の花も真っ盛りの頃、新しい鉄の大門の竣工式が行われた。門柱には福地源一郎（桜痴）の筆になる聯《れん》が浮き彫りされていた。『東京日日新聞』主筆にして、時の東京府会議長である。

春夢正濃満街桜雲
秋信先通両行燈影

明治後期から大正初めにかけての吉原大門

言うまでもなく、吉原の春と秋の代表的な景物を叙したものである。

こうしてみると、この古い江戸の歓楽地は、著名人の詩を門に掲げて客を迎えるなど、明治の中頃にはまだそれなりに文化と繋がりのある場所だったわけだが、しかし衰微の勢いは覆うべくもなかった。そして明治もいよいよ終わる四十四年の大火は、その衰運にさらに痛ましい打撃を加えることになった。四月九日、後一日で新しい鉄の大門が竣工して満三十年になろうとする日、吉原は潰滅的な被害を受ける。数百軒の妓楼と茶屋のうち、実に二百軒が焼失したのである。やがて再建はされるけれども、再建後の吉原を見れば、西洋化の最悪の影響がすべてを安易、安直にすることにあったと思い知らざるをえない。古くからの仕来たりはもはや打ち捨てられた。あまりに手間と金がかかりすぎたのだ。なるほど再建後の建物も、大正期の風変わりな装飾がある種の魅力をかもす場合もあったが、実用一点ばりに向かった時には、ただ無味乾燥に堕した。中でも深い傷跡を残したのは、茶屋が姿を消してしまったことで、かつての高度の文化は、もはや求むべくもなかった。要するに吉原は、昭和三十三年の四月一日、あたかもエイプリル・フールの当日、売春防止法が施行される時まで続いた姿——まさに売春の場所以外の何物でもなくなってしまったのだ。荷風は明治四十三年の洪水、そして翌年の吉原の大火で、江戸の下町は死んだと書いた。誇張かもしれない。けれども吉原がこの大火以後、二度とかつての、デカダンではあるにしても輝かしいあの栄光を回復することがなかったことは、やはり事実だったのである。

先程も触れた四つの宿場は、どれも明治の十五区内に入ってはいなかった。新宿の一部が四谷区に編入されたのは震災の直前になってからだし、品川も芝区を南に出外れた所にあった。残りの二つはさらに田舎である。吉原ほど江戸文化の中心に位置してはいなかったけれども、宿場の色街も明治を通じて、それぞれに特異な運命をたどることになった。その意味で、同じ明治の変化をそれぞれちがった形で示していて興味深い。

品川は四つの中でいちばん大きく、ここより大きな色里は吉原しかなかった。非常に保守的な土地柄で、新しい時代からは努めて距離を取る態度を示した。この努力は成功しすぎたと言えるかもしれない。品川は時代に取り残され、次第に縮小して見る影もなくなってしまう。

品川では、新橋—横浜間の鉄道の敷設には強い反対の声があった。鉄道は新橋から一部は埋立地を通って海岸線を走り、現在の品川駅のあたりまで来る。そのまま海岸に沿って走れば、色街のすぐ傍を通っていたはずだが、実際にはここから少し奥に入っていた。その結果、新しい鉄道の駅の付近が栄えることになり、逆に昔の宿場は孤立してしまう。遊廓は残るには残ったけれども、存続させてゆくにはかなりの決意が必要だった。これまで品川が栄えたのは、東海道沿いにあったからこそだったのである。明治の末には品川の人口は減り、大正に入ってからまた盛り返すけれども、しかしこの頃になると、新しい歓楽地がほかの所に擡頭していた。なるほど明治の三十年代、私鉄が昔の宿場のあたりに開通したが、孤立を救うことはできなかった。国鉄と乗り換えができなかったからである。乗り換えのできるようになったのは、ようやく震災後になってからのことだった。やがて自動車時代が来ると、また品川に交通が戻っては来た。横浜に通じる幹線道路は昔の東海道に沿っていたからだが、しかしこの時にはもう手遅れで、遊びに行く場所はほかにたくさん出来ていた。

新宿の場合はこれとはまったく逆である。江戸時代には、宿場としてそれほど重要な所ではなく、品川が取り残され始めた明治の中頃になっても、まだ品川のほうが大きかった。今でこそ、内陸を通って関西に抜けるには新宿経由が主なルートになっているが、昔は板橋を通る中仙道が主な道で、新宿は、甲州方面から上って来た客が江戸に入る前に一泊するにしても、どうせ大した数ではなかった。そもそも江戸をめぐる宿場の中でも、新宿は名前の示すとおり新しく出来た宿場で、昔は江戸から出て最初の宿場は高井戸だった。ここでは遠すぎるというので、後から作られたのが新宿だったのである。

江戸時代には淋しかった新宿が、新時代に入ってすぐに繁栄を始めたというのではない。品川同様、新宿も交通の便に恵まれなかった。市の西の端を南北に走る鉄道は、宿場の僅かに西を通った。けれども品川とちがう点が二つあった。第一に、新宿の宿は新駅と市街の中間にあって、しかも両方から楽に歩ける距離にあった。だから、ふとその気になればぶらりと立ち寄ることもできたし、それに新宿の駅はその後、通勤の客にはきわめて重要な駅に発展する。立川までの私鉄が開通したのは明治二十二年。やがて国鉄に買収される。

新宿は住宅地として非常な勢いで成長した。この急成長ぶりは、明治・大正を通じて大きな編入は、この新宿が四谷区に編入された例だけだったことを見てもわかる。新宿が栄え始めた結果、もっと市街に近い四谷や神楽坂の芸者置屋がさびれる程だった。そればかりではない。新宿の宿そのものでも、昔ながらの楽しみは衰えた。昔の宿場の女郎屋は、都心から西へ向かう街道沿いで非常に目に立ち、新しい新宿の町には目障りになって、裏道に隠してしまおうという計画が立てられ、何度か火事もあったお蔭で完成に近づいていたところへ大震災が来て、移転は一挙に片づいたのである。江戸以来の色里はこうして徐々に衰えてゆく。それでもようやく生き延びていたこの一画も、昭和三十三年、売春防止法の直撃を受けることになる。

四つの宿場の中で、真っ先に衰微したのは板橋だった。明治の中頃にはすでに、娼妓の数も妓楼の数も新宿より少なくなっていたし、茶屋は一軒もなかった。ただ、板橋を通る中仙道は重要な街道で、特に黒船の来航以後は、上方から江戸へ向かう大きな行列は海岸沿いの東海道を避け、この中仙道を使った。十四代将軍の許へ降嫁した和宮が旅したのもこの道である。だが板橋は、鉄道時代に入って世間から取り残されてしまう。今でも昔の宿場の跡はいくらか残ってはいるが、よほど注意して探さないと見つからない。古い廓《くるわ》は明治十七年の火事でほとんど焼失してしまい、再建はされたものの衰勢を挽回することはできなかった。大震災後、板橋も通勤客が増え、住宅地の開発も進んだけれども、この人々が古い色里に来るはずもない。品川のように、わざわざ時代に背を向けようとした形跡はないが、結果としてはやはり置き去りにされてしまったのである。

千住は、実は二つの宿場に分かれている。荒川を挟んで北千住と南千住に分かれるのだが、宿場としては二つどころか三つの街道を受け持っていた。水戸、奥州、それに日光に通ずる街道である。江戸をめぐる古い宿場町の中で、千住は今日、かつての宿場の雰囲気をいちばんよくうかがわせてくれる所だ。板橋ほどひどくさびれもしなかった代わりに、新宿ほど繁昌もせず、品川のように時代に背を向けることもなかった。三つの中間にあって、それだけ昔の面影を残すことができたのである。

江戸から旅に出る時は、千住までは徒歩か、あるいは芭蕉のように舟で来るかして、そこから先は普通は歩いた。現在の幹線道路は旧道とは別の所を通っているので、旧道は昔の道幅のまま残っている。芭蕉が奥の細道に出立した時に見た風物は、さすがにもう残ってはいないだろうが、それでも古い格子や重々しい瓦屋根は今でもあちこちに残っていて、かつての街道の有り様が想像できる。昔は浅草か下谷の密集地からここまで、田圃がひろびろと連なっていた。だから千住は、あれほどたびたび江戸や東京を襲った火災を免れたのである。

江戸の色街のうち、残る一つは根津だが、明治の初めには不便な所だった。昔の前田家の屋敷、今の東大から坂を下ってすぐの所である。ここに大学が出来てからは、こんな近くに遊廓があるのはいかにも不適当ということになった。なにせ帝大の学生といえば、日本の将来を背負って立つべきエリートである。誘惑からは遠ざけておかねばならない。少なくとも、歩いて行けるような距離にこんな悪所があっては困る。根津を閉鎖してしまうこともできたはずだが、これにはこれで問題があった。独身の若者が地方からおびただしく流入してくる大都会には、やはりこうした施設は必要だというわけである。そこで明治二十一年、根津遊廓はそっくり洲崎に移されることになった。隅田川の河口の近く、深川の埋立地である。これ以後明治・大正はもちろん、例の売春防止法の施行に到るまで、洲崎は「不夜城」として吉原の最大のライヴァルになる。何度も火災を経た吉原そのものより、むしろ江戸吉原の雰囲気をよく伝えていたかもしれない。版画や写真を見ると、伝統的な木造の低い建物が並んでいて、派手になる一方の吉原よりよほど好もしい。それに宿場の遊廓より、古い習俗がよく保たれていたようである。

明治の末から大正の初めにかけて、花柳界の花と柳が次第に分かれてゆく傾向が現れる。遊廓はもっぱら花、つまり娼妓が中心となり、柳、つまり芸者のほうは待合茶屋、いわゆる待合に中心が移ってゆくのである。こうして待合は高級な料亭に姿を変えて、そこに芸者を呼ぶという形が一般化し、遊廓では決定的な衰微を見た伝統的な歌や踊りも、料亭街ではなお命脈を保つことになった。

江戸には、遊里の芸者とは別に「町芸者」もいた。こうした芸者の集まっている町は、明治に入ってもまだ残っていたが、中には非常に古く、江戸の初期まで遡るものもあった。けれどもいちばん栄えた中には、明治になって初めて出来た所もめずらしくない。芸者の登録を調べてみると、遊里に属している者も町芸者も合わせて、当然のことながら下町に集中している。四分の三は日本橋、京橋、芝、浅草の四区に集まっている。

山の手でも、少なくとも神楽坂は黒船来航の頃に営業を始めているが、ほかは明治になってから生まれた所で、下町の一流所とくらべると、概して値段も安く格も下だった。明治の芸者町として代表的なのは、柳橋と新橋の二つである。柳橋は、昔をよく知る通人にいちばん重んじられた所だったが、同時にまた、過去の遺産をいたずらに食い潰していると批判するむきもあった。成島柳北の『柳橋新誌《りゅうきょう》』は、新時代の諷刺文学を代表する古典となっている。「柳北」という雅号自体、柳橋との深い関係を暗示しているが、神田川が隅田川に合流するあたり、柳原という地名に由来している。天保八年（一八三七年）、幕府の儒臣を父として浅草に生まれ、しばらく柳原の北に住んでいたところから付けた名である。柳原は柳橋から僅か西に当たり、「柳橋」という地名もこの柳原に由来するといわれる。

柳北は家茂、慶喜と二代の将軍に仕えた。時勢を諷した詩が幕府の忌諱に触れ、一時閉門を命じられるなどのこともあったが、騎兵頭や外国奉行など重要な職務に任じられた。けれども幕府が倒れると、当然のことながら職を失い、旧勢力に属した多くの人々の例に洩れず、新聞界に身を投じた。

柳橋は寛政の頃からあったが、黄金時代を迎えたのは幕末である。『柳橋新誌』第一編は万延元年の執筆で、この時期の柳橋の風俗をこと細かに記録している。こうしたジャンルは江戸後期に広く行われて人気を博したもので、通人の知識を仔細に披露する形式だが、これから遊びを覚えようとする江戸の若者なら役に立っても、局外者の目から見ればいささか自己満足の気配が鼻につき、気障《きざ》とさえ感じられるかもしれない。時代の激変がなければ、おそらく忘れ去られていただろう。けれども明治の新時代が訪れて、江戸の優雅な遊びの伝統が見失われてしまったために、貴重な意味を持つことになったのである。柳北は明治四年、『柳橋新誌』第二編を書き、初編と共に明治七年に出版する。つづいて明治九年、第三編を書いたが発禁となり、序文のみ残して散佚《さんいつ》した。柳北はその後も言論界で活躍をつづけ、明治十七年に歿した。その頃にはすでに、江戸っ子の典型という声価が確立していた。

『柳橋新誌』のなによりの面白さは、明治が柳橋にどんな変化をもたらしたか、つぶさに語っている点にある。第一編では江戸の昔の粋な仕来たりが語られているのにたいして、第二編では新時代の体制が及ぼした破壊の様が描かれる。新時代の野暮天どもは傍若無人の無作法、乱暴を働き、宴席では政治ばかりを談じて芸者も芸も顧みない。英語で話す者、改良論者、解放論者……昔気質の芸者は、この新しい世界に居場所はなく、新しいタイプの芸者は芸よりも金にしか興味がなく、ほとんど女郎と変わるところがない。官報を買って客がどの位儲けているか思案し、子供の父親が誰かわからず苦労する始末。こうして明治もまだこんなに早い時期から、すでに堕落は進行し、デカダンスの退廃が始まっていたのだ。江戸っ子はただ慨嘆し、懐古することしかできない。

『柳橋新誌』は、凝った漢文調で書かれているにもかかわらず非常な人気を博した。柳北の批判が実際にどれほど当たっていたにしても、柳橋には明治を通じて、さらにはその後に到るまで有名な、高い技芸を具えた芸者がいたことも事実だった。明治の花柳界の中で、古い大家《たいけ》の商人といちばん深い繋がりを保っていたのも柳橋である。新橋、それに後には赤坂も、新しい官僚や実業家の出入りする所だったが、下町の旦那衆の出かけるのは柳橋だった。川べりという場所柄もよかった。両国橋のすぐ上流で、夏の川開きの楽しみもあったし、新内流しが舟で待合に来たりできるのも柳橋だけ。屋形舟に灯をともし、芸者と川に乗り出して三味線を聞くことのできたのも、やはり柳橋でしか味わえぬ楽しみだった。けれども銀座の再建と共に、柳橋のライヴァルとして新橋が擡頭してくる。すぐ西には官庁街、すぐ北には大企業のビジネス街がひかえる新橋は、高級官僚や実業家を迎えて新しい体制に奉仕したのである。

新橋や銀座には、ペリー来航の頃から町芸者がいたし、海に近いこのあたりは船宿の集まっている場所でもあった。新橋にもそれなりの歴史はあったわけである。けれども新橋の最盛期が始まったのは、やはり明治二十年頃からだった。新橋芸者の典型は、田舎から出てきた野心的な活動力のあるタイプで、同時にある種の非情さがあるとされた。これにたいして柳橋の女性は深川芸者の筋を引いて、自分を犠牲にして顧みない気っぷのよさが身上とされていた。

芸者町はほかにもあった。そして、それぞれに命運の変転を経た。古い町が消え、新顔が登場する。明治から大正にかけて、その数は三十に近かったという。小山内が『大川端』に捉えたのは、下町の旦那衆の最後の華やかな姿だった。大正になっても大金を使う御贔屓はいたけれども、もうほとんど下町のお客ではなくなっていた。花街に現れた変化は、そのまま古い町人文化の変化を映す尺度でもある。江戸下町の文化は四散し、まさに消え去ろうとしていた。

明治四十三年の洪水、そして翌四十四年の大火——明治の末に起こったこの二つの災害が、下町に深刻な打撃を与えたことは確かだ。もし江戸の死んだ年をはっきりいつと決めたければ、やはり明治の終わりだったと見ることもできるだろう。けれどもとかくわれわれは、偉大な元首の死のうちに、一つの時代の終末を見ようとしすぎるということはあるかもしれない。明治の御代の終わり、そして新しい治世の初めに起こった事件は、文化史上の分水嶺として大きな意味を与えられてきたけれども、もしかりにこうした事件がたまたま治世の変わり目に当たっていなかったと仮定したら、これほど大きな意味を帯びた事件とは見えなかったのではあるまいか。荷風も、江戸はあの大水と大火で死んだと言いながら、隅田川のほとりには、ほとんど生涯を終える頃まで江戸の残映を発見しつづけていた。江戸の死んだ日をいつと断言した時よりも、むしろなお生きつづけている命の証《あか》しを求めている時の荷風のほうが、むしろ賢明だったのかもしれない。

江戸が東京になってからこの百年あまりのうち、古い悦楽の衰微が特に著しくなるのは、なんといっても前半の五十年ではなく、むしろ後半の五十年、殊に大震災以後のことである。明治の東京人が金を使ったのは、江戸の住人と同じように、やはり芝居をはじめ昔ながらの芸能が主だった。確かに明治も末になると、帝劇が出来、映画もあればアンナ・パヴロヴァのバレエもあった。けれども娯楽に金を使うといえば、やはり伝統的な楽しみに使うのが一般だった。なるほど吉原の与えてくれる楽しみは、大火の前後には維新前後にくらべて少なく、大火の後はさらに乏しくなったとはいえ、例えば柳橋のような所へ行けばまだ味わうことはできたのである。

それにしても、江戸期や明治の生活は、娯楽だけではなかったという反論もあるかもしれない。確かに、かりに江戸っ子が芝居や花街で身代を費い果たしてしまったとして、家族の者はこれが江戸の名誉になるとも、一家の名誉になるとも考えはしなかったはずである。まともな商家なら厳しい行動の規範があって、身代限りになるより前に勘当になったに相違ない。とすれば、芝居や遊里の楽しみが江戸文化の核心であるなどと主張し、その楽しみのあり方が衰えたのは文化全体の退廃を反映する兆候だなどと見るのは、やはり単なる誇張、ないしはただの歪曲であるのかもしれない。

けれども、江戸文化がその最良の時代を迎えた頃のこの町には、千年前、平安朝の京都に立ちこめていたのと同じ、あるはかない、はかなさの気配が立ちこめている。最良の時代は永く続くものではない。いわばある一晩たまたま生まれ、翌日の朝日に照らされればたちまち消え去るものだとでも言えるだろうか。ただ平安時代が江戸とちがうところは、王朝貴族は何事も思うがままにできたことだ。香炉の香りや衣装の色合いにどんなむずかしいことを言っても、誰も文句をつけることはできなかった。けれども江戸の商人は、時にお上のお叱りを受け、さらには捕えられる危険さえ覚悟しなければならなかった。彼らの楽しみは内密なものでなくてはならず、思うがままに振る舞えたのは、役者を贔屓にし、あるいは遊里に出かけた時だけだった。だからといって、しかし、それで江戸町人の趣味が平安貴族に劣っていたということにはなるまい。

明治には実は二つの顔がある。長谷川時雨が、憲法が発布されて旧幕時代の屈辱が取り除かれた時、父親がどれほど狂喜したかを語っているのは、単なる作りごとだったとは信じられない。際限もない新しいエネルギーが解放されたのである。明治の不平等や抑圧ばかりを強調するのは、このきわめて重要な事実を無視するものと言うべきだろう。おそらく江戸っ子も華々しい、広闊《こうかつ》とした新世界を眼前にして、今まであまりにこせこせした事柄に目を向けすぎて来たことを恥じたのではなかったろうか。けれども、新しく大きなことというのは、粗野で粗雑なものであることがあまりに多い。色街からやがて芸者が消え、そして芸者はやがて芸を失ってゆく。芸者の世界は、確かにつらい世界だったにちがいない。歌舞伎役者の精進にしても同様である。本人が嫌がっているのに、こんな世界に誰かを押し込めるなどというのは許されるべきことではないが、しかし、みずから進んでこうした労苦を忍ぼうとする人々がいなくなったことは残念であり、その自己犠牲の真価を充分にわかる人のいなくなったということもまた残念というほかはない。江戸っ子には、立派な芸者を見分け、いい役者を見分ける目があった。けれども今、銀座のバーの女給にしろ野球の一塁手にしろ、一人前になるのにもそれを見分けるのにも、もうそれほどの修錬も鑑識眼も必要としていないのではあるまいか。

V　下町　山の手

京都から下ってきた東海道は、銀座を抜けて最後の橋を渡る。京橋である。次の橋は街道の終着点、日本橋だ。明治時代、日本橋と京橋は二つの区に分かれていたが、その境界線は二つの橋の真中あたりで街道を東西に横切っていた。二つの区はやがて統合して中央区となるが、確かにここは下町の中心で、厳密にいって区全体が完全に下町に入るのは、実はこの二区しかなかった。

二つを合わせて全体として見ると、南西の端の浜離宮から東北の両国橋まで、いかにもしっくりよくまとまった形をしている。しかし明治の二つの区に分けてみると、両者の違いがはっきりしてくる。南の半分、明治の京橋区に当たる地域は（銀座はもちろんここに入るが）、沖へ沖へと埋め立てが続いてきたので、今日では北半分より広々と見える。けれども江戸から明治の初めまでは、実はこの南の半分のほうが狭苦しい所だった。

かつてはどちらの地域とも、東側にはほぼ切れ目なく武家の屋敷が並んでいて、隅田川や江戸湾からは隔てられていた。それでも明治の初めには、お城の外濠から日本橋を渡って隅田の岸まで東北へ約二キロ、お屋敷の塀を見ずに歩くことはできたはずだ。ところがこれが銀座だと、東へ二、三〇〇メートルも歩けば早速お屋敷にぶつかった。ちなみに日本橋の中心、小伝馬町の牢屋は、わざわざそう計画したのかどうかはともかく、周囲のどの方角を取ってみても、江戸中のどこよりも大名屋敷から離れた場所に建っていた。幕末の地図を見ると、町人がゆっくり息のつける余裕のあった所は、日本橋しかなかったのではないかと思え

日本橋の三井銀行

日本橋魚市場（大正7年頃）

る。しかし明治も終わる頃には、昔からの士族も新興の大金持ちも、ほぼ完全に下町を去ってしまっていたから、日本橋は外濠から大川までまったく庶民の町となり、江戸期よりさらに広々とした感じになる。いっぽう京橋区のほうも、埋め立てばかりでなく旧武家屋敷があらかたなくなり、ずいぶんと広やかな町になった。

江戸時代には、日本橋は商業の中心として富と力を誇っていた。大商人が住み、三井や大丸といった大きな店が軒を連ねていたのも日本橋である。これにくらべて、京橋は小商人《こあきんど》や職人の町で、日本橋ほど富裕ではなく、武士階級の御贔屓にすがる度合いも日本橋より大きかった。

けれども明治に入ると、こうした歴史的な相違に代わって新しい対比が現れてくる。新旧の対立、近代的と伝統的というコントラストに変化するのだ。銀座は、東京—横浜間の鉄道が開通し、大火後に新しい煉瓦街として改築されてから後は、東京中でも外国の影響にいちばん敏感な町に変身する。これにたいして日本橋は、古い町人の町の中心としての性格を残しつづけたのである。しかも新しい時代の実業界の中心は、明治の末には新興の丸の内に移ることになった。

もちろん細かく見れば、こう割り切ってしまうのは単純化というもので、同じ京橋区でも橋から北は、銀座ほど熱烈に新時代に突入することはなかったし、いっぽう日本橋にも、浮世絵で盛んに描かれているとおり、近代的な建物もいくつか出来た。銀座のように町全体が

日本橋の第一国立銀行

新しい煉瓦造りに変わることはなかった代わりに、個々の建物としては、文明開化を物語る最大の、もっとも優れた建物は日本橋に建ったのである。

だから日本橋と京橋を、ただ新旧の対比で片づけるのは確かに単純にはちがいないのだが、しかし今から一世紀前、明治が置き去りにしてきた世界がどんな世界であるか確かめたければ、やはり日本橋に行ってみるべきだったはずだ。逆に未来がどんな世界になるか知りたければ、やはり京橋区に出かけてみるのがいちばんだったはずである。もう少し後なら鹿鳴館に行ってみる手もあったろうが、しかし鹿鳴館はあくまでひと握りの特権階級のものであって、誰でもいつでも入って見られるという場所ではなかった。

明治の銀座も、それに鹿鳴館も、今から振り返ってみれば魅力的に思える。けれどもその魅力の大半は、すべてがまったく消え去ったために生ずるものであるかもしれない。今の東京で、新宿や六本木より銀座のほうが、少なくとも昔のことに興味のある者にとっては好ましい町に見えるとすれば、現在ではもう、そうした新しい盛り場ほど現代的でも華々しくもないからだが、一世紀前には、銀座こそ東京中でいちばん現代的で華々しい町だったのである。けれども日本橋は逆に、しっとりとまとまった昔の雰囲気を残していて、宮城寄りの一角、東京駅が出来てからはこの新駅に近い一角は別として、容易に過去を振り捨てようとはしなかった。しかし今では、昔の東京、さらには江戸の気配に接したいと思えば、もっと北、もっと東に出かけなくてはならない。

日本橋の中でも皇居寄りのいちばん裕福な一角には、その後明治二十九年（一八九六年）、新しい日本銀行本店が完成する。外国人の助けを借りず、すべて日本人の手によって出来た純粋な西洋建築として、少なくともこれだけ大規模なものはこれが最初だったといわれる。こうして日本橋は日本の金融の中心となった。改築後の銀座よりも、ある意味ではさらに近代的な所となったのである。というのも近代化の大計画が立てられたのは、まさに日本橋のこの一角と官庁街だったからだ。

もともと日本橋は、海ぎわの湿地を埋め立てて出来た最初の土地であり、最初の下町とし

日本橋の商家の家並み（大正8年頃）

て生まれた所だった。明治の地図では、大手門のすぐ前に位置して、いかにも目立つ。北と東は掘割と川に囲まれ、真中には日本橋川が貫流している。こうした水路が、かつてはみな通商の便を提供していたのである。日本橋川は、市内でもいちばん舟の行き来の多い運河だった。

今の日本橋には、明治の遺物はほとんど残っていないし、江戸以来のものはなおさらである。明治にもすでに金持ち連中は、旧幕時代の階級制から解放され、好きな所に住めるようになって、日本橋を脱出しはじめていた。それに銀座や丸の内が、ビジネスの中心として日本橋に取って代わろうとしてもいた。日本橋にはむしろ保守的な空気があって、デパートや銀行など、近代的な商業、金融を担う大きな建物を歓迎はしても、華やかさを歓迎する気風はなかった。銀座のような派手がましさに輝いたことは一度もなく、あるいは浅草のように遊び場として華やかに賑わったこともない。

大震災前、三越の屋上から東を望んだ写真で見ると、ほとんど江戸時代からそのまま続いているかのような街並みが見渡せる。通りの東側にも近代的な建物がなかったわけではない。日本橋川の北の岸には安田銀行（富士銀行の前身）があったし、この川が隅田川と合流するあたりには、コンドルの設計した最初の日本銀行の建物もあった。けれども大部分は、昔ながらの屋根の低い木造家屋が、江戸初期以来の碁盤目模様に仕切られて隅田川まで続いている。統計で見ると、下町の中でもこの辺は、家屋にたいする道路面積の割合が明治の間に小さくなっていった地域だが、写真で見てもなるほどと頷ける。あたかも江戸下町のこぢんまりした街並みがそのまま残っているかのように見えるが、歴史の流れを考えれば、そんなはずはなかったことが知れよう。地方から厖大な数の人々が流入する一方、三井家はじめ豪商たちは流出して、江戸っ子の四散はもはや相当に進行していたはずである。しかしそれでも、伝統が残っているという感じは単なる錯覚ではない。

日本橋の西半分ですら、本格的な近代化が始まったのは明治もかなり遅くなってからのことだった。全体として見れば、日本橋は銀座や丸の内より変化が緩やかだったのである。日本橋川の岸には、明治の末になっても、まだ昔風の土蔵が軒を連ねていた。中には住居に転用されているものもあったが、この土蔵はいつでもこの地域のシンボルであり、商業繁栄のしるしだった。谷崎の家族もしばらくこうした土蔵に住んでいたことがある。E・S・モースも、住居に変わった土蔵のすばらしさに感嘆の言葉を発している。確かにみごとな工夫の見られる建築だったが、しかし銀座の煉瓦街に劣らず湿気が多く、風通しが悪かったことも事実のようだ。

江戸時代の日本橋には武家屋敷は大してなかったが、寺社にしてもほぼ同様で、神社はあるにはあったけれども、いちばん有名で参拝客も多い水天宮は、実は明治になってほかの土地から移ってきたものだった。お寺も多少はあったが、そのほとんどはやはり明治に建ったもので、その半分は、小伝馬町の牢屋が明治八年に取り壊されてから、その跡に慰霊のために建立されたものである。

日本橋にも娯楽がなかったわけではない。しかし控え目なものだった。明暦の大火で吉原が北の郊外に移って以来、日本橋には金のかかる凝った遊びの場所はなくなっていたのである。けれども浜町には、柳橋や新橋にくらべればつつましいものではあったけれども、花柳界があった。例のお梅が、柳の下で峰吉を殺した所だ。劇場もある。東京の主な劇場の中で、日本橋の明治座はいちばん古いものの一つだ。東京一になった時期は一度もなかったと言っていいだろうが、現在もまだ上演をつづけている。格式は高いが一番ではないというのは、いかにも保守的で堅実な日本橋にふさわしいことに思える。

明治の初めに建った三井銀行、それに第一国立銀行の建物は、新しい日本銀行が建設中に

日本橋の三井銀行（清親画）

取り壊された。もちろん江戸には、これに似た建物はどこにもなかった。強《し》いていえば、なんとなく天守閣に似ていなくもないが、しかし不思議なことにこの二つの洋風建築は、日本橋の家並みの中で格別場違いには見えない。一度も本物の西洋建築を見たことのない人が建てたように見える。洋風というのは、ただ伝統的な様式を大規模にし、もっと派手にしたものと考えたふうなのである。

　けれども新しい日本銀行の建築には、日本風なところはどこにも見当たらない。これを建てた人が西洋の建築を十分に研究し、しかも独自のアイディアを打ち出そうなどとは考えなかったことは一見して明らかだ。三井銀行を壊した後に建った三井のビルについても、やはりほぼ同じことが言えるだろう。こうした明治の建築物で、現存するのは日本銀行と、日本橋の橋そのもの、それに、東京でいちばん古い石造の橋と言われる常盤橋《ときわ》だけである。煉瓦造りの三井のビルも、新しい石造の第一国立銀行の建物も、それまで同じ敷地に建っていた和洋混淆の愛すべき建物と同様、取り壊されてすでに久しい。

こうした古い建物は、ますます急速の度を加えてゆく奇蹟の経済成長のためには確かに不便ではあったろうが、しかし三井銀行も現在の第一勧業銀行も、金はふんだんにあるのだから、初めて果敢に洋風建築を試みたこういう歴史的な記念碑は、博物館として残すくらいのことはできたのではあるまいか。なるほど写真や錦絵は残っていても、やはり実際に目で見、中に歩み入ってみれば、ずいぶん印象は違っているはずである。確かに和洋混淆のスタイルは、デザインとしてはでたらめもいいところには違いない。しかしいかにも愛すべき建物であることに変わりはなく、譬えて言えば小さな子供が、屋根裏から引っぱり出してきた衣服に身を包んで、王様にでもなったつもりでいるようなものとでも言えるだろうか。とはいえ、いずれにしても日本橋の大半は大震災で潰滅していただろうから、かりに三井や勧銀がもう少し温情を示していたとしても、結局のところ旧館は姿を消していたのかもしれない。

こうしてみると、日本橋もまた、明治のさまざまの変化をそれなりに経てきたことがわかる。それればかりではない。この時期にはまだ表に現れてはいなかったが、変化はほかにもあった。日本橋は今日でも東京の、さらには日本全体の金融の中心と呼べるかもしれない。日本銀行も証券取引所も日本橋にある。けれども大企業は、ほとんどは日本橋からほかの土地に出て行った。三井銀行や第一国立銀行も、版画家にあれほど人気があったのに、本店はもう日本橋にはない。こうした移動が始まったのは明治の終わりと言っていいだろう。日本橋に対抗する中心が、日本橋の南や西に擡頭し始めていたのである。巨視的に見ると近代の東京は、一貫して南へ、西へという運動を示してきたが、この動きはここにもすでに現れていたわけである。

田山花袋は明治十四年、十歳の時に上京して日本橋の書店に奉公に入ったが、五十年以上を経た晩年、昔の日本橋と銀座のちがい、それに、日本橋の中でも繁昌していた所と森閑とした場所との対比を回想している。

私は何んな日でも京橋と日本橋とを渡らない日はなかつたことを思ひ起した。私は重い本をしよつたり、又は至るところの本屋の店にこつちで入用な本を書いた帳面を持つて行つて見せたりなどした。それにしても遠い昔だ。今通つて見て、それが同じ大通りだとは夢にも思へない。雨が降ると泥濘が波を揚げるといふ都会。家並が大抵土蔵造りだつたので、京橋の向ふの銀座の新らしい煉瓦の街に比べてわるく陰気な大通。その中をあのラツパを鳴らした円太郎馬車が泥を蹴立てゝ走つて行くといふ有様だつた。それにしてもあの日本橋から少しこつちに来た右側に――今の黒江屋か塩瀬あたりのところに、須原屋と山城屋との二軒の大きな本屋が二三軒間を置いて並んでゐて、例の江戸時代の本の絵に出てゐるあの大きな四角な招牌（？）がいかにも権威ある老舗らしくそこに出されてあつたものだつた。それにしても何といふ淋しい陰気な本屋だつたらう。たゞ角帯をしめた番頭が二三人そこゝに退屈さうに座つてゐるだけで、ついぞ客など入つて本を買つてゐるのを見たことはなかつた。それから比べると、あの三越の前身の越後屋の角店は大したものだつた。でそれは今でも何うかすると古い絵などに出てをるが、一階建ての長い廊下のやうな店で、オウイ、オウイといふ声が絶えずあたりに賑かにきこえたものだつた。そして客といふ客は皆並んでそこに腰をかけた。つまり番頭が小僧にあれを出せこれを出せといふ声がさういふ風に一つの節となつてあたりに響きわたつてきこえたのであつた。これは越後屋ばかりではない、あの本町通を浅草橋の方へ行く路の角には、それよりももつと大きいあの大丸の店があつて、そこでも、そのオウイ、オウイをやつてゐたのである。……

その時分では、銀座は新式のいはゆる煉瓦町であつたが、京橋から日本橋、目鏡橋（万世橋）にかけては、ほとんど洋館といふ洋館はなかつた。……

数年前に北京に行つて、あの正陽門外の混雑――いろ〳〵な店やら屋台やらが一杯に並んで、路傍で人が平気で物を食つてゐたりするを見て、明治の初年の文化にほうふつとしてゐるのを思ひ出したが、実際、その時分には、日本橋の橋畔あたりの賑ひもそれと少しも違ふところはなかつたのである。……またこの大通りには至るところに錦絵を並べた店があつて、そこに芳年の『月百姿』だとか永濯の『歴史百景』だとかいふものがかけられてあつたので――否浅草あたりのさういふ錦絵の店には、春画に近いものまでもかけつらねてあつたので、びつくりしたやうな心持で、更にいひ換へれば、その時分には、他に雑誌などゝいふものがなかつたので、さういふ錦絵のやうなものゝ中からそつと人生やその人生の底に深く蔵されてある秘密をのぞくといふやうにして、長い間ぢつとそこに立尽してゐたことを想ひ起す。しかし江戸時代には、日本橋の橋の畔も、決してさうした無秩序ではなかつたのであらう。もつと整理されたものであつたのであらう。さうした混雑は明治の初年の空気の名残であつたといふことが出来るであらう。その空気――そのデジヱネレイトした空気が私には懐かしい。　（『大東京繁昌記』下町篇）

一方、長谷川時雨は、日本橋と神田を対比している。伯母が神田にいて、そこで時雨は初めて西洋の香りに触れる。日本橋ではついぞ経験したことのないものだった。

駿河台へニコライ堂が建つとき連れてつてくれたのもこの伯母さんだ。ヴイオリンの音《ね》や、ピアノや、オルガンの音をはじめて耳にしたのも伯母さんの住居へとまりにいつたからだつた。そのころ下町でそんな音色《ねいろ》も、楽器も知つてゐるものはなかつた。あんぽんたんは外国の匂ひを、ここではじめて嗅いだのだ。なぜなら神田は学問をする書生さんの巣窟であり、いまでいふインテリゲンチヤの群である。

（『旧聞日本橋』――あんぽんたんは時雨の幼時の渾名）

田舎から出て来た花袋には、日本橋の輻湊《ふくそう》は江戸とはちがうと思えたようだが、明治十二年に日本橋で生まれた時雨の回想を読むと、小説や絵でうかがえる江戸の生活そのままのように感じられる。

夏の下町の風情は大河から、夕風が上潮と一緒に押上げてくる。洗髪、素足、盆提灯、涼台、桜湯――お邸方や大店《おほだな》の歴々には味へない町つゞきの、星空の下での懇親会だ。湯屋より、もちつとのびのびした自由の天地だ。まづ各自の家が――家並が後景《はいけい》になつて天下の往来が会場だ。その時は、もし、お長屋に警官さんがゐても、その人もまたほんとの人間にかへつて、胸毛を出して、尻をまくりあげて、渋団扇でバタバタやつて来会される。おかみさんの肌抜ぎも咎めなければ、となりのお父さんの褌《ててら》一つなのも当り前なのだ、真に天真爛漫、更けるほど話ははづむ。何処でもする怪談ばなし、新聞がいまほど行き渡らないから旧幕時代の、垢のつききつた「お岩様」で声をひそめてゐる。夜六時すぎてから「お岩様」のはなしをすると怪異があるといふのだ。そら引窓があいた！　なんて、年甲斐もなく妙な声を出すのもある。
新内が来る、義太夫がくる。琴と三味線を合せてくるのがある。みんな下手ではない、聴き巧者が揃つてゐるからだ。向ふ新道の縁台でやらせてゐる遠く流れてくる音を、みな神妙に聴入つてゐる。生活に幾分余裕があつたのでもあらうが、お三日《さんじつ》に――朔日《ついたち》、十五日、廿八日――門に立つ物乞《おもらひ》も、大概顔がきまつてゐた。ことに門附けの芸人はもらひをきめてゐるやうだつた。女太夫の名残りもあつたのだらう。家によつては煙草の火をもらつて話してゆくのもあつた。琴三味線の合奏は老女が多かつた。みなといつてもよいほど旧幕臣のゆかりだつた。

（『旧聞日本橋』）

明治後半、日本橋の東半分を撮った写真を見ると、低い瓦屋根がどこまでも続いていて、江戸時代からほとんど変わっていないという印象を受けるけれども、先程も言うとおりこれはむしろ錯覚である。幕末には、屋根はこれほどびっしり隅田川まで続いてはいなかったはずで、川の手前には武家の屋敷も並んでいた。日本橋にあった娯楽施設は、ほとんどが武家屋敷の立ち退いた跡に出来たものだったのである。けれども武家がいなくなったことは、いずれにせよ大商人が出て行ったほど大きな打撃ではなかった。してみると、ここには一種の逆説があるのかもしれない。明治の間に日本橋の東半分に起こった変化は、むしろ反動的な変化だったかもしれないからだ。この一帯は明治初年より逆に明治の末のほうが、江戸の下

東側から見た日本橋（明治44年）

町の感じに近かったのである。

日本橋には自信があった。声高に臆面もなく自己を主張するのではなく、みずからに静かな矜《ほこり》を持っていた。谷崎も若い頃は西洋にかぶれ、日本の伝統を捨てるべきだと主張してやまなかったが、にもかかわらず、自分が日本橋の出身であることをけっして隠そうとはしなかった。日本橋は日本中のあらゆる道の基点だったが、そのことの重みは、江戸時代よりむしろ明治になっていっそう増したのかもしれない。江戸時代には、実権を持たなかったとはいえ、朝廷は象徴としてなお大きな意味を帯びて京都にあったからである。

自信はしばしば保守的な気風を生む。あるいは逆に、保守的心情から自信が生まれるのかもしれない。なるほど日本橋もある面では、銀座に劣らずハイカラで文明開化に熱中していた。けれども日本橋は、あらゆるものを投げ棄ててまで新しい舶来文化を追おうとはしなかった。もし日本橋と銀座が明治の二つの側面を代表し、保守性と熱狂的な進取の態度を表しているとすれば、日本橋自身の中に、実はある種の矛盾があったのかもしれない。だがこの矛盾は、実は矛盾ではない。というのも日本では七、八世紀、中国文化が滔々《とうとう》と流入した時代から今日に到るまで、進取、革新ということ自体が伝統の一部を成してきたからである。

銀座に残っていた明治の建物は、つい最近、最後の一つが取り壊されてしまった。だが、日本橋の日本銀行の建物はまだ残っている。銀座には明治の建物がもう一軒もなくなってしまったのには、やはり銀座という土地の気風が関係があるだろうが、日本銀行がまだ残っているというのは、日本橋の住人自身の意志には大して関係がないかもしれない。しかし、今のこうした情況はそれぞれの町にふさわしい。日本橋は品川の色街のように、あからさまに変化を拒むことはしなかった。けれどもおそらく日本橋のほうが、本来の意味でもっと保守的だったと言えるのではあるまいか。

大震災前夜の日本橋には、多分、東京のどこよりも江戸の家並みが面影を残していたにちがいない。今日、昔ながらの低い木造建築を見たいと思えば、相当あちこち歩き回らなければならないが、それでも日本橋は銀座や新宿よりはるかに日本的である。ニューヨークと見紛うようなことはない。殊に日本橋の東に寄った一帯では、夏の夕闇が次第に深まってゆく頃など、荷風があれほど愛した甘酸っぱい郷愁を今でも感じ取ることができる。そして、長谷川時雨が描いてくれたあの屈託のない町の賑わいを、今もなおまのあたりに見ることができる。

明治に入ってからの銀座の変貌は急激だった。これほど極端に走った所は東京中どこにもないと言えるかもしれない。銀座は元来、その名の示すとおり幕府の貨幣鋳造所の一つで、徳川時代の初め、静岡から現在の銀座の地に移ってきたのである。鋳造所そのものは寛永の末に日本橋に移転したが、名前だけはそのまま地名として残り、かつては現在の銀座のほぼ北半分を指した。今ではもう少し広く、北の京橋から南の新橋まで、二つの橋の間一帯を銀座と呼んでいいだろうが、明治以後、西洋の文物がもっとも激しく流入したのはこの意味での銀座だった。

銀座をはじめ京橋区一帯は、明治の十五区の中でもいちばん水路に恵まれた地域だった。京橋以上の区といえば深川だけで、ここでは東京に入ってくる木材の運搬、貯蔵、それに加工のために、網の目のように入り組んだ運河や掘割が必要だった。しかし銀座一帯も周囲は完全に水路で囲まれていたし、東京湾に向けて運河が数多く通じていたから、外国人居留地がこの京橋区の海側、築地に出来たのも当然だった。ここなら、水路で異人を市街から隔離しておくこともできる。けれども今は、このおびただしい水路もほとんど姿を消してしまった。

明治の銀座通りは、真中を南北に走る昔の東海道の街道で、新しい煉瓦造りの建物が建ち並んだのもこの道だった。今でもこれが銀座の表通りであることは言うまでもない。だがこの点を除けば、銀座は随分と変わった。

新橋に鉄道の駅が出来、大勢の客を送り込んでくるようになると、商売も娯楽も南に重点が移る。南北に延びる大通りに交差して、東西に走る大きな道としては、かつて将軍が城から海辺の別荘（後の浜離宮）へ行くのに使った道があった。現在のみゆき通りである。けれどもやがてこの北側に、内濠の桜田門から直接東に延びる道が出来る。現在の晴海通りだ。やがて鉄道が北に延び、東京駅が開業して、銀座の重心がまた北へ戻ってくると、この二つの道の交差点が銀座の中心、そして東京の中心になる。しかしこれは徐々にはっきりしてきたことで、明治の末にもある程度は表れていたけれども、完全に定着したのは大正時代と言ってよかろう。現在でも、いわゆる副都心の成長で多少曖昧になっているとはいえ、一般にはやはり、東京の中心は銀座四丁目の交差点ということになっている。

銀座の大火も鉄道の開通も、共に明治五年のことだった。どちらも大きな変化をもたらすものと期待された出来事だったが、しかしかならずしも、期待したほど早く変化が現れたわけではない。煉瓦街は明治七年にはすでに一部入居できる状態になっていたが、如何せんあまりにも新しすぎて、見物の客は大挙して押しかけたけれども、いざ入居となると尻込みする者が多かった。ここに住むと、土左衛門みたいに水ぶくれになるなどという噂まで立ってはなおさらである。銀座が本当に活況を呈し始めるのは、ようやく明治も中頃に入る頃で、まず明治十五年、鉄道馬車が日本橋まで開通する（後に浅草まで延長になる）。同じ頃、アーク灯がついて銀座の夜の賑わいが始まる。大正時代に流行した銀ブラは、すでにこの頃に起源があったわけである。実は「銀ブラ」という言葉は、元来はここに四六時中うろついていた浮浪者の有り様を言ったもののようで、これが普通の若い人たちの楽しみになったのは、ほぼ第一次大戦前後のことだった。

銀座を日本橋と対比して、それぞれの特徴を示すものとしてよく言われたのは、日本橋が江戸っ子の町であるのにたいして、銀座は東京っ子の町だということだった。けれどももう少し時代が下れば、日本橋はまだ明治の名残の感じられる町、これにたいして銀座は大正、昭和の町という言い方もできただろう。日本橋には、今日でもまだ明治の遺物が残っているが、銀座の煉瓦街の名残は、文字どおりひとかけらも残っていない。銀座通りが完成したのは明治の末から大正にかけてだったが、明治の面影を残す最後の遺物も、最近ついに取り払われてしまった。

明治の銀座はよく成金の町といわれる。日本橋の三井家などと対比して、銀座の実業家をこう呼ぶわけだ。なるほど銀座の新興の実業家は、やがて丸の内に本拠を構えた三井や岩崎ほど絶大な成功は収めなかったかもしれないが、面白さという点からいえば、むしろ銀座っ子のほうが上かもしれない。彼らの一代記のほうが、いかにも明治らしい冒険心と果断がある。谷崎をはじめとして、江戸っ子は新時代の競争に取り残され、敗北したと唱える人々は少なくないが、銀座っ子の活躍ぶりを見ると、こんな説は迷信に近いことが知れるのである。

銀座の店は、どこも一代で産をなした出世話の見本ばかりだが、中でもおそらくいちばん面白いのは、江戸っ子の中の江戸っ子ともいうべき服部金太郎だろう。服部時計店、そして精工舎の創立者である。生まれは銀座そのものではなく、少し東に外れたあたりで、父親は古物商だった。十三歳の時、今の銀座の南にある金物屋に奉公に出たが、通りの向かいに維新前から商売をしていた時計屋があり、金太郎は金物などよりこっちのほうに興味をひかれ、金物屋の奉公をやめて日本橋の時計屋に小僧に入った。そのほか横浜の外国人の時計屋にも始終出入りし、やがて自分の店を出す。ごくささやかな店で、実は街頭の屋台店にすぎなかった（銀座には、第二次大戦後まで夜店があった）。当時、時計はまさしく文明開化の象徴で、明治の諷刺的な浮世絵でも、馬鹿デカい懐中時計が西洋かぶれした伊達男のシンボルになっている。金太郎の狙いはよかったわけだが、しかしこの商売は、当時すでに既成の会社が充分地歩を固めていた。その中で第一線に躍り出るには、人並み外れた明敏さと勉励が必要だったはずである。数年後、金太郎は資金を貯《た》め、銀座の東の自分の生家に時計の修理・販売の店を開く。明治十八年、まだ二十代の金太郎は、やがて銀座の中心となる四丁目の角に建物を買った。『朝野新聞』が廃刊した後、その事務所を買い取ったのである。この時以来、服部の時計塔は、さまざまに姿を変えながら銀座のシンボルとなる。同時に、金太郎は隅田川の東に工場を建てたが、これが後に世界最大の時計工場に成長する。

金太郎は、かならずしもまったくの無一物、裸一貫から出発したわけではない。生家はれっきとした下町の小売商だったからである。けれどもやはり、彼の一代記には銀座のエッセンスがある。銀座は、新しい鉄道の終点をひかえて栄えた町だった。この駅こそは、明治のあらゆる新しい世界の出入り口であり、そこから流入する品物は、例えば懐中時計にしろ腕時計にしろ、明治のハイカラ人種がなしではすますことのできない品物だった。銀座を西にほんの二、三百メートルも行けば鹿鳴館だったが、ここに集まるエリートたちが西洋化によって政治的利益を得ようとしていたとすれば、服部の時計塔は、いわば実業界での雄飛の中心を示していたのである。

冒険と進取の気風を物語る例はほかにも多い。今では最大の化粧品会社として有名な資生堂も、元は大火の直後、銀座に開店した薬屋である。創立者は初め海軍の薬剤師だったが、その後、石鹸や歯磨き粉、アイスクリームなどさまざまの新しい商品を実験した後、化粧品の製造に進出し、会社の宣伝文句を借りれば、日本人の肌から泥臭さを除こうとした。この新機軸の会社の名前に「資生堂」という社名を選んだということ自体、いかにも明治らしい創意が現れている。「資生」は実は中国の古典から取った言葉で、今日なら、当然フランス語か英語を借りてくるところだろう。

官僚と結びついて利益をあげたのは、別に日本橋の豪商ばかりではない。明治の初め、京橋区には凮月堂という菓子屋が二つあった。一つは現在の銀座、一つは京橋の橋の北にあった店である。この二つの凮月堂の競争は、新旧の争いを典型的に示す例と言えるだろう。北側の店は伝統的な和菓子、南の店は洋風のケーキやクッキーを売っていたからである。銀座の店は日清戦争中、莫大な軍用の乾パンの注文を取った。その量は六十トンを越えたといわれる。和菓子の凮月堂もついに敗北を認めざるをえず、こうして進取の路線を取った凮月堂が、東京でいちばん有名な菓子店となったのである。いち早くパンの製造を始めた店のうち、もっとも成功したのも銀座の店で、乃木将軍の愛顧を受け、日露戦争で莫大な利益をあげることになった。

明治三十二年七月四日は、いろいろの意味で記念すべき日である。第一に不平等条約がついに解消した日だったし、もう一つ、銀座の新橋寄りの端に、日本最初のビヤホールの開店した日でもある。明治もいよいよ末に近くなって、銀座には新しいタイプの水商売がもう一つお目見得した。やがて大正時代のシンボルとなる「カフェー」で、今日の銀座の高級バーの先駆でもある。最初のカフェーはプランタンという店で、明治四十四年、銀座の南の端、ヱビス・ビヤホールの近くに開店した。このあたりは、明治初期から料亭や芸者置屋に混って、「曖昧屋」や小料理屋、飲食店などが多い土地柄だった。プランタンは昭和二十年にもまだここに建っていたが、防火区域を作るために取り壊される。防火のためには、すでにあまりに遅かったというほかない。開店後まもなく、プランタンには競争相手が次々に現れるが、中でも強力だったのは四丁目の交差点に出来たライオンで、ここの常連の中には永井荷風その人もいた。荷風はカフェー女給の浮き沈みの激しい生活をこと細かに書き残している。中には荷風を脅迫しようとした女給までいたという。

銀座にはまた、日本で初めてイギリス式のクラブも出来た。明治十三年、福沢諭吉の作った交詢社である。文明開化を説いてもっとも大きな影響力を発揮した福沢が、雄弁術の必要性を強調して三田に演説館を建てたことは前にも述べたが、福沢はまた、紳士として打ち解けた社交的会話の術を学ぶ必要があると考え、友人たちの資金援助を得て交詢社を創立したのである。すでに百年以上の歴史を経て、クラブは当初のまま今も新橋の近くにある。ただ、入っているビルそのものは大震災後の建築だが、ほとんどの建物が改築されて新しくなってゆく銀座では、このビル自体もすでに歴史的な建物になっている。

銀座の商人が、畏れ多くも天皇の宸襟《しんきん》を悩ませたという事件もあった。明治二十二年、博覧会の開会式に臨席されるため上野に行幸の途次、天皇はとある銀座の店の看板に目を止められた。読めない文字があったからである。店主の名前ははっきりわかるが、商品の名前が読めない。侍従を遣わして御下問になったところ、戻ってきた侍従が報告するには、問題の

交詢社のロビー

品物はカバンであるという。店主は「革」と「包」とを組み合わせ、これに、物を入れる包みという意味の中国語、「きゃばん」の音を当てたのである。陛下じきじきの御下問に恐縮した店主は、以後、看板にカナを振ることにした。店は有名になり、同時に「鞄」という字も日本語として定着した。件《くだん》の看板は、残念なことに震災で焼けてしまった。

東京の有名な学校の中には、京橋区が発祥の地である例がめずらしくない。最初の海軍兵学校は築地の居留地にあった。今の一橋大学の前身は、森有礼《ありのり》が明治八年に創設した商法講習所である。森は明治の文部大臣としてもっとも有名な人物となるが、明治二十二年、その西欧化政策を批判する刺客によって暗殺された。あたかも明治憲法発布の当日だった。さて、その森有礼の商法講習所設立の趣意書は福沢諭吉の筆になるもので、将来の競争を制するものは経済活動であり、これに勝利を望む者はまずその法則を知らねばならぬと説いている。最初はごくつつましく、海産物屋の二階に森の私塾として出発した学校は、明治九年、銀座の東、木挽町に移った。やがて市が経営を肩代わりし、明治十八年には文部省の管轄に入って、神田の一橋に移転することになる。

立教大学の前身も、築地居留地にあった中学校と女学校で、明治の終わりにはまだ銀座からそう離れてはいなかった。青山学院も、同じくミッション・スクールとして築地の居留地から出発したが、明治の終わりにはすでに青山に移転していた。

こうしてみると、教育面では、銀座が文明開化の最尖端にいた時期はそう長くはなかったわけだ。明治末には外国人居留地はすでに法的にはなくなっていた。その後も大震災までは、外国人はこの地域に住みつづけ、宣教や教育に当たっていたけれども、ミッション・スクールはすでにほかの土地に移り始めていたし、やがてすべて出て行って、高等教育機関として残ったのは、ただ海軍大学校一つだけになってしまう。

文化活動の中で、銀座がいち早く先頭に立った分野はまた別にある。そしてこの分野では、銀座は現在でもある程度は中心地としての地位を維持している。新しい銀座の煉瓦街は、一般にはあまり評判がよくなかったけれども、新聞関係者は早速目をつけた。新聞は近代になって初めて現れたもので、なるほど江戸の瓦版も今日の新聞と多少似てなくもないが、やはり新時代の産物と見ていいだろう。日本最初の日刊新聞は明治三年、横浜で創刊されたが、明治十二年東京に移った。横浜時代は『横浜毎日』と称していたけれども、途中いろいろと名称を変えた後、明治三十九年『東京毎日』という名前に落ち着く。ただし現在の『毎日新聞』とは別で、明治時代には現在の『毎日』は別の名前だったたし、この点は『朝日』も同様だが、元来は大阪に生まれ、後に東京に進出してきた社である。

銀座で最初の新聞は、築地居留地でJ・R・ブラックというイギリス人の始めた新聞と見ていいだろう。ただこのブラックは、明治政府に一種の欺《だま》し討ちに遭わされたらしい。明治政府は、外国人が日本語の新聞を発行することを好まず、外国人を閉め出そうとしていた。ブラックは政府機関の職を提供され、この職に就いたが、こうして新聞とは縁が切れたこと人気が確実になると、たちまち解任されてしまったのである。明治の末、東京の寄席でイギリス人の芸人が一時人気を博したことがあった。実は今いうブラックの息子である。しかし人気も永くは続かず、息子は大震災後間もなく、世間から忘れられたまま世を去った。

明治中期、銀座には新聞社が三十以上も社屋を構えていた。だがちょうどこの頃、大阪の会社が乗り込んできて、例によって強引なやり方で競争に割り込み、弱小新聞を淘汰してしまう。現在の三大紙のうち、二つまでが元来は大阪の会社である。明治の末以来、三大紙とも銀座に本社があったが、やがていずれも銀座を出てゆくことになる。最後まで残っていたのは『読売』で、もともとの東京の新聞は三大紙中でここだけだが、その『読売』も今はもう銀座にはいない。

明治の殺人事件のうち、いちばんロマンティックな事件は日本橋で起こったが、銀座にもこれに劣らず興味深い事件があった。明治十三年、昔の新橋駅のすぐ北で、旧時代さながらの敵討《かたきう》ちが起こったのである。歴史上、最後の敵討ちといわれる。仇を討ったのは黒田家の分家に仕えていた旧士族で、維新の混乱のさなかに殺された両親の敵を取ったのである。両親を殺した下手人はまったくお咎めを受けなかったどころか、逆に藩主に重用され、維新後も明治政府の好遇を得て判事として出世し、地方判事をつとめた後、東京上等裁判所に栄転した。両親を殺された息子はその後を追って上京し、現在の銀座の黒田家の屋敷で敵を討ち果たした。息子は終身刑の宣告を受けたが、明治二十五年に釈放され、九州に帰って余生を全うしたという。敵討ちは、すでに旧幕時代から幕府には歓迎されなかったし、明治になると、文明開化にまったく逆行するものと考えられてはいたけれども、この事件で犯人にたいする扱いが比較的寛大だったのは、古い生き方を頑固に守ろうとする人々にたいして、ある種の賞讃の念があったからかもしれない。敵討ちのあった一帯は、今はまったくの商業地である。

銀座をややひろく取れば、劇場街としても重要な場所だったが、そのひとつの理由は、明治の初めから中期にかけて、銀座のすぐ東に新富座や歌舞伎座が建ったためだった。けれども実は江戸時代、そのごく早い頃から天保の改革に至るまで、ここは歌舞伎の中心地だったのである。ちなみに世にいう絵島生島事件の舞台となったのも、その頃木挽町にあった山村座という劇場だった。正徳四年、第七代将軍家継の時代、大奥の女中絵島が山村座の役者生島と恋に落ち、徳川家の墓参と詐《いつわ》って密会を重ねていたが、この密通が発覚し、絵島は信州高遠に流刑、役者と座元は遠島、山村座は廃絶の処分を受けた。この事件は明治になって劇化され、今も歌舞伎の舞台で見ることができる。

明治の銀座について古い記録を読んでいると、まことに興味はつきない。銀座の西洋熱は日本全体に拡がっていったし、銀座が中心となって推し進めた実業上の大胆な実験は、軍事的な冒険などよりはるかに大きな富と威信をこの国にもたらした。いずれにしても、実業上にしろ軍事的なものにしろ、近代の日本では、行動的な分野のほうが思想の分野よりはるかに興味深い。同じ行動の分野の中でも、軍事よりも実業界の活動のほうが、単に興味深いばかりではなく実効のあったことは確実だが、これにくらべると思想界では懐疑と逡巡が一般的で、疎外とかアイデンティティーの探求といったテーマが、ほとんど強迫観念のように繰り返される。もっともこうしたことは必ずしも日本だけのことではなく、近代では世界中どこでも知識人を悩ませてきた問題にはちがいない。もう一つ、日本の言論界がいつも繰り返してやまない問題は、この小さな島国にすぎない日本が、みずからの資源と意志だけで生き延びてゆくことは不可能だという無力感、焦燥感である。ところが日本の企業や商社は、無力どころか、実際、まことに驚くべき実績をあげてきた。そして、今日の半導体やロボットに到る成功の出発点は、まさに明治の銀座にあったのである。

今でも、殊に春や夏の夕方、銀座のネオンの下をそぞろ歩くことは実に楽しく、銀座がかつて東京の、そして日本全体の中心として揺るぎない地位を占めていた時代のことを思い起こして、うたた郷愁を禁じえない。けれども今では、銀座も銀ブラもいささか古色を帯びてしまった。もっと騒々しい大衆化した盛り場が西や南に出来て、若者は銀座よりもそうした新しい歓楽街に群がっている。けれども考えてみれば、銀ブラが最新の流行だった頃には、今、昔の銀座に郷愁を覚えるような者なら、保守的な日本橋にもっと強く心をひかれていたにちがいない。日本橋なら、なお江戸の残照のうちをさまようこともできたはずだったからである。

明治の初め、下町の北の端はどこかと尋ねられたら、江戸っ子の答えはかなりまちまちだったのではあるまいか。神田川か、その少し先までと答える者もあったろう。とすれば、下町はほぼ日本橋と神田の平地だけということになる。もっと広い範囲を下町に入れる人なら、浅草や鶯谷の町家も下町だと答えたかもしれない。けれども浅草や鶯谷は下町としては飛び地で、本体との間には武家屋敷が挟まっていた。

明治の終わりになれば、誰でも当然のこととして、浅草はもちろん、上野をはじめ下谷区一帯は下町に入ると考えたはずである。この頃には、浅草も下谷も家が立てこみ、お屋敷町も神社や寺もほとんど姿を消していたからである。まだ所々に田圃が残っているほかは、下町は市の境界線まで延び、所によっては境界を越えて外にまで溢れ出ていた。

「東京の浅草寺は、ロンドンのセント・ポール、パリにとってのノートルダムに当たる」。W・E・グリフィスもこう書いているが、東京を訪れる外国人は、ほとんどがこの寺に強くひかれた。イザベラ・バードさえ、普通は人の行かない辺鄙な所にしか興味を示さないのに、浅草寺だけは別だった。グリフィスの言うとおり、確かに浅草寺は東京を代表する寺院だけれども、しかし浅草はただ信仰の場所というだけではなかった——というより、いかにも日本の寺社らしく、同時にこの世の楽しみの中心でもあった。

グリフィスの語っているところを読むと、この楽しみの中には、かならずしもそう無邪気ではないものもあったことがわかる。

境内の北の端には矢場がずらりと並んでいて、ここにも厚化粧の美人が客を迎えている。女たちは茶を出し、にっこりと微笑みかけ、冗談を言い、ケラケラ笑い転げ、長いパイプに細かく刻んだ煙草をつめて、低い鼻からゆっくり白い煙を吐くと、真鍮の吸い口を拭き、客に勧める。それから相当に際どい質問を、顔も赤らめずに発するのである。

グリフィスは、こうした描写をほとんど一章を丸々割いて続けているが、今これを読むと、当時の活況を生き生きと目に浮かべることができると同時に、ある種の悲しみを感じざるをえない。今日ではもう、江戸から残っているものといえば、ごく小さな離れ屋がいくつか、それに石橋があるだけで、ほかにはすでになに一つない。あるとすれば、立ち木が何本かまだ生き残っているくらいのものだろう。単に建物が失われてしまったばかりではない。かつての浅草の生活もまた失われてしまっている。大震災では焼失を免れた観音堂も、戦災では焼けてしまった。それでも歓楽地として生き延びていた浅草から、人々の足は次第に遠のいていく。今でも田舎から来た見物客は観音様に参るけれども、東京の人、なかんずく若者はもう浅草には群がらない。

徳川時代の江戸では、市街を大きく遠巻きにするような形で寺や墓地が連なっていたが、浅草区と下谷区は、現在の上野公園から隅田川に到るまで、この寺や墓地の環の一部を形作っていた。現在の上野駅のいちばん北あたりから川まで、ほとんど寺伝いに歩くこともできたはずだ。江戸では用途ごとに区画割りが出来ていたが、死者のためにも土地が割り当てられていたわけである。ただあまり身近に死者の土地があるのを嫌って、幕府は市街のいちばん端にぐるりと墓地を配置したのだ。明治の末になっても、寺院の中には江戸期以来そのまま残っていた所が多かったし、今でもなおあちこちに散在している。だから墓を訪ね、碑文を読むのを楽しみにしている者にとっては、浅草や下谷は現在でもなお、訪れて報われることのいちばん多い一帯である。明治の末の案内記を見ると、浅草区には一三二、下谷区でも八六ヶ寺の名前が挙がっている。とはいえ、この地域が下町の中心に繰り込まれてゆくにつれて、寺の境内は随分と狭くなったし、都心の土地の需用がますます強くなるに従い、墓地がなくなったり、郊外に移転する例も相次いだ。

明治の中頃、東京府は新しい商店街の建設に乗り出した。浅草寺の末寺が並んでいた土地に、鉄道馬車の通る大通りから観音堂の仁王門まで、道の両側に煉瓦造りの店を並べて建てたのである。工事は明治十八年に完成した。今日の仲見世である。この時の建物は大震災で破壊されてしまったけれども、今も通りの風景は建設当時の面影を残していて、どこか明治の浅草を偲《しの》ばせてくれるし、それに多分、銀座の煉瓦街というのもこんな感じだったのではないかと思える。

明治の末から大正にかけて、江戸っ子のいう「新しい浅草」が姿を現してきた。観音堂の西側、それに南側である。そこへ大震災が来て、浅草寺自体のほかはほぼ一切が破壊され、そして浅草が復興した時には、もう新旧は完全に交代していた。少なくとも江戸っ子はそう言う。

本所生まれの芥川は、「浅草」という言葉が呼び起こすイメージについてこう書いている。震災前の古い浅草の姿である。

浅草といふ言葉は少くとも僕には三通りの観念を与へる言葉である。第一に浅草といひさへすれば僕の目の前に現はれるのは大きな丹塗の伽藍である。或はあの伽藍を中心にした五重塔や仁王門である。これは今度の震災にも幸と無事に焼残つた。今ごろは丹塗の堂の前にも明るい銀杏の黄葉の中に相変らず鳩が何十羽も大まはりに輪を描いてゐることであらう。第二に僕の思ひ出すのは池のまはりの見世物小屋である。これは悉く焼け野原になつた。第三にみえる浅草はつゝましい下町の一部である。花川戸、山谷、駒形、蔵前――その外どこでも差支ない。たゞ雨上りの瓦屋根だの火のともらない御神燈だの、花のしぼんだ朝顔の鉢だの……これは亦今度の大地震は一望の焦土に変らせてしまつた。

（『大東京繁昌記』下町篇、久保田万太郎「雷門以北」に引用）

確かに震災で浅草も一変した。久保田万太郎は、この新しい浅草の虚しさを嘆く。

「池のまはりの見世物小屋」こそいまのその「新らしい浅草」あるひは「これからの浅草」の中心である……（略）

が、前のものは——その逆に「古い浅草」は……

読者よ、わづかな間でいゝ、わたしと一緒に待乳山《まつち》へ上つていたゞきたい。

そこに、まづわたしたちは、かつてのあの「額堂」のかげの失はれたのを淋しく見出すであらう。つぎに、わたしたちは、本堂のうしろの、銀杏だの、椎だの、槙だのゝひよわい若木のむれにまじつて、ありし日の大きな木の、劫火に焦げたまゝのあさましいその肌を日にさらし、雨にうたせてゐるのを心細く見出すであらう。さうしてつぎに……いや、それよりも、さうした木立の間から山谷堀の方をみるのがいい。——むかしながらの、お歯黒のやうに澱んだ古い掘割の水のいろ。——が、それにつゞいた慶養寺の墓地を越して、つゝぬけに、そのまゝ遠く、折からの曇つた空の下に千住のガスタンクのはるぐ〵うち霞んでみえるむなしさをわたしたちは何とみたらいゝだらう？——眼を遮るものといつてはたゞ、その慶養寺の境内の不思議に焼け残つた小さな鐘楼と、もえ立つやうな色の銀杏の梢と、工事をいそいでゐる山谷堀小学校の建築塔《タワー》と……強ひていつてそれだけである。

わたしたちは天狗坂を下りて今戸橋をわたるとしよう。（略）八幡さまのはうへ入つても、見覚えの古い土蔵、忍び返しをもつた黒い塀、鰻屋のかどの柳――さうしたものゝ匂はしい影はどこにもさゝない。――そこには、バラックの、そばやのまへにも氷屋のまへにも、産婆のうちのまへにも、葵だの、コスモスだの、孔雀草だのがいまだにまだ震災直後のわびしさをいたづらに美しく咲きみだれてゐる……（『大東京繁昌記』下町篇）

万太郎がこの文章を書いたのは震災直後のことだったが、この時期には誰しもみな、これで古い浅草は永遠に消え失せたと感じていたにちがいない。そして「新しい浅草」、けばけばしい公園と歓楽街が、今や浅草を占領してしまったものと信じていたに相違ない。ところが最近になって、実は逆転が起こったのである。新宿や渋谷など、新しい歓楽街が浅草以外の所に出来て、浅草の興行街からは活気が失せてしまった代わりに、観音堂の北側や東側には、今でもひょっこり、まさしく芥川の描いたのとそっくりの街並みが、孤立した一画となって残っているのだ。一度も晴れがましい繁栄を経験したことがなかったために、路地の奥の裏町は、逆にひどくさびれるという惨めさを味わわなくてもすんだのである。

川端康成はよく言っていた。東洋の文化は悲しみに満ちているけれども、西洋に感じるような荒廃は一度も感じたことがないと。これは確かに当たっている。なるほど谷崎の言うとおり、下町っ子は郊外に、さらにはその先まで四散したにはちがいない。今の浅草に浅草生まれの人は実はそう多くはないし、まして、祖父の代から浅草という生粋の江戸っ子はさらに少ない。浅草から活気が失せてしまったことは悲しいことではあるけれども、しかし、だからといって浅草がつまらない場所になったというのではけっしてない。ここには今でも、いかにもあけっぴろげで屈託のない、その日その日を陽気に楽しむ気風があって、これは山の手の騒々しい盛り場にも、郊外の洒落た高級住宅地でも見ることのできないものだ。

下谷区と神田区は、半分は高台、半分は平地になっている。つまり半分は山の手、半分は下町に入る。明治の下谷区には、古くからの下谷（文字通り下の谷）と、上野――つまりその上に拡がる台地の野原が入っていた。下谷は大震災でほぼ完全に潰滅したけれども、公園から先の台地はほぼ被害を免れた。江戸時代には、町人が住んでいたのは下谷の平地でさえごく僅かの部分で、寛永寺の南から日本橋へと、南に延びる大通りに沿って帯状に固まっていたにすぎない。そのほかはほとんどが武家の屋敷で、下谷の広小路は、いわば下町の中に孤立した町家の島だったのである。

ところが明治も終わる頃には、上流階級は大部分がもっと西に移住し、かつてのお屋敷町の庭には小さな店や民家が建って、本郷や神田の台地から隅田川までびっしり続くことになる。明治四十年、東京市の出した『東京案内』を見ると、こうした変化がどのようにして起こったか想像がつく。

下谷公園　区の東部竹町に在り。東は三味線堀及浅草区小島町に接し、北は西町に接す。明治廿三年四月公園地に編入せられたるものに係り、面積一万六千四百卅二坪あり。旧《も》と佐竹侯の邸第《ていてい》にして、邸第引払後原野となり、俗に佐竹が原と称し、後劇場、寄席、観物《みせもの》等の集中地たりしが、次第に撤し去られて、今は全く町屋となり、未だ公園の設備を施さるるに至らず。

下谷の北半分は寺院や墓地が多い所だった。江戸の周囲を遠巻きにしていた墓地の帯の、北側に連なる円弧の一部になっていたのである。谷中の墓地は、最後の将軍の墓や高橋お伝の墓もある所だが、明治期、東京でいちばん大きな公営の墓地になった。東京は南と西に恐ろしく拡大したので、今日では、この南や西の地域に住んでいる人々の目から見ると、谷中など随分と北ないし東に当たる。だから当然、ここも下町の一部だと信じて疑わないだろうが、実は谷中は、明治の新しい山の手だったのである。寺院の土地が縮小してゆくにつれて、このあたりはインテリの住む町になり、大学の教授や文士や画家の好んで住む土地になった。とはいえ、単に市街の東北に当たるということのほかにも、谷中が次第に下町に変わっていった理由はなくもない。江戸の死を嘆く人々の語り草では、大震災で失われなかったものもやがて戦災ですべて失われてしまったということになるが、実は谷中は、この二つの大災害を無事にくぐり抜けてきたのだ。下町の中心部には、すでに震災当時からお寺はほとんどなくなっていたけれども、谷中には今も沢山の寺がある。格子窓や、昔ながらの瓦屋根、あちこちに散在する緑など、今でも谷中は東京中で、昔の下町の風情を感じさせる街並みがいちばんよく残っている所だ。

谷中の東にあたる根岸は、昔から金持ちの御隠居さんの侘び住まいにいい所とされていたが、明治には文人や画家も住んで、正岡子規を中心とする「根岸派」の活動によって文学史にも名を残すことになった。今でもここでは、隣の谷中と同じように、昔の下町の情景を偲ばせる路地に出くわすことがあるが、しかし今では根岸は、あまり上品な所とはされていない。邦楽のお師匠さんなどは別として、芸術家やインテリが住もうと思うような土地柄ではなくなっている。

谷中や根岸からは、かつては田圃を越えて東に吉原が見渡せた。吉原の大店《おおみせ》の主は、よく根岸のあたりに寮を構えていて、花魁の中でも恵まれた女性たちは、ここにさがって病を癒したものである。荷風の愛した土地でもあって、特に遊女が病を養った古い家々を愛した。

根岸の閑居。主人倉山南巣は早くも初老の年を越えてより朝夕眺暮らす庭中の草木にも唯呆《あき》るゝは月日のたつ事の早さである。……そこらの枯枝伐除《きりのぞ》く花鋏の響にさへ心しつゝ植込の間をくゞりくゞりいつか隣と地境《ちざかい》の垣根際へ出る。見ればところ〴〵烏瓜の下つた建仁寺垣の破れ目から隣の庭は一面に日のあたつた明さに、泉水をひかへた母家の縁先までもよく見通されるのであつた。

南巣はこの地境へ歩み来て隣の家をば植込越しに垣間見する時、母家のつくり、柴折門、池にのぞんだ松の枝振、人情本の絵に見る通りの有様にいつも心を奪はれしたゝか藪蚊に頰をさゝれて始めて我に返るを常とする。隣は元吉原妓楼の寮で今は久しく空家になつてゐるのであるが、南巣の家は三代程前から引つゞき此方の古家に住んでゐる事とて、主人は自然に子供の折から年寄つた人達の話や何かを聞き伝へ近隣一帯の事情には精通してゐる。現に南巣はまだ母のふところに抱かれてゐた時分であつた。御維新前から引つゞいた隣の寮で或年大雪の晩久しく出養生《でやうじやう》してゐた華魁《おいらん》が死んだ事をば子供ながら聞き知つて何となく悲しい気がした事をばよく覚えてゐる。されば今も猶一株の松の老木、古池のほとりから縁先近くまで見事に枝をのばしてゐるのを見ると、南巣は幾歳《いくつ》になつても浦里や三千歳の浄瑠璃をば単に作者の綴つた狂言綺語だと云ひ捨てゝしまふ気にはなれない。また世の風俗人情がいかほど西洋らしく変つて来ても、短夜にきく鐘の声、秋の夜に見る銀河の流れ、風土固有の天然草木に変りなき間は男女が義理人情の底には今も猶浄瑠璃できくやうな昔のまゝなる哀愁があらねばならぬと思つてゐる。（『腕くらべ』）

神田は宗教の臭いのほとんどしない町だった。神社はいくつかあったし、東京で唯一つの儒教の聖堂もあるが、寺院は一つもなかった。幕府は仏教の臭い、葬式の臭いがあまり近くなることを嫌ったのである。現在の秋葉原は、秋葉《あきば》神社が地名の起こりで、神田の大火の一つが起こった後、神社の広い境内が火除地にされた。その野っ原を「秋葉《あきば》ヶ原」と呼んだのである。ところがここに国鉄の貨物駅が出来て、地名も訛って現在の「秋葉原《あきはばら》」になってしまった。江戸っ子はこうしたことは腹に据えかねる人種で、そして確かに、古い地名のほうが土地の感じがよく出ている。これにたいして今の呼び方には、荷風も倦《う》むことなく繰り返していたことだが、いかにも鉄道員の事務的で殺風景な調子がある。東京では、地名さえ人間が勝手に造り変えてしまうのである。

下町っ子の典型は、日本橋ではなく、むしろ下町の周辺で生まれるという通説がある。喧嘩っ早く、といっても威勢がいいのはもっぱら口のほうで、実際腕力に訴えることはあまりないが、陽気で、気さくで、宵越しの金を持つことを潔《いさぎよ》しとしないといったタイプは、芝で生まれて神田で育つという。神田といっても、もちろん神田の平地で、神田明神を見上げて育ったその氏子である。昔の神田はいささか騒々しい土地で、勇み肌のお兄《あに》いさんや湯女《ゆな》で有名だったが、明治になるともう少し落ち着いた土地柄になり、下谷や浅草よりも勤勉な

神田の材木置場（明治後期）

雰囲気になったようだ。
　神田でいちばん活気があったのは、やはり青果市場だろう。市内でもっとも大きく、江戸時代には将軍様の食膳を賄ったという伝統を誇る市場だ。日本橋の古い魚河岸が文明開化の波に押されて、結局は移転せざるをえなくなったことは前に書いたが、神田の卸売市場はそれほど直接の脅威を受けはしなかった。けれども明治を通じて、存続に多少の不安は免れなかった。結局、これまでよりも清潔、能率的に改造することで充分ということになり、魚河岸のように立ち退かなくてすんだのである。大きな市場というのは、下町の庶民がいちばん賑やかに騒々しく活動する場所だったが、青物市場も、魚河岸ほど強烈に嗅覚を刺戟することはなかったにせよ、威勢のよさでは変わりはなく、神田そのもの、そして神田育ちの江戸っ子のみごとな縮図と言えるだろう。

けれども同じ神田でも、西半分の高台はハイカラの代表だった。日本橋生まれの長谷川時雨が、初めて西洋文化の香りに触れたのもここである。明治の中頃にはロシア正教の大聖堂も出来たし、大学町、書店街、そしてインテリの町になっていた。神田の古本屋街は世界でも類例のない規模を誇るが、明治の後半に姿を現し始めたようだ。昔の九段通りは非常に狭く、人力車がやっと通れるか通れないかだったらしい。大震災で失われた古書籍は何十万冊にものぼった。

神田は東京中で——というより実は日本中で、私立の高等教育機関がいちばん集中している所だった。明治、中央、それに日本大学は、いずれも明治の初期から中期にかけて、最初は法律学校として神田に生まれた。明治の末にはほかの学部も併設され始めたけれども、もともと法律は明治人がもっとも大きな関心を抱いた学問の分野で、それというのも西洋の法律体系が日本に根づき、治外法権がもはや必要のないことを西洋列強に示すことさえできれば、日本国内からこの不平等をなくすこともできると考えたのである。これにたいして人文系の学問は、明治の末頃にはまだ、少なくとも私立大学ではそれほど重要な地位を占めてはいなかった。文科系、それに理科系の学科は主として国立に任せて、神田ではもっぱら法科や経済が支配的だったのである。青果市場の喧騒を見下ろすこの土地では、これはふさわしいことだったように思えるし、それに私学のこうした傾向は、帝大より新時代の精神をもっと端的に反映していたとも言えるだろう。こうした分野こそ、日本人が本当に優れた成果をあげることになる分野だったからである。

隅田川の東の一帯は、文明開化のいちばん惨めな犠牲となった地域である。明治時代、いちばん変わったのがこの地域だというのではない。変化の大きさという点からいえば、むしろ丸の内のほうが上だろう。江東地域は、変化が荒廃をもたらしたのである。GNPをいやが上にも大きくしてゆくためには、誰かが犠牲にならなければならない。そして政府は、南の海岸地帯と並んで、本所や深川をその誰かに選んだのだ。

犠牲になるのは、いつでも貧しい者たちだと言ってしまえばことは簡単かもしれない。けれども実際には、少なくとも江戸末期の地図で見る限り、江東地域、なかんずく本所が格別貧困だったとは思えない。江東地域が選ばれたのは、最初から荒涼として貧困な一帯だったからではなく、水路が豊富で、だから品物を運送するのに便利で金がかからなかったためなのである。それに、この地域はまだ比較的土地が空いていた。もし日本橋を工場地帯にするとなれば、はるかに多くの住民や家屋を立ち退かさなければならなかったはずである。

江戸末期の本所は、ある意味で山の手の西半分と似ていた。山の手より整然と区画されてはいたけれども、武家の土地の間に小さな町家が所々に固まっている点では同じだった。けれども深川、殊にその南端の海に面した一帯は、これとはかなり趣を異にしていた。ここには木場があって、そして木場の材木商は、日本橋の豪商ほどではないにしても、相当に裕福だった。

市街から溢れた人口が東の郊外に移ってゆくにつれて、本所や深川もやがて人口の密集地帯に変わってゆく。けれども明治の初めには、このあたりの人口はまだごく少なかった。本所生まれの芥川は、大震災後、つまり自殺する直前に当たるが、子供の頃の本所の淋しさをこう回想している。

明治二三十年代の本所は今日のやうな工業地ではない。江戸二百年の文明に疲れた生活上の落伍者が比較的多勢住んでゐた町である。従つて何処を歩いて見ても、日本橋や京橋のやうに大商店の並んだ往来などはなかつた。若しその中に少しでもにぎやかな通りを求めるとすれば、それは僅に両国から亀沢町に至る元町通りか、或は二の橋から亀沢町に至る二つ目通り位なものだつたであらう。……

僕の小学時代……葬式の帰りに確か父に「御維新前」の本所の話をしてもらつた。父は往来の左右を見ながら「昔はこゝいらは原ばかりだつた」とか「何とか様の裏の田には鶴が下りたものだ」とか話してゐた。しかしそれ等の話の中でも最も僕を動かしたものは「御維新」前には行き倒れとか首くゝりとかの死骸を早桶に入れその又早桶を葮簀に包んだ上、白張りの提灯を一本立てゝ原の中に据ゑて置くといふ話だつた。僕は草原の中に立つた白張りの提灯を想像し、何か気味の悪い美しさを感じた。しかもかれこれ真夜中になると、その早桶のおのづからごろりところげるといふに至つては――明治時代の本所はたとへ草原には乏しかつたにせよ、恐らくはまだこのあたりに多少いはゆる「御朱引外」の面かげをとゞめてゐたのであらう。しかし今はどこを見ても、たゞ電柱やバラックの押し合ひへし合ひしてゐるだけである。……

「御維新」前の或年の正月、父は川向うへ年始に行き、帰りに両国橋を渡つて来ると少しも見知らない若侍が一人偶然父と道づれになつた。……父は彼と話してゐるうちにいつか僕の家を通り過ぎてしまつた。のみならずふと気づいた時には「津軽様」の溝へ転げこんでゐた。同時に又若侍はいつかどこかへ見えなくなつてゐた。父は泥まみれになつたまゝ、僕の家へ帰つて来た。何でも父の刀は鞘走つた拍子にさかさまに溝の中に立つたといふことである。それから若侍に化けた狐は（父は未だにこの若侍を狐だつたと信じてゐる。）刀の光に恐れた為にやつと逃げ出したのだといふことである。実際狐の化けたのかどうかは僕にはどちらでも差支ない。僕は唯父の口からかういふ話を聞かされる度に昔の本所の如何に寂しかつたかを想像してゐる。

（『大東京繁昌記』下町篇）

本所のうち「少しでもにぎやかな通り」とは、両国橋の東にあった回向院の近辺である。明暦の大火の犠牲者を供養するために建てた寺だが、チェンバレン＝モース編の日本案内記によると、かならずしも厳粛な雰囲気ではなかったらしい。「異教の寺院を嫌う人々には絶好の例となりそうな所で、不潔にして俗悪、聖所とは似ても似つかぬ寺院」とある。

回向院には飲食店や見世物が集まり、死者ばかりではなく生きている者にも慰みを提供していたが、浅草にくらべれば種類も乏しく、見すぼらしかった。江戸後期には、下町の有名な広小路が三つあり、両国の広小路もその一つに数えられていたけれども、明治以後はさびれ方が著しい。回向院はまた相撲でも有名で、両国は第二次大戦後まで大相撲の中心だった。ただ戦後、両国の国技館は占領軍に接収され、その後は日大に買い取られて、その間、大相撲は隅田川の西岸で行われてきたことは周知のとおりである。

両国には、昔のものはほとんどなにも残っていない。明治三十六年、両国に鉄道の駅が出来、両国も交通の要所の一つにはなったが、利用客は東京でもいちばん貧しい地域、それに房総方面の乗客で、それほど重要な駅にはならなかった。東京ではどこへ行っても、たとえ小さくても盛り場が見つかるけれども、本所には、わざわざ他所から人が足を運ぶような歓楽街は一つもない。

ただ年に一度、昔の活気と喧騒の帰ってくる晩がある。両国の川開きである。明治三十年の川開きの時など、あまり群衆が詰めかけたので、橋の欄干が壊れ、溺死者まで出たという。

それでも明治の末にはまだ、本所の北から東にかけての郊外は、野遊びに絶好の場所とされていた。すでにこの付近も工業化の犠牲になり始めていたとはいえ、東京中でいちばん多彩な散歩が楽しめたのである。明治四十年の『東京案内』は、こうした事情を次のように説明している。

幕府時代は、旗下の士宅及び町屋多く、幕府の竹蔵あり、又薪屋ありたり。今は概して工業区となる。而して其北部は市内の勝区向島あり、東郊には亀戸、臥竜梅、萩寺等の遊覧地ありて一種の特色をなす。……東京の名勝を数ふるものは、必ず先づ上野、向島を挙げて、一対の勝地となさゞるなし。

隅田川の東岸には、すでに江戸時代の初期以来、向島《むこうじま》と呼ばれた浅草の対岸から、北の郊外まで桜が並んでいた。工場の煤煙で徐々に蝕まれてはいたけれども、花見の場所として上野につぐ名所とされ、花の頃には群衆が詰めかけた。隅田の水も、当時はまだ泳げるほどきれいだった──少なくとも、まだ誰も水質調査などということをして、水泳には不適だと発見してはいなかった。

本所の側では、堤は水際まで緑の草が茂って、対岸の浅草側も、次の大水が来ればひとたまりもない小さな家がつつましく並んでいるばかり。浅草から北には橋は一つも視野に入らず、川の風光はひろびろと閑かで、両岸には渡し場が少なくとも四つは見えたはずである。

東京が車の町になるにつれて、当然、橋も必要になってきたけれども、殊に花の頃など、渡し舟で渡るほうがはるかに気持ちがよかったにちがいない。隅田川の渡しで最後まで残っていたのは、ずっと下流の佃《つくだ》の渡しで、これは第二次大戦後までつづいた。

東京では、すぐ目の前にある風景だけを眺め、その向こうにあるものは視野から除く技術を身につけないと風景を楽しむことはできないが、明治も中頃以後は同じことが言えたのではないかと思う。例えば浅草から吾妻橋を渡るとして、遠景に見える煙突や煤煙や、電柱や電線を美しいと思うのならともかく、この技術を駆使する必要があったろう。しかし前景に見える川の景色は、まことに心を楽しませてくれるものだったに相違ない。

本所側から川を隔てて浅草を見渡せば、久保田万太郎も描いたあの静かな町のたたずまいで、水際に沿って低い木造の家々が屋根を連ね、その向こうに観音様の五重の塔が見える。もう少し上流の方角には、下町では唯一の丘らしい丘、待乳山の緑が見える。逆に浅草側から対岸を望めば、こちらは草の緑も濃い堤で、花見の時にはあれほど賑わう桜並木が、今は静かに連なっている。お蔭でその向こうに拡がっている工場地帯も、いちばん高い部分以外はすっかり姿を隠している。

本所は工業化の犠牲にもなったが、自然の災害にもよく見舞われた。殊に明治四十三年の大洪水では、東京のどの区よりも大きな被害を受けたが、それも単に家財が失われたというばかりではなく、この一帯の将来を決定する結果になった。それまで隅田の川べりには金持

本所の大洪水（明治43年）

ちの別荘が多かったが、この洪水を機に別荘はほとんど立ち退き、優雅に余暇を過ごす所としてすでに意味を失いかけていたこの一帯は、一挙にそうした性格をなくしてしまうことになったのである。洪水を防ぐためにコンクリートの堤防を高く築き、水門を設けるなど、大正以後さまざまの工夫が凝らされ、大いに効果をあげたのは事実だが、これが景観を台無しにしてしまったこともまた事実で、今ではわざわざこんな隅田の風景を眺め、あの臭いを嗅ぎたいと思う者はそう多くはあるまい。

深川も北半分は、江戸の古地図を見ても本所とほとんど変わりはないが、水路に囲まれた南半分は大いに趣を異にし、ほぼ全域が町人の町になっている。もともと深川は、川を隔てて日本橋の対岸で、下町の中心にごく近い。色街としていちばん栄えたという中には入っていなかったにしろ、明治になって深川には洲崎という、相当に賑わった遊廓が出来た。前にも書いたが、深川は江戸の遊びの伝統をよく受け継いでいたものである。

洲崎には吉原のように、一年を通じて季節ごとの行事が行われるということはなかったが、時には家族が揃って行楽に出かけることもあった。江戸末期の地図では洲崎は干潟になっていて、洲崎弁天のある海岸は貝類が多く、夏になると潮干狩りが恒例の楽しみになっていたのである。この弁天様は非常に古く、深川が埋め立てられるはるか以前から小さな島の上に祀られていた。江戸っ子にとっては、洲崎はある意味では吉原より好ましい感じがしたかもしれない。水に囲まれて孤立していたから、吉原ほどたびたび火災に見舞われることもなく、だから建て直すごとに派手な塔が立ったり、ゴテゴテと彩られたりすることもなかったからである。実際、写真で見る限り、洲崎の町はむしろ小綺麗な、小ざっぱりしたという感じで、うっかりすると、築地の外国人居留地と見間違えかねない。

明治の末、深川は東京中でいちばん橋の多い区で、その数は百四十に達したという。その中で鉄の橋は僅かに二つ。そのほかは木か石の橋で、だとすると深川を縦横に走る運河は、その頃はまだ昔ながらの風情だったにちがいない。けれどもすでに工業化の波はすぐそこまで迫っていた。隅田川の河口に出来た石川島造船所は、起源をたどればそもそもペリー来航直後まで遡る。事件のすぐ後、水戸藩がここに造船所を作ったのがその始まりだった。明治

本所の大洪水（明治43年）

には、まず官営の施設として出発し、後に民間に払い下げられるという例が多かったが、この造船所もその一例で、明治九年に民間の手に移った。

とはいえ深川の大部分は、まだ荷風の懐かしんだ古い雰囲気を残していて、掘割には新しい木の香が漂い、白壁の蔵がその岸に建ち並んでいた。もっとも、荷風の描写そのものはかならずしも一貫してはいない。一方では、欧米から帰国して、深川が変わってしまったことを嘆いているけれども、他方ではまた、「深川の唄」にもあるとおり、騒々しい都心からこの町に来て、深い安らぎと満足を感じてもいる。多分、荷風が首尾一貫していないというより、深川という場所自体が、当時はすでにかならずしも一様ではなく、新旧が入り乱れ、さまざまな対照を示していたということだろう。

富岡八幡宮の境内は、名目上は公園ということになっていた。上野や浅草、芝の増上寺や飛鳥山といっしょに、明治の初め公園に指定されたのである。規模は格段に小さいが、たどった経緯は浅草公園とよく似ていて、次第に削り取られてゆき、結局、およそ公園と呼ぶには似ても似つかぬものに変わってしまった。深川には岩崎の別邸もあったが（今日の清澄庭園である）、今ではこちらのほうがはるかに公園らしい。とすると、つまり、富岡八幡と清澄庭園のたどった歴史は、浅草と上野の歴史によく似ているということになる。今はともかく、少なくとも昔は、公園からは大衆は多少とも遠ざけておいたほうがよかったということだろうか。

今の地下鉄門前仲町の駅の近く、富岡八幡のあたりから海を見渡した景色の美しさを、『東京案内』はこう誌している。

> 洲崎町洲崎神社傍近の内海は、総て之を永代浦と云ふ。社側より海面を望めば、白帆蒼波と相映じて、近遠に出没し、東南は総房《（ママ）》の諸山黛翠《（ママ）》を浮べ、西は富岳の白雪を見、海山四時の景勝一目の中に聚《あつ》まる。晩春潮退の候、潮干狩と称して、老幼児女海岸に出でゝ海藻文蛤《はまぐり》を競拾ふ亦此地の一勝事也。

深川八幡宮祭礼の神輿

いささか美文調で、多少の誇張が感じられなくもない。というのもこの案内記は、東京のよさを訴えようとする意図を持っているためだが、それでもやはり、隅田川を東に渡って僅か行けば、東京にもひろびろとした田園があり、季節季節の花や草、あるいは潮干狩りを楽しむ場所もあったということは事実だった。大正に入って荒川放水路が開削された時にも、その道筋のほとんどは農地だったのである。

だが今日では、沢山あった行楽の目当ての中で、残っているのは亀戸天神の藤くらいしかない。東京湾の青い波も房総の山並みも滅多に眺められることはなく、隅田川の水面も高いコンクリートの壁に閉じ込められてしまった。にもかかわらず、まだ昔のものが多少なりとも今に残っているということのほうが、むしろ驚くべきことであるのかもしれない。単にこの土地特有の雰囲気が今も残っていて、昔とは変わり果ててしまったことを知ればなおさら甘い郷愁をそそるというばかりではない。個々のもの自体——例えば墓石や石碑がある。寺の境内には、実際、到る所に墓や石碑が文字通り林立している。例えば荷風の母方の祖父や成島柳北の業績も、世にまったく忘れ去られることはあるまい。本所と向島には、それぞれの業績を誌した石碑が建っているからだ。芭蕉の結んだ庵の一つも深川にあった。ここにもこれを記念する碑が建てられている。見つけ出すには、いささかの忍耐が必要であることは事実だけれども。

もう一つの工業地帯は芝浦だった。芝区が最初に鉄道の通った所であることは言うまでもない。横浜から北上してきた線路は、芝区の南の端で市内に入り、海岸線を抱くようにしながら盛り土の上を走って僅かに陸側に入ると、京橋区との境のすぐ手前で終点の新橋駅に着く。旧東海道にぴったり沿って走る鉄道は、お蔭で海の景色を遮ってしまう結果になったが、しかし明治の人は汽車が大好きだったから、ひょっとすると、海よりもっと面白い眺めを与えてくれたと考えたかもしれない。

本当に江戸っ子らしい江戸っ子は、北は神田、南は芝の生まれだと言われたものだ。こうした周辺の地域は、中心の日本橋ほど裕福ではなく、だから、そこに生まれ育った人々はそれだけ気がねもなく、江戸っ子らしい威勢のよさが強いというわけだ。とはいえ芝の大半は台地で、江戸末期、町人の住む地域は大して多くはなかった。江戸の地図を見ると、町家はまるで糸のように細く延び、所々に結び目があるふうに見える。北の端の新橋でまず最初の結び目、次は増上寺と海岸との間に出来ていて、そして南の端は明治の市域を出てすぐ、品川宿の結び目になる。

外国人にしろ外国から来た品物にしろ、東京に入るにはまず芝を通らなくてはならない。もし銀座の大火がなかったら、芝の北端のあたりは舶来品の提供地として大いに栄えていたはずだろう。確かに新橋などは栄えたのだが、もっと南の増上寺の付近はさびれ、その後はいわゆるスラム地域となってゆく。もっとも東京には、アメリカでいうような本物のスラムが、かつて一度でもあったかどうか疑わしいが、それはともかく、神田には日本でいう「スラム」も現れなかったところを見ると、明治の芝は、やはり神田ほど栄えてはいなかったと言えるだろう。

芝はまた、初めて外国公館の設けられた土地でもあった。初代イギリス公使のオールコックが、将軍に謁見《えっけん》するために江戸城に参内した時通った道は、明治に入って芝区になる地域をほぼ縦断していたようだ。増上寺にも徳川家の墓地があったが、オールコックはその西側の丘の上を通ったらしい。このあたりにも町家の群がっている所があって、オールコックの描写を読むと、あたかも浅草を一回り小さくしたような賑わいだったようである。

東海道を一マイルほど進んでから脇道に入った。道幅は狭く、立てこんでいる。一方には大名屋敷の塀が続き、その中程に堂々たる門があって、そこから先は格子のついた窓が長く連なっていた。……小さな、濁り水をたたえた濠が、ほとんど溝と大差ない幅だが、道と塀の間を隔てていて、外から来る者を近づけない。けれどもこうした道沿いの建物は、おびただしい家臣たちの住む住居にすぎない。こうした建物が、正面の門の両側に四分の一マイルも続いている例はめずらしくなく、主君の住んでいる奥の建物を周囲から護る役目を果たしている。

やがてわれわれは、歴代の大君〔将軍〕の墓地の前の空地に出た。その中を小さな川が流れ、両岸は草の緑が水々しく、並木が植えてある。この空地は一種の大通りになっていて、よく祭りや市が開かれ、市のない時は物語師が僅かな聴衆を集める。道端には大概、大声に物乞いする乞食たちが座っていて、奇術師の一団が通行人を集めて芸を見せることも多い。ナイアガラの瀑布の上を綱渡りで渡ったブロンディンにも、あるいは北方の魔術師と仇名されたウォルター・スコットの想像力をもってしても、この曲芸師たちはなかなかの強敵となるにちがいない。日本の曲芸師は、恐ろしいほど長い剣を呑みこんだり、瓶の上にバランスを取って立ってみせたりするばかりではなく、口から想像を絶したものを次々と吐き出してみせる。蝙蝠《こうもり》とか、蠅の群れとか、一マイルもあろうかと思う長いリボンや、あるいは紙切れを止め度なく吐き出したりするのである。

橋を渡ると、いちばん人通りの激しい商業地域に入った。行きかう人、荷物をかついだ運び屋などの間を縫うようにして、ゆっくり、しかも一列になって進む。牛の牽く荷車や駕籠までいて、たがいにひしめき合っている。ゆるやかな坂を越え、それから急に右へ曲ると、柵を設けた門があり、ここを抜けると城である。三重の広大な濠をめぐらしたこの城の中心に大君の住居がある。けれども、そこへ着くにはまだ相当の道のりである。道はやや急な石段を降りる。道の一方には大名の屋敷があり、他方には大君の墓地の塀と木々がある。われわれはこの墓所の周囲に沿って進んでいるのだ。この細い道を抜けると、掛小屋の列が長々と続いていた。ここではいわば毎日市が開かれていて、身分の低い人々を相手に、けばけばしい版画や、地図や（ヨーロッパの地図を写したものが多い）、物語の本、剣、あるいは煙草入れや煙草などを売っている。その真中に、いつでも占師が座っている。イギリスの市によく出る賭け事の台に似たものも、ここでしばしば見かけることがある。

（『大君の都』）

明治になってクララ・ホイットニーの書いているところによると、墓地の東側の盛り場は「泥棒市」と呼ばれていたらしい。ここにはまた、それほど大きくはないが芸者町があった。とするとここでもまた、古くからの型がやはり繰り返されていたわけだ。商売と娯楽の場所が、信仰の場所の周りに出来上がっていたのである。

江戸の市街を遠巻きにしていた寺や墓地の輪は、南側では芝を抜けて湾岸にまで達していたが、芝の寺院の中でいちばん大きいのは増上寺だった。もっとも今日では、有名という点からいえば泉岳寺のほうが上かもしれない。増上寺の境内も、上野や浅草寺と同様、東京に初めて出来た五つの公園の一つだったが、かつての増上寺の宏壮な結構も公園も、今日では昔とくらぶべくもない。将軍や奥方の墓も、幕末に宮廷から降嫁したあの悲運の皇女の墓も含めて、今は塀に囲まれた狭い敷地に閉じ込められている。芝の山の手はかつては木立が非常に深く、昼でも暗い程だったというが、今この一帯を睥睨《へいげい》しているのは東京タワーだ。墓は昔は本堂の周りにあったが、本堂は明治六年、放火によって焼け落ちてしまった。犯人は正義感に駆られた士族の青年たちで、増上寺が神道から分離しないことを怒ったのである。いわゆる廃仏毀釈の騒動のひとこまだった。再建された本堂は、明治四十二年、再び焼失する。今度は事故で、乞食が軒下で焚き火をしたのが原因だった。

明治も後半に入って、電車を通すために、宮城《きゆうじよう》からほぼ真直ぐ南に向かい、品川の少し北で元の東海道と合流する新しい道路が出来たが、この道路は増上寺の境内を二分することになってしまった。道の東側はいち早く開発の進んだ地域で、今では境内をすっかり呑み込んでほとんど跡形も残していない。このさらに東の地域は昔の下町の南端に当たる部分で、ここからさらに東側の海岸沿いの土地が、重工業のいちばん早く発達した所だった。その中心となったのは今日の東芝で、明治八年の創業以来、機械の製造では常に第一線に立ってきた企業である。主力工場は、江戸時代に出来た芝浦の埋立地にあり、ごく早い時期から電信機器の製造に着手した。

けれども、こうして工業化の一つの中心であったにもかかわらず、明治の芝浦はまだ、海岸の行楽地としていちばん人気のある所だった。谷崎が子供の頃、潮干狩りに出かけたのもこの芝浦である。けれども、かつては潮干狩りの娘たちがスカートをたくし上げ、大根足を夏の日に曝して写真のポーズを取った浜も、今は高速道路の橋脚に隠れてしまった。すでに明治の終わりから、埋立地は沖へ沖へと延び始めていたのである。東芝の工場のすぐ北には、明治末、東京ガスのガスタンク第一号が出来た。

小山内薫は、震災後間もなくの頃、明治の末の芝浦を回想してこう書いている。

もう二十年以上も前のことだが、その時分の芝浦は粋なところで、本場所の芸者や客の隠れ遊びをするやうな場所になつてゐた。……

こなひだ、久しぶりで芝浦へ行つて見ると、第一埋立地の広くなつてゐるのに驚いた。そこの建物が悉くむかしあんなに遠浅だつた浜に、立派な埠頭の出来てゐるのに驚いた。（『大東京繁昌記』山手篇）

倉庫ばかりで昔の料理屋や旅館などの影もないのに驚いた。

芝公園の西側、鬱蒼と木の生い茂った紅葉山には、現在は残っていないが、明治の高級料亭としておそらくもっとも有名な紅葉館が建っていた。明治十四年に出来た会員制の料亭で、ちょうど鹿鳴館時代に当たるが、格式の高い、しかも花柳界とは関係のない日本式の料亭が必要とされて生まれた所である。つまりはこれも、新時代の改良熱の現れのひとつと見ることができよう。旧幕時代なら、よほど頑固に禁欲的な武士でもなければ、花柳界と絶縁する必要など認めなかったはずである。会員には、当時の錚々たる名士の名前が並んでいた。ある意味では大いに革新的だった紅葉館も、別の面ではいささか神経質に伝統的たろうとして、京料理を出したばかりか、給仕する女性たちにも、たとえ京都の出でなくても、京言葉をしゃべらせたという。常連の中には官僚や政治家のほか、文人たちも多かったようで、例えば尾崎紅葉をはじめ硯友社の人々がしばしば出入りし、明治の文学では、鹿鳴館よりこの紅葉館のほうがよく話題になる。

芝公園は、上野はもちろん飛鳥山とくらべても、公園として恵まれた歴史をたどったとは言えない。「二重生活」の章で、斎藤緑雨が上野と浅草を比較した文章を引いた。上野は謹厳で教訓的、浅草公園はあくまで庶民的で騒々しいというのだが、芝公園はそのどちらでもなく、殊に終戦の年、増上寺がまたしても焼失してからというもの、ほとんど人影すらない。だが実は明治の頃からすでに、芝は時代に取り残されていたのである。東海道は、増上寺の南で二手に分かれ、本街道は日本橋へ向かったが、枝道はここから北に山の手へ向かっていた。オールコックが通ったのはこの枝道のほうらしい。徳川家の墓地はこの二つの道に挟まれた間にあり、そして枝道の両側には、オールコックが描いたような賑やかな地域が続いていた。けれどもこうした地域は鉄道の沿線からは外れ、さびれてゆく。これとは逆に栄えたのが、芝の北の端の一帯、新橋駅のあたりだった。

銀座方面から芝に入る入り口に当たるのが新橋で、荷風のような物識りは、新橋のことをいつも「芝口《しばぐち》」と呼んでいる。日本橋や京橋から町人の町がせばまり、品川に向かって細い廊下のように細まってゆく、いわばその首に当たる所だった。明治になって、銀座と新橋の間に区の境界線が引かれるまでは、新橋は銀座とはっきりしたちがいはなく、ただ中心の日本橋からそれだけ離れているというだけだった。

かりにもし新橋も銀座と一続きの煉瓦街になっていたとすれば、ここも銀座同様、西洋の文物の流入する水門になっていたにちがいない。なんといっても新橋は、新しい鉄道の駅のすぐ前だったからである。けれども銀座の大火以後、新橋はそれほど近代的な町には変貌しなかった。再建のドサクサも収まると、銀座はやがて最新の盛り場としての地位を取り戻し、他方、明治のほとんどを通じて、飲んだり食ったり、あるいは女と遊んだりといった役割は、もっぱら新橋が引き受けることになったのである。いわば、誰しも銀座のめずらしい風物に感心した後、新橋に戻ってほっと一息つき、くつろいで気楽に楽しんだというわけだ。譬えてみれば明治の富豪の大邸宅が、堂々たる洋館を構えて園遊会を催し、外国の賓客などを迎えながら、裏の方には和室の一画があって、普段はそこで暮らしているようなものだとでも言えようか。銀座の大通りはひろびろと並木まで備えていたのにたいして、新橋は一歩横町に入るとさながら迷路で、だからこそ人々は居心地よくくつろげたのである。新橋には日蔭町という町があったが、この意味で、いかにも新橋にふさわしい地名と言えるかもしれない。

新橋には料亭街もあって、柳橋と並んで明治のいちばん大きな花柳界の一つとして栄えたが、実は何度も場所が変わっている。新橋の橋に近いところからこう呼ばれていたけれども、まず北に移り、次に東に移った。今日でも新橋という名で通ってはいるが、大部分はむしろ築地で、かつて外国人居留地があり、今は魚河岸のある近くである。

最初の新橋駅の建物は、どうも正確な姿がよくわかっていないらしい。版画や写真は無数に残っているのだが、アメリカ人技師の引いた元の設計図はなくなっているし、細部の記録も残っていない。明治四十年当時、年間の乗降客は三百万にのぼったというが、それほど多くの人々の目に触れ、数え切れないほど絵に描かれたり写真に撮られたりしていながら、当時の正確な姿が充分わかってはいないのである。

手痛い打撃を受けてもまた盛り返してくる土地もあれば、打撃から立ち直れない所もある。柳橋は、醜悪なコンクリートの堤防で川から切り離されてしまい、今や滅びてゆこうとしているかに見える。ところが新橋は、鉄道の駅を失いながら平然と生き続けている。大正三年に東京駅が開業すると、新橋はもう終着駅ではなくなり、おまけに古い駅は貨物駅に変

新橋駅（明治14年）

わって、新しい駅がもう少し西寄りに出来た。これで新橋の町が衰えても不思議はなかったはずである。けれども、東京駅が丸の内を正面にして作られ、下町の住人は無視されたと感じざるをえなかった。そこで京橋や日本橋の人々は、わざと新しい新橋駅から汽車に乗り降りした。そこで芝口は、逆にかつてないほど賑わう結果となった。銀座は北に中心を移したが、新橋は昔ながらの役割を、以前にも増して熱心につとめることになったのである。

明治になって設けられた区の境界線が、高台と平地の境界線に従わなければならない理由は別になかった。そして実際、行政上の境界と地形上の境界とは一致してはいなかった。平地の西端に当たる区では、みな一部分は高台にかかっていたし、逆に大部分は高台の本郷区も、東の端は坂を下りて平地まで突き出していた。確かに地形の差によって、東半分と西半分とは町の雰囲気がちがっていたし、今もこのちがいは相変わらず残っている。しかしこのちがいはかならずしも、そのまま山の手と下町とのちがいに一致するというわけではない。二つを分ける坂は、結局のところ便宜上の境界線でしかないのである。

北は上野から南は品川まで、台地と平地を分ける線に沿って江戸の町を歩いてみれば、山の手と下町の境界線が誰の目にも歴然としている所はただ一つ、江戸城の外濠が南北に走っている部分だけだったはずだが、しかしここすら、厳密に地形上の境界線からすれば少し東に寄っている。明治になると、この外濠が麴町区（特に丸の内）と京橋区や日本橋区の境界になった。江戸時代には、濠の内側、つまり丸の内は、幕臣や大名のもっとも位の高い人々の住まいで、逆に濠の東側は日本橋や京橋という、まさに下町の中心部が拡がっていたわけである。

明治末、小川一真が市庁舎の屋上から撮った展望写真のことは先に触れたが、あの写真でいちばん印象的なのは丸の内がまだ空地同然であることだとしても、すでに出来上がった建物や設備の中でいちばん目につくものはといえば、東側に長々と延びた壁ではあるまいか。まるで蛮族の侵入を防ぐため、ないしは不穏な大衆を閉じ込めておくための防壁のようにも見えるが、実は東京駅まで延びた高架線路である。そして実際この壁は、番兵こそ立ってはいないものの、丸の内と下町の境界を改めて強調する効果をあげた。江戸の昔と同じように、商業の町は日本橋から新橋まで、この境界線の東側を南北に走り、東京駅は、むしろ重役連や勤め人が主として利用したのである。

境界線の西側、つまり宮城寄りの一帯にあった武家屋敷は、すべてが一挙に姿を消したわけではなかった。しばらくは新政府の機関が使っていた建物もあったのだが、しかしこれも、明治の末にはすべてなくなっていた。一部は公園になった所もある。けれどもやがて三菱が譲り受けて、やがて丸の内の一丁倫敦《ロンドン》が開発されてゆくことになる。明治の末にかつての江戸城を偲ぼうとすれば、ただ石垣や立ち木や、所々に門や橋があるだけで、ほかにはもうなにも残ってはいなかった。何度も火災に遭った神田や日本橋のほうが、丸の内よりはまだしも江戸の香りを残していたにちがいない。

明治政府の官庁街は、現在の日比谷公園の西、霞ヶ関に作られた。このあたりは、まだ麴町区の平地の部分に入る。霞ヶ関はほとんどが煉瓦造りで、さまざまの外国人建築家がさまざまの様式で設計したものだったが、やがて日本人建築家が多用することになる擬古典様式にくらべれば、少なくとも外国人の目から見れば概して新しいスタイルだった。明治末の建築で今日に残っているのは、法務省の建物が唯一つあるだけである。設計はドイツ人建築家のチームが当たったものだが、その後もう少し簡素なスタイルに手直しされているらしい。ドイツ人は伝統的な細部装飾を好んだようで、手直しはもっぱらこうした装飾を取り去ることにあったようだ。

最初の国会議事堂は、日比谷公園のすぐ南、鹿鳴館からそう遠くない所に出来た。けれども漏電がもとですぐ焼失し、明治二十四年に再建される。いわゆるハーフ・ティンバー（木骨造り）のルネッサンス様式で、例えばイタリア風の参謀本部とくらべてはるかに地味な建物だった。参謀本部は議事堂のもっと西にあったが、敷地がまたいかにも威圧的な坂の上で、おそらく市中で最高の立地だったと言えるだろう。すぐ前には宮城のお濠をひかえ、その緑深い土手と老松の向こうには新しい宮殿が建っていた。かならずしも意図的ではなかったかもしれないけれども、議事堂と参謀本部のこうした配置、対比そのものが、明治の民主主義の置かれた立場を、さながら象徴していると言うこともできるだろうか。

麹町区はまた外交を司る地区でもあった。明治の末には、外国公館や大使館はほとんどこの区に集まっていたからである。ただアメリカ大使館だけは別で、当時からすでに現在の場所にあった。殊に印象的だったのはドイツ大使館とイギリス大使館で、内濠をひかえた高台にともに威容を誇っていたが、二つのうちではドイツ大使館のほうが大きく、東京中の大使館の中でもいちばん多く写真が残っている。先程もいう参謀本部、それに陸軍省と並んで、両大使館の姿はいかにも印象的だったのだろう。けれどもその後、各国大使館も、東京の町全体が南、そして西へと中心を移していった動きに従い、麹町区を離れ、現在の港区方面に移動してゆく。今でも当時の場所に残っているのは、ほぼイギリス大使館だけになってしまった。明治の末、アメリカ大使館が現在の赤坂の敷地を選んだ時には、一つだけ南に飛び離れているという感じだったが、都市の流れそのものが変わった結果、今ではどの大使館より政治の中心に近い位置になったのである。

築地の外国人居留地には、明治の末になってもまだいくつかホテルが残っていたが、西洋式の大ホテルといえばやはり帝国ホテルだった。この近辺には、数年前すでに東京ホテルが出来ていたけれども、外国との関係が活潑となり、不平等条約の解消交渉も解決のきざしが見え始めたとあって、もう少し上等のホテルが必要という意見が高まり、政府みずから土地を提供するなどして、明治二十三年、帝国ホテルの開業に到ったのである。ちなみに最初の国会議事堂が焼けたのはそのすぐ後で、衆議院が臨時に帝国ホテルを使うなどという一幕もあった。

帝国ホテルは木造三階建てで、ヴェランダやアーチが並び、すぐ隣の鹿鳴館とよく調和した。客室数は、資料によってまちまちの数字が挙げてあってはっきりしないが、百室以上でなかったことは確かだ。とすると、外国から訪れた客が二百か三百もいれば、東京中の宿泊施設はもう満室になってしまったはずである。当時の日本は世界に乗り出し、やがて軍事的に大成功を収めることになるわけだが、考えてみればその頃の東京というのは、それにしてはまだそれほどに遠く孤立した所だったのかと、改めて感慨を覚えざるをえない。

伊藤博文もよくこのホテルで食事をしたというが、国際人の集まる場所として、帝国ホテルは鹿鳴館に取って代わることになった。敷地が広かったので、開業以来、ホテルは同じ敷地の中をあちこち移動する。旧館の隣の残った半分に新館が建つと、今度はこれが「旧館」になってしまい、残った半分にさらに新しい「新館」が建つという具合である。最初の建物が火事で焼けたのは、二番目の、例のフランク・ロイド・ライトの設計した新館がちょうど建築中のことだった。

麹町区の南や東の端には、ほかにもまだ堂々たる洋風建築があった。明治もいよいよ最後になって、宮城前広場から濠を隔てて帝国劇場が建ったし、外濠に沿って坂を登った高台には明治四十一年、赤坂離宮が完成した。もともと紀伊徳川家の屋敷の建っていた跡を、寄贈や買収によって拡げた敷地である。新離宮は皇太子の宮殿として建てられたものだが、現在は迎賓館になっていることは周知のとおりだ。ヴェルサイユ宮殿を模し、煉瓦と大理石で建てた三階の建物である。

帝国劇場も赤坂離宮も、ともに日本人建築家の設計だった。日本の洋風建築も幕末以来、ようやくここまで到達したことを示す里程標とも言うべき作品である。最初は大工の棟梁が、和洋折衷の不思議な洋館を建てた時代から始まって、次にはコンドルはじめもっぱら外国人建築家の活躍した時代。けれどもやがて日本銀行を皮切りに、日本人建築家が独力で大きな洋風建築を建てる時代が来たのである。なるほど帝国ホテル新館の建築にはライトが呼ばれはしたけれども、外国人建築家が中心となる時代はもう二度と来ない。明治の初めこ

最初の帝国ホテル

帝国ホテルのラウンジ

そ、日本人の建てた洋館は西洋のどんな時代、どんな国の建築とも似ていないといわれたものだが、今ではもうそんな批判をする者はなかった。ただ、逆に明治後期のフランス風の建築には、独創を感じさせる要素がほとんどなに一つない。素人の奔放な着想が、次第に専門家の手堅い仕事ぶりに席を譲って、今度はいささか手堅くなりすぎたのかもしれなかった。

外濠の内側、宮城の東や南に当たる地域は、麴町区が平地に下りてきている所で、地形的には、外濠の向こうの平地と特に変わった特徴はない。けれども江戸っ子なら誰一人、ここが下町に入るなどと、つまり自分たちの町の一部だなどと考えたはずはない。今日では、この一帯は日本の政治や経済の中枢をなしている。たとえ高台から内濠に沿って、ないしはかつて外濠だった赤坂の大通りを下って平地に下りても、ここはまだ明らかに山の手なのだ。

山の手は江戸時代から人口が少なかったが、維新後ほとんど空になってしまっていた。そこで山の手は、現在からは想像もつかないことだが、茶畑と桑畑に変わってしまう。明治政府は、最初はさすがに躊躇したが、使われていない土地を収用して農地に戻す政策を始めたのである。後の赤坂区だけで、一時はお茶や桑の畑が四〇ヘクタール以上にもなったという。渋谷も、明治時代はまだ市外だったが、いいお茶が出来るので有名だった。もちろんこの政策は急場しのぎの便法で、茶畑も桑畑もすぐに消え、やがて開発が始まって、今世紀に入ってからは東京の急激な巨大化にともない、山の手は東京の半分以上を占めることになる。

実際明治中期以後、山の手の人口増加は凄まじい勢いで進んだ。東京全体の人口増加の、優に半分以上は山の手の人口増の結果だった。人口が百万に達した時点では（ちなみに百万というのは江戸最盛期の人口に相当するが）、四谷区はまだ十五区のうち人口がもっとも少なく、赤坂区は人口密度がいちばん低かった。下町はちょうど逆で、人口がいちばん多い区は神田、日本橋区は人口密度が最高だった。明治末、全市の人口が二百万に達した時には、下町、それに麴町区の人口増は緩慢で、中には減少している所さえあった。

明治の東京では、市街を半分に分ける線を南北に引けば、ちょうど宮城の中心を通る線になっていたはずである。けれども今日の二十三区をこの同じ線で分ければ、西側が東側より面積も大きく、人口も多い。現在の二十三区を人口によってほぼ半分に分ける線は、明治でいえば市街の西の端に当たるあたりに来るだろう。これは確かに大きな変化だ。江戸末期には、下町が人口の半分以上を占めていたことを思い起こせば、ますます変化の大きさを痛感せざるをえない。東京はこれだけ西に動いてきたのだ。そして今もなお西へ動きつづけている。古い下町は、それだけ影が薄くなってきたのである。

とはいえ、山の手が本格的な膨張を始めたのは大震災以後のことである。明治の文人の中でもいちばん人気のあった徳冨蘆花がトルストイに心酔し、トルストイ流の生活を始めようと決意した時も、新宿からほんの八キロばかり西に行けばもう完全な農村だった。日露戦争後間もなくの話である。

しかし、こうした急激な変化があったにもかかわらず、山の手のほうが下町より変化しない面もあった。かつては下町でも、少なくとも貧富の差によって明確な階層差があったけれども、明治が進むにつれて、下町では階層の区別は次第に姿を消してゆく。ところが山の手では、こうした区別は依然として生きていた。もう一つ顕著だったのは土地利用のパターンである。裕福な人々と貧困層との間で、居住地域がはっきりと分かれていた。

元来、日本人が合理的な都市計画に成功したのは（という意味は、普通、碁盤目状の街路設計に成功したという意味らしいが）、中国の方式を模倣して首都を作った場合だけだとよくいわれる。その典型は言うまでもなく京都だけれども、しかし実は江戸の都市計画も意外に京都に似ているのである。下町の商業地域は、かなり整然とグリッド状の街区に配置されている。なるほど、グリッドとグリッドとがかならずしもうまく嚙み合っていないという うらみはあるが、それはまた別の問題と言うべきだろう。全体として見れば、とにかく直角と直線がかなり広い範囲にわたって貫かれているのである。

ところが山の手の地図を見ると、巨大な太古の村のようで、街路はけもの道や畑の仕切りに沿って走っているかに見える。これは実をいうと京都でも同じで、旧市街こそ整然たるグリッドになっているが、一歩その外に出るとまったく様相が一変する。あたかも日本人は、一応は中国のお手本に敬意を表しておきながら、郊外では昔から慣れ親しんだやり方に帰って、ほっとくつろいでいるかに見える。

山の手は、ただ丘が集まっているだけの所ではない。稜線と谷とが入り組んでいる。市の中心から市外へ出て行く大通りは、稜線に沿って走るか、ないしは谷を伝って延びていた。そして小さな脇道が、稜線から谷へ、谷から稜線へと坂を上下し、大通りを繋いでいた。だから江戸の街道は蜘蛛の巣状をなしていたし、現代の東京も基本的にはこのパターンを残している。上流階級の住居はもっぱら高台を占め、谷間には農地や庶民の住居が群がり、また主な道路沿いにも農地や商店が散在していた。そこで明治後半の山の手の市街図では、区劃されていない大きな土地が、広大な私邸や寺院、学校、ないしは練兵場といった形で連なり、その脇に、多少ともきちんと区劃された小さなブロックがくっついているのが典型的な配置だった。秩序と混乱とが同居したこうした状態から、近代の山の手の基本的なパターンが生まれてきたのである。街路の形も土地利用の区分も、江戸のパターンが受け継がれていることは実際驚くほどで、相違といえば、やがて農地がまったく姿を消してしまったという点だけだろう。

明治の道路が江戸から大して変わっていない点はほかにもあった。電車を通すために幅を拡げた通りもごく僅かあるにはあったが、ほとんどは江戸時代そのままに狭く、デコボコで、排水も悪かった。例えば徳田秋声の回想によると、明治の中頃になっても、本郷の大学から先の道路は田舎道さながら狭く、泥だらけだったという。しかもこの道は、板橋から山岳部を通って京都に抜ける中仙道の、その入り口に当たる道だったのだ。

明治の麴町区は、行政区域としては日比谷方面まで拡がっていたけれども、本来の麴町が城の西の高台一帯だったことは言うまでもない。このあたりは旗本の屋敷が集まっていて、その真中を新宿に抜ける甲州街道が東西に走っていた。維新後、旗本はここを去り、残った屋敷には官吏、ジャーナリスト、あるいは裕福な商人など、新時代の上層階級が住みつくことになった。荷風の家族も、彼の子供時代、しばらくここに住んでいたことがある。

昔からの住人はほとんどいなくなったとしても、麴町は宮城の周囲では家並みの変化がいちばん少なかった地域で、明治の末になっても、旗本屋敷がまだ相当数残っていた。有島武郎、有島生馬《いくま》、それに里見弴《とん》の兄弟も、そうした古い家に住んでいた。震災後、まだ同じ家に住んでいた生馬はこう書いている。

私達は父の代（日清戦争の頃）から、もう三十年もこの町に住んでゐるのだが、建物たるや時代つきの大変な古物である。百年たつた家か二百年たつた家か更に分らない。何々の守といつた小旗本の屋敷だつたことだけは、古図を見ても確だが、誰が造つたのか、誰が住んでゐたのか、兎も角現住の私自身は知らない。どれ程の悲哀、どれ程の歓喜が、この家の中に起り、且消え去つたか、それも全く知らない。又知らうと思つたこともない。これと同様、私の後に来るものもまた私のそれを知らず、知らうとしないであらう。のみならず、私がこの家を古いといふ唯一の理由で愛してゐるやうに、同じ理由でこの家を愛さうとする人間などは、今後の文化人中には一人もあるまい。従つて数年ならずしてこの家も取毀される運命は免れないだらう。鰯の頭も信心から、このぼろ屋でも私には何となく捨てがたいのである。独りこの屋敷のみではない。番町に軒並といつてよかつた旗本屋敷で、今日残存してゐるものは実に数へるほどしかなくなつて終つた。震災当時の業火は三日に亘つて殆ど番町の半分を灰燼として終つたから。（『大東京繁昌記』山手篇）

麹町は、今の引用にもあるとおり番町ともいったが、この回想で見ると、明治を通じてかなり昔の面影を残していたようだけれども、大震災ではやはり大きな被害を受けた。いずれにしてもこのあたりは、明治から大正の初めにかけて、持ち主はほぼ完全に入れ替わっても、下町とは大いに趣を異にし、落ち着いた重々しい町のたたずまいだった。重厚な門と高い塀をめぐらしたこの町では、下町のように街路が賑わい、道が住民の生活の一部になるということはなかったのである。

番町には大名の広大な屋敷はなく、同じ武家屋敷といっても、手頃な広さの旗本の住居しかなかった。大名屋敷の跡地は離宮とか練兵場、あるいは大学などになったのにたいして、旗本の住居は、新時代の中流上層階級の生活にとってまさに恰好の広さだったわけである。だから明治の末、江戸の山の手の景観を探そうと思うなら、その厳《いかめ》しい、いささか近づきがたい雰囲気からして、番町界隈を歩いてみるのがいちばんだったにちがいない。

同じ山の手といっても、北半分の本郷や小石川と、南の麻布や赤坂では対照的な発展をたどった。この対照はすでに明治に現れ始めている。麻布や赤坂は大富豪や大使館の集まる地域になった。北半分にもこうした人々がいなかったわけではない。三菱財閥を築いた岩崎家はあちこちに屋敷があったが、いちばん贅を尽くしたのは本郷の邸宅だった。けれども一般的にはやはり、時代の中心にいる金持ち連中と近所同士になりたければ、皇居の北側の本郷や小石川は方角ちがいで、この傾向は時代が進むにつれて顕著になった。下町では上流社会から遠すぎるのはもちろんだったし、西側の四谷や牛込も、南よりはむしろ北側の区に似てくる傾向があった。

小石川や本郷、それにある程度までは四谷や牛込も、大金持ちはいない代わりに芸術家やインテリが多かった。金持ちが少ないどころか、所によってはむしろ極貧の地域まで含まれていて、例えば四谷には有名なスラムがあった。峰吉を殺した花井お梅が、大正五年に息を引き取ったのもここである。ところがこの貧民街は、実は赤坂離宮のすぐ目と鼻の先だった。山の手は昔から、極端に身分の高い人々と極端に身分の低い人々が境を接して住んでいたのだ。

宮城の南と北でちがいが生じたのは、大名屋敷の処分の仕方がきっかけだったと言ってしまっては単純すぎるかもしれない。けれどもやはり、これが基本的な方向を決定したのは事実だったように思える。城の周囲にあった広大な土地の中でも、特に四つは江戸城そのものに匹敵するほど大きかった。いずれも山の手であることに変わりはなかったが、たまたま明治の四つの区に一つずつ属することになった。赤坂の紀州藩邸、牛込の尾張藩邸、小石川の水戸藩邸。この三つは言うまでもなく徳川の御三家だが、それぞれ赤坂離宮、陸軍士官学校、砲兵工廠（後に遊園地）になった。残る一つは加賀前田家の屋敷で、本郷にあり、東京大学の敷地になった。こうして本郷は、私大の集まった神田の高台と並んで学生の町になり、知的、文学的活動の中心の一つともなる。

東大の起源は実はかなり混みいっていて、初めから前田邸跡に腰を落ち着けたわけではない。現在のキャンパスが定まったのは、ようやく明治中期のことである。そもそもの起源は幕府の設けた蕃書調所、それに中国古典の研究に当たる学問所に遡ることができるだろう。最初は南校と東校とに分かれていたが、両者とも加賀前田邸の南にあった。洋学を修める学科と伝統的な漢学派との間には激しい対立が続いていたが、本郷に移る頃には、洋学派の優勢はもはや明らかとなっていた。

東大がここに移ったといっても、前田家の人々は大震災まで、昔の屋敷の南西の隅に当たる広い一角に（といっても、以前にくらべればごく手狭な一角にすぎなかったが）住み続けていた。大学の構内に変わる以前も、旧前田邸には大学で教鞭をとる外国人、あるいは政府のお雇い外国人が住んでいた時期がある。E・S・モースもここに住んだ一人で、彼の書き残しているところを読むと、昔の大藩の屋敷跡が明治に入ってどんな情況になっていたか、よくうかがえる。

今の加賀屋敷は木々や藪が茂るにまかせ、さながら荒地で、何百羽という烏がわがもの顔に啼いている。あちこちに古井戸があり、蓋のしてないものもあるので非常に危険だ。烏といってもアメリカの鳩のようにおとなしく、屑物の掃除役をつとめてくれる。朝は窓のすぐ外で啼き騒ぎ、お蔭でいやでも目を醒まさせられる。(『日本その日その日』)

大学のすぐ北側には、かの誇り高き第一高等学校が建っていた。もともと明治七年、東京英語学校として創立され、明治二十二年になって本郷に移ってきたのである。敷地は今は東大の農学部になっている。一高はおそらく東大よりも誇り高い学校だった。優秀で野心のある学生なら、誰でも一高・東大コースを狙ったものだが、一高のほうが定員は少なかった。一高が東大よりさらに誇り高かったのも当然かもしれない。ここの卒業生は、早死にさえしなければ大抵は著名人になった。

大学の反対側には、女子最高の名門、女子高等師範(現在のお茶の水女子大学)も出来て、宮城の北側には大学その他、高等教育機関が集中することになった。こうして本郷と神田には下宿も集まることになり、ほかのどの区よりも下宿屋の数が多くなる。中には有名な所も出来て、特に有名な下宿などは、四半世紀の間にほぼ一年一人の割合で博士様を出したという。明治時代の下宿屋で今も残っている家が少なくとも一軒あるが、木造三階建て、現在なら消防署の規定でとても許されそうにはない建物である。

本郷から坂を下った根津にはかつて遊廓があったが、学生たちに悪影響を与えることを惧れて洲崎に移された一件はすでに述べた。本郷の高台は概して謹厳な土地柄で、学生たちもエリートとしての地位と責任を自覚していたらしい。一高のほうはそれでも相当に乱暴だったけれども、町全体の雰囲気を決めるには大学のほうが力があったようだ。パリのカルチエ・ラタンのような、ボヘミアン的な気分はほとんどなかった。

明治の末の学生生活を描いた小説としていちばん有名なのは、やはり漱石の『三四郎』ということになるだろう。構内に加賀屋敷から残っている池も「三四郎池」と呼ばれている程だ。三四郎は本郷に住んだが、それほど刺戟的な生活はしていない。たまたま『ハムレット』の公演を見るといった経験もしているけれども、娯楽に類することでいちばんくわしく描かれていることといえば、大学のすぐ北の団子坂で菊人形を見物したことくらいしかない。徳田秋声によると、本郷の学生は学用品を買うのから歌舞伎見物に到るまで、ほとんどなにをするにも神田へ出なければならなかったという。本郷はいかにも山の手だったと秋声はいうが、その意味は多分、神田は私大の学生が町の雰囲気を作っていたのにたいして、本郷のほうは教授やインテリ、それに将来の国家を担う学生たちなど、厳《いかめ》しい人種が中心だったということだろう。

本郷区も東の端、下谷区と境を接するあたりは、多少下町に入っていた。すぐに立ち退くことになる根津遊廓があったのはこの辺である。しかし丘の上にも、古くから湯島の岡場所があった。明治時代は日本橋の大商人が贔屓にしていたようだが、学生の中でも金のある連中はよくここへ通ったらしい。湯島のほうは根津と違って、立ち退かせるという案は出なかったようだ。

もともと湯島の色街が出来たのは、上野の寺町が近かったためである。坊さんたちが普通のお茶屋に出入りするのはさすがに憚られたので、蔭間茶屋という、特殊な茶屋を作った。男色を供したのである。湯島はもともとこの手の色街のひとつだった。この種の茶屋は、幕府から新政府に変わっても、あるいは寺町がなくなっても、すぐさま廃業したわけではない。けれども明治も三十年代に入る頃から、湯島もそうした過去の特色を捨て、普通の芸者町に変わってゆく。

実際、大学の近くには教授が大勢住んでいたし、漱石や鷗外はじめ文学者も少なくなかった。荷風は鷗外の住む「観潮楼」を訪れた時の様子を印象深く語っている。本郷に「観潮楼」とは気まぐれな命名のように思えるかもしれない。けれども当時は、かならずしもそれほど突飛な名前ではなかった。本郷や上野の高台からは、まだ家並みの低かった下町を越えて、隅田川や東京湾が見はらせたのである。

岩崎家の屋敷は、本郷と下谷の境界線にまたがっていた。高台側にはコンドルの建てた洋館があり、正門は坂の下の下谷側に開いていた。建物は現存していて、明治の大富豪の生活ぶりをうかがうには、おそらく全国でもいちばんいい遺構ではないかと思う。庭の西側、洋館の裏手には、かつては和室が連なっていたのだが、その大半は取り壊されてしまったけれども、一部は今も残っている。洋館はもちろん客用で、それにひろびろとした芝生も、伝統的な日本庭園よりはイギリスの公園に似ているが、園遊会には絶好の場所となっただろう。

この邸宅が生き延びた事情はなかなかに面白い。岩崎家には深川にもコンドルの建てた屋敷があったが、これは大震災で破壊されてしまった。けれども本郷の邸宅は残り、さらに第二次大戦中の空襲も免れた。戦後、占領軍は旧財閥の財産を分散させる政策を取り、岩崎邸も政府の手に移る。その大部分は最高裁の管理に委ねられ、最高裁は建物を取り壊して、司法研修所と判事の公邸を作ろうとした。取り壊しは早速始まり、日本家屋のほとんどが片づいた時、文化財保護委員会が待ったをかけて、残りの日本家屋と洋館を重要文化財に指定し、国の管理下に置くことを命じた。最高裁もこれに応じた。もし最高裁が指定の取り消しを望んだとしたら、最高裁自身が裁判に訴えなければならなかったはずである。

近代の日本では、あんまり金がありすぎると、時に危険な目に遭うこともあった。例えば安田財閥を興した安田善次郎は、大正十年、国粋主義者に刺殺されている。岩崎邸にも、万

コンドルの設計による本郷の岩崎邸

一の時逃げ道を確保するために地下の通路が設けられていて、こういう細かい点から、鹿鳴館に集まった貴顕たちの生活がどんなものだったか、身近に感じ取ることができる。

大震災の前からすでに、教授やインテリは西の郊外に移り始めていたようだ。「東京繁昌記」の類は何度も出版されているが、大正七年に出た『東都新繁昌記』には、十五区それぞれの特徴を簡潔に要約した説明が載っている。下町の各区の説明はごく常識的で、殊さら紹介するまでもない。山の手にくらべれば変化が少なく、分類も簡単で、いずれにしても過去の町ということなのかもしれない。例えば京橋区は「ハイカラ」、日本橋は「和製」といったものである。これにたいして山の手の特徴は多様で、それぞれの区が別々の方向に向かって動いている有り様がうかがえる。例えば北と南の対照的な変化などもその一つだ。赤坂は「華族」の土地とされているのにたいして、麻布は「虫声」で有名となっている。広大な庭や空き地があって、当時はまだ市街の南の端だったのである。本郷は「角帽」の町。神田もこの点は同じだが、しかし神田の「書生」は働いて下宿代を稼がなくてはならないタイプ。明治の東京では北西の端に当たる小石川は学者の住む所としてある。

小石川は荷風の生まれた所だが、概していえば、山の手の北に並んだ二つの区のうち、本郷にくらべて特筆すべき点に乏しい。旧水戸屋敷には後に野球場と遊園地が出来るけれども、それまでは、わざわざ人が出かける程のものはほとんどなかった。江戸の外周を取り囲んでいた寺院の帯は、小石川から牛込にかけて西に延び、小石川にも護国寺と伝通院という大きな寺が二つあって、共に徳川家にゆかりの深い所だったが、浅草の観音様のように大勢の人を集めるような寺ではなかった。多少見るべき庭園もいくつかあり、その一つは東大の植物園で、元来は江戸の初め、幕府の薬草園として造られたものだった。

牛込と四谷は麴町の西に当たるが、ここも麴町と同様、中流上層の人々の住宅地だった。けれども時折世間の注目をひくこともあって、例えば牛込区の神楽坂は山の手の花柳界として、暫くは赤坂と張り合うほどの勢いを見せた。大震災直後の頃のことである。牛込は十五区のうち、大火を受けてない唯一の所だった。そこで、昔ならもっと由緒のある下町の色街に行けたはずの人々も、やむなく神楽坂に遊びに行くことになったのである。けれどもやがて神楽坂もまた、東京全体が猛烈な勢いで西へ動いてゆく動きから取り残されてしまうことになる。

四谷は、明治中期には十五区中まだ人口のいちばん少ない区で、だから西へ移動してゆく途中、人がまずここに住みつくことも多かった。震災の直前、新宿の一部が四谷区に編入されたことは前にも書いたとおりである。当時の新宿は、西の郊外でもいちばん急激に成長していた所で、やがて商業地としても歓楽街としても、銀座を追い抜くことになるのは周知のとおりだ。

有島家は麴町に旗本屋敷を買い、生馬は震災後もまだこの家に住んでいた。荷風の父親は小石川に旗本の家を二軒買い、取り壊して、新しい時代にふさわしい家を建てた。荷風の少年時代、旧幕時代から残っていたものとしては、ただ古い庭の痕跡が、狐の住みついている気味の悪い場所になっているだけだった。二人の文学者の生家の歴史は、二つの土地の性格を典型的に示す例だったかもしれない。麹町では、生き延びた旗本屋敷の家並みがおたがいに支えあい、麹町特有の町のたたずまいを形作っていたのにたいして、小石川や牛込では広大な大名屋敷が細かく区切られ、あるいは公共用地に利用されて、その間に散在する旗本屋敷は、特に昔を懐かしく思うこともない人々が住みついたのである。こうして明治の末年には、山の手の周辺に位置する区の風景は、番町あたりにくらべて、もう江戸の空気は遥かに薄くなっていたにちがいない。

麻布や赤坂には広大な兵営や練兵場があった。六本木が盛り場になったのも、すでに述べたとおり、元来は兵隊たちに遊ぶ場所を提供するためだったのである。六本木の起源が軍隊にあるなどとは、今ではもう思い出す者はほとんどない。

兵隊が遊んだ場所として、もう一つ渋谷があった。当時はまだ郊外だったが、東京が激しく延びて行く方角に当たっていた。明治の初めにはお茶の産地として有名だったが、明治も末になる頃にはいちばん裕福な郊外地として、古い市街の中心部から人と金とを強力に吸い寄せ、この点で新宿の最大の競争相手に発展していた。

明治の地図を見ると、上流階級の住む赤坂は、麻布よりも虫の声が賑やかだったのではないかと思える。上流といっても、上流中の上流、皇族方の主に住んでいた所ではない。明治末、皇族の住居は十四カ所あったが、半数の七つまでが麹町、四つは麻布に散在していて、赤坂には実は一つしかなかった。ほかにまだ京都に残っていたのが一つ。そして最後の一つは下町で、浅草から少し上《かみ》の隅田川沿いにあった。

とはいえ赤坂にあったのは皇族の中でも最上位、皇太子の住む赤坂離宮だったし、ほかにも広大な公共用地が拡がっていた。もし塀によじ登るのが得意で、しかも衛兵の目を逃れる術に長じてさえいれば、市域の境界線から外濠まで、皇族や公共の用地だけを伝ってたどり着くこともできたはずである。ただ公共の用地の中には、虫さえ生き延びるのに苦労する土地も少なくなかった。新しい青山の練兵場は、やがて明治天皇の大葬の式場となり、その後大帝を記念する公園になるが、古い日比谷の練兵場と同様に砂埃がひどかった。

麻布は、いちばん人口の少ない区というわけではなかったけれども、明治の末の頃にはまだ、十五区の中でいちばん田舎の感じがしたにちがいない。人力車の車夫も、麻布には行きたがらなかったという話がある。麻布の道はまことに勝手気ままに走っていて、しかもおたがいにまるで関係がないから、車夫が道に迷ってしまうなどという、プロとして面目を潰す破目になることもめずらしくなかったからである。

結局、明治後半の東京の膨張は、まず第一に四谷から新宿へ真直ぐ西に向かう動き、これに次いで強力だったのが、赤坂を抜けて渋谷へと南西に向かう動きだったということになる。つまり明治の終わりにも初めと同様、蜘蛛の巣状に中心から放射する大通りに沿って活潑な商業地域が延び、その間を繋いで住宅地が、さまざまの密度、貧富の差を抱え込んで散在していたわけである。

明治から今日まで東京が大きく移動したというのは、単に人口が移ったというだけのことではない。山の手は富も権力も、そして文化も蓄積してきた。文化は金の動く所に動いてゆくもので、だから下町はこの重要な点についてもまた、独自の創造力を失うことになってしまった。下町が権力も失ったというのは、あるいは奇妙に聞こえるかもしれない。元来、旧体制下では幕府が絶対的な権力を独占していたはずだからである。けれどもすでに見たとおり、武家屋敷は下町の到る所に（なかんずく、隅田川の川辺をはじめ風光に恵まれた所に）散在していたし、他方ではまた、三井をはじめ豪商たちは、表向き許された以上の強大な権力を手にしていたのである。

今日では、どこからどこまでが下町かについて一般に誤解があるようで、そしてこの誤解自体、今日の東京の情況を雄弁に物語っているかもしれない。南や西の裕福な区の住民は、北や東の貧乏な区はみな下町だと思っている。けれども彼らが下町と思っている地域の中にも、昔は立派に山の手だった所も入っていて、例えば本郷や谷中などは、明治の芸術や学問の中心だった一帯であり、誰しも山の手と考えていた所だった。こうした誤解そのものが、今日、富裕な階層の人々の目から見れば、東京を二分する区別は昔の意味での山の手と下町ではなく、金のある半分と金のない半分という区別になっていることを物語っている。江戸や明治初期はそうではなかった。当時、もし一般的な区別を強いて立てるとすれば、山の手は武家社会、下町は町人の世界というおおよその区別だったのである。

今日では、作家や学者の住所を調べてみても、文京区や北区は時折見かけることはあっても、上野から東の平坦部、つまり古典的な下町はほとんど一つも見当たらない。作家や芸術家も旧士族や実業界のエリート同様、明治を通じて絶えず下町から流出しつづけた。すでに大洪水の後にはほとんど残っていなかったが、大震災後、移動はほぼ完全に終わっていた。荷風のように下町を愛した作家は、あくまでも例外である。いや、その荷風すら、大正の中頃しばらく築地に住んだだけで、大震災の何年か前、麻布に家を建てた。築地時代の日記は不平ばかりで、下町の騒音と埃のことをしきりにこぼしている。

下町はかつて演劇や文学の本拠地だった。けれども演劇はその後大きく変化せざるをえなかった。まず改良論者たちの運動があったし、当然のことながら外国からの影響もあった。それになにより、演劇を支えていた下町の基盤そのものが四散したということもある。文学のほうは、明治の中頃までは江戸文学の伝統がなお生きつづけていたけれども、これも新しい近代的な文学に取って代わられることになった。

伝統的な文学と近代文学とはどこがどうちがっているのか、いろいろな言い方ができるだろう。江戸の通俗文学は知的というには程遠かった。これにたいして鹿鳴館時代に現れ始めた近代文学は、ほとんど偏執的と言ってよいほど知的であることにこだわった。もし近代文学に一貫して流れるテーマを一つだけ選ぶとすれば、アイデンティティーの模索というテーマだったと言うべきだろう。個人を個人たらしめるものは何かという問題である。明治期の思想や文学ではキリスト教が重要な意義を占めていたのに、その後はそれほどの重要性を持たなくなったということ、家にたいする反逆と、権威主義的な父親を貶《おとし》めるというテーマがしばしば繰り返されたこと、あるいは近代の小説に、自伝的な要素がきわめて強かったということ——こうしたこともすべて、その共通の底辺として、近代の意識と個人主義とが結合していたという事実を物語るものにほかならない。

けれどもこうした問題は、みな山の手の関心事にすぎなかった。下町では、しばらくは江戸町人の愛した絵草子の類が相変わらず作られ、読まれつづけていた。近代主義の指導者たちは、この種のものには徹底的な軽蔑しか抱いていなかったし、そして江戸の残照が次第に色褪せてゆくにつれて、下町にはもはや、近代主義に対抗できるものを生み出してゆく力もなくなってゆく。それに下町が、古い形式をあくまで頑固に守り、愛しつづけたというわけでもない。大正ともなれば、江戸の絵草子のあの古風で凝った言葉遣い、あの癖のある書体を読みこなせる人はもうそう多くはなかったし、今日では、少なくとも一般の読者の間にはほとんど一人もいないだろう。

江戸文学には、江戸という特定の場所と結びついた意識が強い。江戸には文学があったが、東京の文学はないと言ってもあながち誇張にはならないだろう。近代文学は、江戸の文学にくらべてはるかに国民的であり、さらにはコスモポリタンな性格が強い。江戸文学は、下町の特定の場所を抜きにしては理解できず、ましてや味読することなど不可能である。なるほど明治以降も、荷風や万太郎など、変わりつづける東京の町そのものを題材にした作家もなくはないが、彼らはあくまで例外であって、近代文学はもう芝とか、神田とか、具体的に個々の場所を思い浮かばせることはない。もっぱら茫漠たる抽象としての「郊外」しか思い起こさせないのである。

江戸後期や明治初期の下町が日本の文化の中心だったというのは、そこでもっとも興味ある文化が生み出されていたということであって、ここが文化上の首都だったという意味ではない。この首都で作り出されたものが、全国で消費されたというのとはちがうのである。下町の境界線なら、江戸後期の地図の上にはっきり見て取ることができるけれども、今日の山の手には境界線などはない。近代文学の歴史は、哲学者や政治家の活動と同様、全国的な拡がりにおいて起こっていることであって、起こった場所はたまたま東京という場所であっても、東京のものではないのだ。

山の手が地域的にも影響力の点でもますます大きくなってゆくにつれて、東京はいよいよ抽象的な存在となり、共同体としての性格を失ってゆく。明治に始まり、以後百年の間続いてきたこの変化は、まことに深い、大きな変化だった。今日の下町には、せいぜい野球とテレビの文化しかないけれども、百年前の下町の文化にくらべて、これはまたあまりにも貧寒な文化でしかない。

山の手は、金と権力と文化を手にして、ますます高く高台に登ってしまった。今でも下町のほうが人情に厚く、親しみやすい所ではあるにしても、下町文化の栄光の時代はすでに終わった。今はもうその挽歌を歌うしかない。

Ⅵ 大正ルック

明治四十五年（一九一二年）七月二十日、恒例のとおり隅田川の川開きが予定されていた。しかし突然、取りやめになってしまった。この日、天皇御重態という発表があったからである。一週間前から病床にあった天皇は、尿毒症のために昏睡状態に陥っていたのである。

これ以後、その年の夏は東京中が静まり返っていた。納涼の行事も火の消えたように淋しく、花柳界も同様だったし、兜町でも株価が暴落した。一つの時代の終末が来たと誰しも直感していたし、次にはどんな時代が来るのか、誰にもわからなかった。

陛下の御容態は宮中から早馬で知らされ、各交番の前に張り出された。宮城前の広場には群衆が黙々として詰めかけ、宮城に近い神社にも、北の神田、南の山王、帝国ホテルの傍の日比谷神社など、みな群衆が参詣して御快癒を祈り、寺院からは護摩を焚く煙が昼夜を分かたず立ちのぼった。乗り物はみな、宮城の近くを通る時には極力静粛に努め、明治四年以来、宮城内で毎日正午には必ず鳴っていたドンも、もっと遠い所に移された。

明治天皇の崩御は、七月三十日午前零時四十三分のことだった。発表はこの日の早朝に行われ、こうして明治四十五年は大正の元年となった。真夜中を僅かに過ぎた頃に降り始めた雨は、発表の行われた早朝まで降りつづいたが、宮城前の広場に跪《ひざまず》く人々の群れは夜を徹して祈りつづけ、立ち去る者はいなかった。

崩御から大葬までの数週間、国を挙げて悲嘆と愛惜の念がことごとに表明された。劇場は

明治天皇逝去（皇居門外の光景）

崩御の報と同時に一切の公演を中止し、ほとんどの商店も、殊に皇居に近い地域では一斉に店を閉ざした。悲しみの思いには一筋の怒りもあった。陛下の主治医の家には石が投じられた。

埋葬は東京で行おうとする動きもあったが、すでに京都の伏見に御陵が選ばれていた。大葬は九月十三日。新聞の記事は、日頃は賑やかな場所がいかに森閑としていたか強調している。日本橋の魚河岸も、普段は正月しか休まないが、大葬の日だけは物音ひとつなかったし、市中の商店はすべて店を閉ざした。浅草の静けさは、二年前の大水の後以上だったという。

天候は晴れ。葬儀そのものは、あたかも終わったばかりの時代を象徴するかのように、新旧の要素を結合していた。神道では古来、もっとも厳粛な儀式は夜行われるが、大葬はまさしく夜に執り行われた。八時を期して近衛連隊の礼砲が鳴り渡り、品川沖に停泊する軍艦がこれに応え、市中の全寺院が一斉に弔鐘を打ち鳴らす。葬列は、軍楽隊の奏でる葬送行進曲と共に正門を出て、二重橋を渡る。ここから皇居前の広場を抜けて馬場先門まで、鉄製の籠に収めたガス灯が道を照らし、棺に近い侍者は松明をかざしていた。青山の練兵場に設けられた斎場もガス灯が照らしていた。五頭の牛が縦一列となって柩車を牽く。古来の宮中の礼服を身につけた参列者もあれば、近代の礼装に身を固めている者もあった。

葬列は馬場先門から南に進んで日比谷公園を過ぎ、西に折れて外濠沿いに進んだ後、再び南に向かって、練兵場に着いたのは十一時。馬場先門のあたりでは群衆があまりにおびただしく、怪我人が出る程だった。沿道の窓や電柱、街灯にはすべて黒白の幕が張られ、灯火はことごとく消されて、店の看板も幕で覆うか、ないしは取り外されていた。遺骸は十四日に列車で京都に運ばれ、その夜、伏見に埋葬された。

渋沢栄一を中心として、天皇を記念する神宮を建立する計画がただちに立てられ、敷地には代々木にあった皇室の用地が選ばれると同時に、大葬の行われた青山の練兵場は外苑とすることが決まった。明治神宮の造営は大正四年に始まり、大正九年に奉献される。ただ外苑の完成は大正十五年、つまり昭和の始まるその年まで待たねばならなかった。

大葬をめぐる事件の中で、いちばん深い印象を与えたのはやはり乃木将軍夫妻の殉死だろ

明治天皇の葬送

う。葬儀の開始を告げる寺々の鐘が鳴り始めた、まさにその時のことだったらしい。将軍の住居はごく質素なものだったが、練兵場に近く、当時このあたりの開発はまだほとんど進んでいなかったから、斎場からも見えたのではなかったろうか。

大正天皇の崩御の際には、神宮を建てるという計画は立てられなかったし、一つの時代が終わったという意識が強く感じられることもなかった。明治天皇は、かならずしも個人として民衆に親しみ深かったというわけではない。しかし一つの時代の象徴として、今日もなお重要な存在である。だが、大正天皇についてはこうしたことは言えない。特に晩年は、天皇としても異例なほど引きこもった生活ぶりだった。大正十年には摂政制が取られ、当時はまだ二十一歳の昭和天皇が摂政となる。

大正時代は短く、すでに公人としては退位したも同然だった天皇の死も、明治の大帝の崩御に際して国民があれほど深い悲嘆を示したのにひきかえ、大震災後間もなくだったこともあって、一般の市民にとってはそれほどの大事件とは思えなかったにちがいない。かりにもし、大正天皇が明治天皇の在位中に世を去り、昭和天皇が十歳から十一歳で即位しておられたとしたら、はたして歴史家は一九一二年から二六年までの期間を、それでも一つの時代、歴史上の一つの単位として見なしていたかどうか。

それはともかく、大正時代は明治や昭和にくらべて波乱の少ない時代だったとは言えるだろう。明治は目ざましい成功の数々をもたらし、他方昭和は、みずから求めて破局を招いたとはいえ、その後はまたまったく別の方向で成功を収めた。大正にも戦争はあった。日本にとっては楽な戦争で、主戦場は遥かに遠いヨーロッパでありながら、日本はごく手近な所で勝利の恩恵に与《あず》かることができた。歴史上、大正と名の付いた事象としてすぐ思い浮かぶものといえば、一つは「大正大震災」、そして第二は「大正デモクラシー」だろう。けれども大正時代のデモクラシーは、第一次大戦後のごく短い一時期、ひよわな花を咲かせたに終わり、名前以外、後に残したものはほとんど無に等しい。大正の歴史には大いに誇るべきものも、深く恥じるべきものもなかったのである。

とはいえ近代日本の歴史を語る時、治世を単位にして考えることが慣習となっていて、だから大正の文学もあれば大正の演劇もある。そして実際、大正の事象には独自の風貌、いわば大正ルックがあることはやはり事実だ。

下町の立てこんだ所を歩いていると、空襲を免れた一角にたまたま出くわすことがある。そうして出くわすのが実は大正ルックなのだ。明治の面影に出くわすことはごく稀で、本物の江戸の遺物に行き当たることはまず皆無と言っていい。これこそ大正とわかるのは、小さな店の正面にトタン板を加工した装飾が施してあったり、なんの必然性もなく唐突に小さな塔が作ってあったり、あるいは洋風を模した出窓、さらには引き戸ではなく捲き上げのシャッターになっていたりする時だ。荷風は、江東地域が文明開化の掛け声に耳を貸さなかったことを喜んだが、大正はおそらくこの地域さえ、少なくとも洋風の装飾的な要素に注意を向け始めた時代だった。

大正三年、東京市は大正博覧会を開催した。新しい治世に敬意を表し、明治以来の精神に則って産業を振興することが目的だったが、滑り出しはつまずいた。工事は開会式に間に合わず、大正天皇はぬかるみの中を会場に出向かれなければならなかった。それにまた新聞の投書には、新しい御代を慶賀するはずの博覧会に、ミイラが出品されているとは不穏当だと非難する声もあったが、しかし全体として見れば、博覧会は成功だった。七百万枚以上の切符が売れたし、産業を振興するという効果はともかく、大正時代に明治とはちがう独自の性格を与える効果は果たしたからである。治世の冒頭に開かれたこの博覧会が、大正ルックを世間の目に知らしめ、確立することになったのである。

今度もまた、新しい時代に入る先頭を切ったのは東京だった。明治の末には、日本の西洋建築は、少なくとも大規模な公共の建物の場合、いかにも荘重で、いささかペダンティックなものになっていた。これにたいしてごく初期の洋風建築は、例えばホテル館などその典型だが、これとは相当にちがっていた——というより、実は西洋のどんな建築様式ともちがっていた。大正博覧会が商店や住宅建築に与えた影響についても、ほぼ同じことが言えるかもしれない。特に著しかったのは遊廓で、思い切って空想的なその建築は、今でいうならディズニーランドを思わせる。E・フィリップ・テリーは、かならずしも正確とは言えぬとしても、非常に精彩に富んだ日本案内記を書いたが、吉原は、あのヴェスヴィアスの噴火で一瞬にして埋もれた古代ローマの町、ポンペイに似ていると形容している。大震災で失われる前の吉原の写真を見れば、奔放な装飾をふんだんに用いている点で、むしろヴェネチアを思い出させる。確かに、どこかサン・マルコを思わせるところがある。

服装や風俗にも大正ルックはあった。特に目につくのは女性の風俗である。大震災前、男はほとんどがすでに洋服になっていたが、女性の間ではまだ和服が一般的だった。けれどもなぜか和服姿の大正の女性のほうが、洋装した明治の女性より西洋風に見える。明治の錦絵に描かれた婦人の洋装は、なるほど色彩は鮮やかすぎる嫌いはあるにしても、あのふくらんだスカートにしろボンネットにしろ、一世紀の時を隔てて見るせいか、まっとうな洋服のように見えるが、しかし如何せん、顔はいかにも江戸時代そのままの日本の女だ。これにたいして大正の物憂げな美人の顔には、もうすっかり板についた憂愁の表情が宿っていて、そしてこの倦怠感はけっして日本土着のものではない。

　誰よりも大正時代を代表する画家といえば、やはり竹久夢二だろう。大正が始まった時、夢二はまだ二十代後半で、画業を続けた時期はほぼ大正と一致する。かならずしも偉大な芸術家とは言えぬとしても、ほかのどんな画家にもまして雄弁に大正という時代を物語っている。色蒼ざめて、胸を病んでいるかのようで、なよなよと撫《なで》肩をした夢二の女は、世紀末のドイツにいてもしっくり溶け込んでいただろう。

猫を抱く女（竹久夢二）

　撫肩の美人といえば、なるほど江戸の浮世絵にもしきりに現れる型だけれども、しかし浮世絵の場合はいわば一個の抽象であって、肉体を感じさせない。夢二の女の、蝕まれた肉体の存在感とはずいぶんちがう。夢二の女は胸を病んではいても、時に笑う。やつれた微笑ではあっても、とにかく笑っている。しかし江戸の美人画は笑わないし、明治の女性も滅多に笑っていることはない。これにたいして大正の絵やポスターにはさまざまの笑いが華やいでいて、西洋がすでに充分に吸収され、いわば肉体の一部になっていることが感じられる。資生堂が日本人の肌から浅黒さを取り去ろうとした努力が、この時代になってようやく功を奏したということだろうか。

画家の岸田劉生は明治二十四年、銀座の生まれだが、男にも大正ルックはあった、殊に役者には明らかだったと書いている。なにかキリッとしたところがあって、ヴァレンティノを思わせるというのである。劉生が書いているのは大震災後のことではあるが、それ以前からこうした特徴はすでに現れていたにちがいない。「キリッとした」というのは夢二の女とは程遠いが、ヴァレンティノ風というのはいかにも大正にふさわしい。夢二が男を描いておいてくれなかったのが残念である。

十五区内の人口は大正期も増え続けたが、府下の人口増はこれをさらに上回っていた。大震災当時、区内の人口が二百万以上になっていたのにたいして、府下は四百万近くに達していたのである。

山の手は市部の境界線を越えてあらゆる方向に延び拡がっていたが、特にスプロールの激しかったのはやはり南と西だった。明治の初めには、市街地はまだ十五区内いっぱいになってはいなかったのに、大正の末になると、十五区はすでに市街地の中に埋まっていた。市内の境界を拡げて、渋谷や池袋など、急激に膨張する郊外を市内に取り込み、人口のほとんどを区内に包み込む措置が取られたのは、ようやく震災後十年もたってからのことである。市当局は、行政区域の拡大には消極的だったようだ。自治にたいする干渉を受ける惧れがあり、県に近い規模にまで大きくなれば、また昔のように知事だけで市長を置かないという、特別措置を取られかねないことを危ぶんだのである。

それにしても、いずれは市域を拡大することは、やはり避けられないと考えられてはいたらしい。東京市そのものは別として、大正の終わりになってもまだ、府内で市制を敷いている所は八王子ひとつしかなかった。だが十五区のすぐ外側には、八王子よりはるかに人口の多い地域が目白押しに並んでいた。こうした地域も、やがては当然新しい区になるものと思われていたが、昭和七年、ついに隣接町村の大合併が実施され、あらたに二十の区が作られることになる。

知事は相変わらず内務省から派遣されてくる官僚で、個性の乏しいお役人にすぎなかったのにたいして、市長の中には大臣級の人物もいた。例の「大風呂敷」、後藤新平などその一例で、大正十二年の春に辞任していたからもう無理だったわけだが、さもなければ、大震災後の対策や復興計画に手腕を発揮していたにちがいない。

大正時代の東京市長は八人いるが、東京生まれの人物は一人もなかった。いちばん有名なのは後藤新平だったにしても、いちばん人気のあった市長といえば、その前任者の田尻稲次郎ということになるだろう。イエール大学を卒業した財政学の権威としても有名で、東京帝大の教授をつとめたこともある。明治神宮奉献の時、参道の橋が落ち、調査の結果、質の悪いセメントが使われていたことが判明し、さらに調査が進むうちに、工事にからんで汚職のあったことが明るみに出て、田尻は責任を取って辞任せざるをえなかったが、一風変わった人柄で、市民には大いに人気があった。いつも古びた服を着て、小石川の自宅から市庁まで、普通の勤め人同様、弁当箱を風呂敷に包み、歩いて通ったという。いささか癇癪持ちの気味があったようだが、これも仕事熱心のしるしと受け取られていたようだ。

国中が戦争景気に湧き、東京もその恩恵を受けた。大正六年の工業生産額は、明治四十三年の四倍近くに跳ね上がっている。金融や経営に関して目につくのは、中枢が猛然たる勢いで丸の内に集中したことである。大正十一年現在、資本金五百万円以上の会社のうち、三分の一以上が麴町区、なかんずく丸の内に本社を置いていた。日本橋区と京橋区を合わせた数字にほぼ匹敵する。大正の中頃には、東京はほぼ現在の形に落ち着き始めていたのである。

大震災の直前、東京駅の向かいに丸ビルが完成した。当時日本最大のビルだった。初めて「ビル」と呼ばれる建物が完成したのは大正六年、海上ビルである。二つのビルは、大正ルックのまた別の側面を代表している。小さな商店は出窓や塔を好んで取り入れたけれども、大企業の巨大なビルは無益な装飾を排し、簡素な箱型に徹したのである。日本の西洋建築は、また一つ教訓を学んだと言えるかもしれない。

第一次大戦はインフレをもたらし、そのあげく、米価の急騰に抗議する暴動が起こった。いわゆる米騒動である。その結果として最初の政党内閣が生まれるが、これが「大正デモクラシー」の始まりだったとされる。騒動は大正七年の七月、富山で始まり、翌八月の中頃には東京にまで拡がった。

八月十三日の夜、日比谷公園で抗議集会が開かれ、警官隊に解散を命じられると、群衆は京橋から日本橋へと襲撃しながら移動した。翌日、騒ぎはさらに拡大し、暴徒の一隊は日比谷から新橋、銀座、京橋、日本橋へと走り抜けた。もっと興味があるのはもう一つの流れで、こちらは浅草に始まり、上野に向かって進んで（この時点で、群衆の数は二万に達していたといわれる）、さらに吉原に向かい、六十二軒の店が放火や略奪の被害を受けた。十五日、下町の同じ地域にふたたび暴動が起こったが、この日は初めて山の手にも騒ぎが拡がる。十六日、またしても銀座が襲われ、上野では騎馬警官が暴徒を鎮圧。事件の報道は十四日以来禁止されていたが、十七日になって報道が再開される。新聞が抗議した結果でもあったが、騒ぎの峠はすでに過ぎていたということもあった。

事件の結果、寺内軍閥内閣は辞職し、代わって新しいタイプの首相が就任した。大正デモクラシーのシンボル、原敬である。事件の結果、社会の前面に躍り出ることになった新しいタイプの人物がもう一人いる。正力松太郎は、最初の日比谷の集会を解散させた警官隊の指揮をとっていたが、額に深傷《ふかで》を負う。その後新聞界に転進することになったが、その精力的で押しの強い性格からして、いずれは大正・昭和の歴史に顔を出すことになったはずの人物である。米騒動はその彼にデビューの機会となったわけで、やがて読売新聞の社長となった正力は、東京の十社あまりの新聞のうち五位か六位に甘んじていた読売を、少なくとも東京市内の販売部数に関する限り最大の新聞に押し上げた。正力はまた日本のプロ野球や民放テレビの生みの親とも言える人物で、とすれば今の日本人のうち、彼の影響を蒙っていない人はほとんどいないということになるかもしれない。

米騒動は、地方の場合はインフレにたいする不満がきっかけだったことは明らかだが、東京の騒ぎが本当はどのような意味をもつものだったか、ちがった解釈の余地はある。東京でこの種の騒動の起きる時にはいつも、むしろ面白がって騒いでいるのではないかと思わせる節があるからだ。荷風も書いている。

> 横町へ曲つて見ると軒を並べた芸者家は悉く戸をしめ灯を消しひつそりと鳴を静めてゐる。再び表通りへ出てビーヤホールに休むと書生風の男が銀座の商店や新橋辺の芸者家の打壊された話をしてゐた。
>
> わたしは始めて米価騰貴《とうき》の騒動を知つたのである。然し次の日新聞の記事は差止めになつた。後になつて話を聞くと騒動はいつも夕方涼しくなつてから始まる。其の頃は毎夜月

がよかつた。わたしは暴徒が夕方涼しくなつて月が出てから富豪の家を脅かすと聞いた時何となく其処に或余裕があるやうな気がしてならなかつた。騒動は五六日つゞいて平定した。丁度雨が降つた。（「花火」）

東京の建物も昔よりは多少とも火に強い構造になり始めていて、さすがの江戸の華もようやく踏み消されようとしていた。大震災は別として、大正期の最大の火災は元年に起こったもので、またしても、数え切れないほどの神田の火事の一つである。神田から出た火は東に向かい、日本橋からさらに京橋にまで拡がって、二千五百戸を焼き尽くした。もう一つ大正の火災として記憶に残るのは、帝国ホテルの新館の開業前夜、旧館を焼いてしまった火事だろう。以前にくらべて被害が小さくなったのには、消防技術のよくなったことも関係があったろうが、やはり耐火建築が大きな役割を果たしたにちがいない。大正五年には、新しく建築する建物については藁葺きが禁止された。江戸の火消しの組織は大震災の時まで活動を続けていたが、震災では消防庁そのものも、消防施設や用具もろとも灰燼《かいじん》に帰してしまった。これほどの災害があって、ようやく近代的、統一的な消防組織が誕生したのである。

市の中心部に大きな被害をもたらした水害は、明治の末の洪水が最後になった。確かに大正六年には、歌舞伎座が膝までの水に浸《つ》かるということがあったが、これは台風による高潮が原因である。洪水がなくなったのは荒川放水路が完成したお蔭だった。工事が始まったのは明治末の大水の後、完成は大震災の直前だった。

この工事は、幕府が隅田川の河口を干拓して下町を作って以来、この町が経験した最大の土木工事だった。内務省の直轄事業として、二十キロ以上にわたって新しい水路を開いたのである。用地の取得に要した費用だけでも、当時としては莫大な額にのぼったが、その頃はまだ、ほとんどが農地や漁村だったからよかったものの、数年後なら少なくとも五、六倍は必要となっていたはずだ。この大事業は着眼、構想も雄大だったし、結果もまた上乗だった。今でも、集中豪雨で何軒か床上まで浸水することはあるかもしれないが、明治四十三年を最後に、隅田川が大洪水を引き起こすことはもはやなくなったのである。

それにしても、しかし、火事を防ぎ洪水を防ぐためには、美を犠牲にするというのはやはりやむをえないことなのだろうか。コンクリートの箱は古びた木の肌のような諧調を持たず、かつては緑の深かった土手や蘆原の代わりに、今では薄汚れたコンクリートの壁しか目に入らない。

E・フィリップ・テリーの日本案内記は大正九年の出版だが、東京ではナイトライフは期待しないほうがよいと書いている。

他国から訪れる者にとっては、日が暮れてからの東京は巨大な暗い村であって、退屈でやりきれないと感じる人も少なくないにちがいない。外交官として訪問でもすれば、ほとんど連日連夜の歓迎を受けて楽しむこともあるだろうが、それはごく恵まれた人々だけの役得であって、普通の人間には、居心地のよいホテルから外に出てみてもほとんどなにもすることがない。……日本人は元来さして遊興を好まず、僅かな楽しみで満足する性《たち》で、東京の淡泊な遊びにも非常な魅力を覚え、あたかも磁石に引きつけられるかのように国中から東京に集ってくる。小さな茶碗で味気のない茶を砂糖も入れずに飲み、鉄砲の弾くらいしかない小さな火皿のパイプに煙草を詰めてお喋りに時を過ごし、太鼓の音、白塗りの芸者の歌う悲しげな小唄に耳傾けて大いなる愉悦に満たされるのだ。そして一旦首都に住みつくと、田舎に住む不幸な連中を心から憐れんで見下すのである。

なかなか精彩のある説明だし、実際に日本を訪れてなるほどと思った旅行者も多いかもしれない。けれどもテリーがもっと日本のことをよく知っていたら、少なくとも大正のナイトライフは、かつてないほど賑やかになっていたことに気がついていたはずである。江戸の昔は日が暮れると真っ暗闇で静まり返り、夜の楽しみはもっぱら男だけの独占物で、しかもそんな特権に恵まれる男はごく少数しかいなかった。銀座が煉瓦街になり、明るい照明が輝いて群衆が繰り出すことになったのは、まったく新しい現象だったのである。なるほどナイトライフというには無邪気すぎるかもしれないけれども、家族全員が楽しめるものだったし、特に若者たちは、今までは花柳界の楽しみからは閉め出されていたから、夜の町を出歩くというのは新しい刺戟だったにちがいない。いわゆる銀ブラの最盛期は大正に始まり、第二次大戦の前まで続いた。

銀座、そして銀ブラは大正の東京のシンボルだった。日本橋は、企業活動の中枢としての地位は丸の内に取って代わられようとしていたにしても、大規模な小売業はまだここが中心で、三越と白木屋は、デパート隆盛の先駆けとなって以来、今もたがいに鎬《しのぎ》を削っていた。

銀座に大衆を奪われて、日本橋は商業地の中心としての地位まで奪われたように見えたかもしれない。けれども元来、保守的で規模も大きい日本橋の店は、不特定多数の厖大な大衆をひきつける所ではなかったし、それに銀ブラを楽しむ大衆というのは、値の張る品物を買うような種類の人たちではなかった。銀ブラはただ二十歳前後の若い人々が、おたがい同じ年頃、同じ階層の群衆の中に埋もれて、浮き浮きと時間を潰すことだったのである。東京にこうして若者たちの行く場所、しかもほとんどこうした若者たちばかりが集まる場所が出来たのは、実はこれが初めてのことだったのではあるまいか。

銀ブラが流行し始めた頃には銀座のシンボルだった柳の並木は、大震災の直前に銀座から姿を消した。歌舞伎座の床も浸水した大正六年の台風と高潮で、柳の並木もかなり手ひどい被害を受けたが、大正十年、銀座通りの改造があり、歩道を小さくして車道を拡げた時、銀杏に取り替えられてしまったのである。

銀座の柳（大正10年）

当時はもちろん、すでに自動車時代が到来していて、自動車の便利が最優先になっていた。日本最初の自動車は明治の末、アメリカから輸入されたもののようだ。大正に入るとタクシーも現れる。オートバイも、大震災の頃には市内で数百台に達していた。イギリスの歴史家G・B・サンソムがよく自慢していたが、日本に初めてオートバイを持ち込んだのはサンソム自身だったという。第一次大戦直前のことで、田舎を探索するのに乗り回していたらしい。

銀座通りの改造はかならずしも大成功とはゆかなかった。それまで、電車線路の敷石は別として、車道の舗装は充分ではなく、よく泥の海になり、あるいは埃が舞い立っていた。そこで今度の改造では、車道に木材のブロックを敷きつめ、隙間にアスファルトを詰めるという方法をとった。このほうが長持ちするし、車の重量にも耐えられるという計算だったのだが、開通の当日大雨が降り、ブロックが到る所でプカプカ浮いてしまって、車が通ると物凄い水しぶきが上がった。翌年にも同じようなトラブルが起こったばかりでなく、八月の猛烈な直射日光でアスファルトが溶けるという問題が生じた。あげくの果てに、大震災の時には路面全体が引火して燃え上がってしまったのである。こうして東京の歴史はその最初の半世紀を、銀座の火事に始まり銀座の火事で締めくくることになった。

大衆にとっては、大正とは銀座と浅草の時代だった。夢二の描く女たちは、世紀末の憂愁が身についていたとはいえ、大正の文化は明治よりも若い文化で、いわゆるモボやモガ（もちろん「モダンボーイ」「モダンガール」の略）が現れたのもこの時代である。そして彼らの舞台となったのが銀座だったのである。

浅草では、江戸時代と同様、見世物や興行に群衆が押し寄せていた。江戸末期の浅草はほぼ演劇を独占していたし、最大の遊里をひかえて歓楽地として栄えたが、今、二つの大戦の間のこの時期、浅草はまさしく黄金時代を迎え、江戸以来の伝統を残していると同時に、他方ではまたきわめてモダンな歓楽地となったのである。

浅草は、新しい大衆文化にたいする鋭い嗅覚を具えていた。時代と歩調を合わせるどころ

浅草の仲見世

か、一歩先んじてさえいたのである。日露戦争後、浅草は東京最大の映画館街となり、その盛況は大正から昭和前半まで続いた。荷風もよく「活動写真」の看板を見に浅草に出かけ、時代の流れを知ったという。一方、浅草にはまだ歌舞伎もあった。観音様の裏手にあった宮戸座は、通に言わせると、江戸歌舞伎の最後の孤塁を守る小屋だった。

けれども歌舞伎はもはや下町でさえ、かつてのように広く民衆に人気を博すことはなくなっていたし、他方映画も、急速に成長してはいたけれども、まだものめずらしさの域を抜け切ってはいなかった。この二つの間にあって、この時期に全盛期を迎えたのがオペレッタで、その中心となったのが浅草だった。明治の浅草も、なるほど東京ではいちばん賑やかな遊び場だったに違いないが、全国には、浅草に負けないくらい賑やかな所はほかにもあった。けれども大正の中頃から末にかけて、まさにオペレッタ全盛時代の浅草に匹敵する町はどこにもなかった。これまでの東京にこれ程まで賑わった例はなかったばかりか、およそ興行街として、今や全国にライヴァルはなかったのである。

「浅草オペラ」というのはかなり意味の広い表現で、大正の中期から後期にかけて、正真正銘のオペラから種々雑多なオペレッタ、さらには単純なレヴューに到るまで、浅草を舞台に展開したさまざまの音楽劇を引っくるめた名称である。

狭い意味でのオペラは、もともと文明開化の一環として日本にも当然必要なものと考えられて、明治四十四年に帝国劇場が開場した直後から、オペラを輸入する試みが始まった。その指導に当たるべき外国人音楽家を物色していたところ、イギリスで振り付けやオペレッタの指揮をしていたG・V・ロッシというイタリア人にその気のあることがわかり、帝劇はこのロッシを招いて、劇場付属の歌劇団を指導させることにした。翌年来日したロッシは、名前から国立劇場とばかり思っていた帝劇が、実は国立ではないと知ってがっかりしたようだが、すでに莫大な契約金を受け取っていたので、そのまま日本に踏みとどまることになった。

最初に上演したのは、例えばモーツァルトの『魔笛』のような本格的オペラだったが、今日でも上演のむずかしいこの大曲を最初に取り上げたのはやはり冒険がすぎたようで、以後ロッシは、もっと軽いものを選んだほうがこの歌劇団にはふさわしいと判断し、本格的なイタリア・オペラの上演も続ける一方、オペレッタに賭けてみることにした。

だがこの賭も結局は稔らなかった。劇場付の歌劇団は三年で解散になり、ロッシ自身も大正五年に解雇される。ロッシはもう一度賭けてみることにし、赤坂の映画館を買い取って、ここでオペラの上演を続けた。日本の西洋音楽の歴史で有名な「ローヤル館」である。しかしこの試みも帝劇同様失敗に終わり、大正七年、このローヤル館も閉鎖となる。失意のロッシはアメリカに向けて日本を発った。

けれどもロッシは、教師としては重要な役割を果たした。後に浅草で有名になる歌手の中には、帝劇やローヤル館でロッシの指導を受けた者が多かったし、浅草で上演した本格的なオペラは、ロッシなしにはありえなかったはずである。彼の率いた歌手たちは、まだローヤルが持ちこたえている間からすでにロッシの許を離れ始め、ローヤル館の閉鎖と同時にすべて浅草に移ったが、ロッシ自身も帝劇を馘《くび》になった時、赤坂などより、むしろ浅草に行くべきだったのかもしれない。赤坂には料亭街もあり、金持ちは集まっていたかもしれないけれども、とても群衆の集まるような場所ではない。浅草こそ面白いことの起こっている所だったのだ。

浅草オペラにはもう一つ、もっと重要な要素があった。大正六年、『女軍出征』というオペレッタが凄まじい大当たりを取り、この初演の日こそ浅草オペラの誕生の日とされる程だが、第一次大戦を扱った歌や踊り入りの喜劇、むしろファルスである。西部戦線で兵隊が不足し、「女軍出征」となるわけだが、歌や踊りの中にはホーンパイプ踊りやスコットランド舞踊もあった（ただし当時の説明を読むと、むしろコサックの踊りに似ていたようだが）。このオペレッタのお蔭で、第一次大戦の時アイルランドの出征兵士が愛唱し、イギリスのミュージック・ホールでも大流行していた「ティペラリー」という歌が日本でも大変な人気となり、全国の津々浦々で歌われるほど流行した。実際、この時の興行は連日、文字通り押すな押すなの大入りで、芝居のハネた時には裏方がお客を助け出し、楽屋口から帰さなければならなかったという。

浅草オペラの主流はこうした通俗的な作品だった。もちろん上演の演目には、『リゴレット』とか『ルチア』など本格的なオペラもあったし、『リゴレット』の中の「女心の唄」が最大のヒットの一つになるということもあった。けれども中心は、やはりオペレッタやレヴューだったのである。翻訳物の中では、ズッペやオッフェンバックの作品などがいちばん人気を博したらしい。道を挟んで、こちらには翻訳物専門の劇場、向かいには創作物を主とする小屋があったが、創作物はエロティックな趣向が強く、数の上でも翻訳物を凌いでいた。

それにしても、そもそも本格的なオペラがここで上演されたということ自体が注目に値するし、しかも大きな人気を博したというのは驚くべきことと言わねばなるまい。もちろん今日の目から見れば、当然その場しのぎのアラの目立つものだったろうが、それは致し方のないことだろうし、発声なども伝統的な日本の発声が耳についたにちがいない。浅草オペラでいちばん有名だったテナーは、二人ともほとんど正式の音楽教育を受けてはいない。その一人、田谷力三は、八十歳を越えた今でもテレビに出演し、力強い声で歌っているが、歌を始めたのは三越少年音楽隊で、彼自身が誇らしげに語るところによると、この音楽隊が日比谷の野外音楽堂に出演した時、彼の声は公園の反対側の端まで聞こえたという。反対側の端といえば四百メートルはあるだろうし、途中には立ち木も多いから、これは確かに大したことにはちがいないが、しかしポイントはむしろ、彼が声の大きさをほかのなにより大事と思っているらしいことである。今でも彼の歌いっぷりは、うまいというより声の大きいことが特徴だが、浅草の民衆はまさしくこれを愛したのだ。

浅草オペラが、特に若い人々の間に驚異的な人気を得た理由がエロティシズムにあったことは、ほとんど疑問の余地がない。ほんの十年か二十年前、明治の若者は大挙して娘義太夫に押しかけたが、大正ルックが明治とちがうところは、単に西洋風だったというばかりではなく、はるかに開放的だったことである。若い肉体が突然人々の目の前に曝され、レヴュー・ダンサーの脚が高々と振り上げられたのだ。

浅草オペラの熱狂的なファンは文なしの若者がほとんどだったが、彼らを指す特別の言葉が生まれた。「ペラゴロ」という呼び方である。語源については諸説あって、最初の「ペラ」が「オペラ」から来ている点では意見が一致しているものの、後半の「ゴロ」については、「ジゴロ」の略だという説もあれば、「ゴロツキ」の意味だという人もある。いずれにしても、「ペラゴロ」連中は公園のあたりにたむろし、夜な夜な劇場に通いつめ、贔屓の歌手には金も貰わずにさくらの役をつとめて拍手喝采を送り、徒党を組んでは、単に歌い手を熱狂的に応援するばかりか、グループ同士で張り合い、時には喧嘩になることさえあったらしい。ペラゴロの集まる場所はほぼ決まっていて、一つは団十郎の銅像の下、残る一つは池の近くの藤棚の下。そして毎晩、劇場に向かって二つの行進が始まる。一つは比較的金のある連中で、開演の時間に、後の一つは金のない連中で、これからの入場は料金半額という合図と同時に行進を始めるのである。

浅草もめっきりさびれた今、年配の人々が昔の華やかだった時代を懐かしむ時、彼らの念頭にあるのはモースやグリフィスの描いた浅草ではない。オペラ時代の浅草なのだ。新しい歓楽街は、新宿にしろ渋谷にしろ六本木にしろ、かつての浅草オペラに代わるべきものを生み出しているとは言えまい。下町は本質的には保守的な土地柄かもしれないけれども、下町もまた変化する。そして、残しておきたいと思うものもまた姿を消してゆく。いちばん残しておきたいものの中には、人波が浅草から消えると同時に姿を消していったものもあった。荷風の短篇の一つに、主人公が浅草に飽き、西へと移ってゆくところで物悲しい結末を迎える作品があるが、かつては浅草に押しかけていた群衆もまた、この主人公と同じことをしたのである。

文学史を天皇の治世に従って分けるというのは、やはり多少の無理がある。ほぼ日露戦争を境に現れ始めた新しい現象は大正になっても続いていたし、文学の世界にも大正ルックがあったとしても、顕著になるのはようやく大正も後半に入ってからのことだった。けれども大正後半の現象は、むしろ昭和期に繰り込むほうが適当かもしれないのである。

ところが演劇、なかんずく歌舞伎については、明治、大正という区分がかなりうまく当てはまる。役者の世代交代が、治世の交代とほぼ正確に一致するのだ。明治の有名な役者たちは、みな明治の最後の十年間に世を去ってしまい、歌舞伎は死んだという嘆きの声も高かったが、やがて大正期に活躍する新しい世代が地歩を確立することにもなる。

歌舞伎座は明治二十二年の開場以来、歌舞伎劇場の代表格を自認し、特に大正元年、大阪の興行資本、松竹の経営となってからは、ほかの劇場を圧倒する勢いを示していた。けれども大正期には、歌舞伎座にも強力なライヴァルがあり、芝居の面白さという点ではむしろ歌舞伎座より上だったかもしれない。第一に、先にも書いた浅草の宮戸座をはじめ、市中のあちこちにいわゆる小《こ》芝居があったし、江戸末期の三座のうち、一つは明治の末になくなったものの、かつて守田勘弥の経営した新富座、それに、柳橋に近い市村座はいずれも栄えていた。六代目菊五郎と初代の吉右衛門とは、ともに第二次大戦後まで活躍し、偉大な伝統を今日に伝えてくれた名優たちだが、大正時代、この市村座を拠点にしていたのである。

もう一つ、浜町には明治座もあった。歌舞伎の上演では特に優れていたわけではなかったが、ここで活躍した二代目左団次は、演劇の革新については勘弥の有能な継承者となった。歌舞伎役者として初めて外国に留学し、翻訳劇に出演したのも彼が初めてだった。

左団次は明治四十二年、小山内薫と自由劇場という劇団を作り、イプセンやメーテルリンクなど翻訳劇の上演を試みた。これは例えば五代目菊五郎が、スペンサーの気球の曲乗りを舞台にのせたのとはまったく質を異にするもので、あくまで本格的な翻訳劇の上演である。夢二の描いた女性たちと同様、演劇の世界でもまた、西洋はもはや単なるエキゾティシズムではなく、はるかに深く吸収されてきたと言えるだろう。この意味で左団次は大正の人物であり、そして彼のつけた先鞭に従って、これ以降、歌舞伎役者が翻訳劇、ないし西洋流の作劇法に則った新作に出演するのは普通のことになった。こうして西洋の影響はさまざまの形を通じて、微妙に歌舞伎に浸透してゆくことになったのである。

翻訳と創作を問わず、西洋の様式に従った劇を上演したのは自由劇場だけではなかった。最初は明治の政治宣伝劇から不安定な第一歩を踏み出して以来、新派、さらには新劇と、新しい演劇はさまざまの形を取りながら成長してきた。日露戦争から第一次大戦までの間、劇団の離合集散はまことに目まぐるしかったが、その中から、やがて特に力を持った運動が現れてくる。

大正前半でいちばん世間に名を売った舞台人は、実は女優だった。ここにも大正ルックを見て取ることができよう。明治の女性としていちばん世間の注目を集めたのは殺人犯だったけれども、大正の女性はみずからの才能と業績によって名をあげ、時代のシンボルとなったのである。松井須磨子はまさしく時代のシンボルだったばかりか、いかにも悲しい最期を遂げた。日本人がもっとも好む種類の最期で、これによって永く人々の記憶に刻み込まれることになった。

明治十九年、長野県に生まれた須磨子は、上京してお針子として働き、一度結婚したが離婚した後、文芸協会の研究生となった。文芸協会は言うまでもなく、坪内逍遥が明治三十八年に設立した劇団である。須磨子が初めて大成功を収めたのは明治四十四年、イプセンの『人形の家』でノラを演じた時だった。しかし須磨子は、逍遥の愛弟子《まなでし》、島村抱月と派手な恋愛事件を起こし、逍遥がこれを許さなかったことが主な原因となって、文芸協会は大正二年に解散する。抱月と須磨子はその年、みずからの劇団、芸術座を結成し、ここで須磨子はトルストイの小説を劇化した『復活』でカチューシャを演じ、これが彼女の最大の当たり役となった。須磨子が劇中で歌った「カチューシャの唄」は、日本の流行歌の最初といわれているが、全国で空前の大流行になり、旧満州にまで流行《はや》ったという。

だが抱月は大正七年、インフルエンザで急死する。二カ月後の大正八年一月五日、須磨子は日比谷での公演を終えると牛込の劇場に帰った。抱月と二人で苦闘して建てた彼ら自身の劇場である。そして須磨子は、抱月の死んだ同じ楽屋の一室で首を吊って自殺した。

須磨子はわがままな女で、文芸協会でも芸術座でも絶えずいざこざを起こしつづけていたらしい。けれども同時に情熱的で、勇敢で、新しい、解放された女性の代表でもあった。大正には、ほかにも新しい女性の代表はいた。例えばソプラノの三浦環《たまき》である。ロッシが帝劇で指導した歌劇団のメンバーで、日本人として初めて海外で蝶々夫人を歌った。音楽のレッスンに上野まで自転車に乗って通うという、当時としては破天荒なことをやってのけて話題になったこともある。けれども新しい女性の第一号は、やはり松井須磨子だったと言ってよかろう。明治には存在しえなかった女性である。

大正期の娯楽は明らかに国際性を強めた。映画時代が到来して、初めて誰でも国際的なスターをまのあたりに見ることができる情況が現れたからである。大震災前、チャップリン・キャラメルというのが大流行になって、お蔭で明治製菓は莫大な利益をあげたが、明治にはこんなことはありえなかった。大震災の直後に流行った歌に「洒落男」というのがあるが、このモダンボーイは青シャツに真っ赤なネクタイ、ダブダブの「セーラーのズボン」に山高帽、そしてロイド眼鏡というスタイルだった。この「ロイド」眼鏡という言葉は、「セルロイド」の略だという説もあるようだが、多分、無声映画時代のアメリカの喜劇役者ハロルド・ロイドから来たものだろう。つまりロイドやチャップリンは、世界中の民衆と同様、大正時代の東京の民衆にもすでにお馴染みの顔だったのだ。

チャップリンやロイドが東京のスクリーンでもスターであってみれば、外国の有名人が来日しても、明治時代、例えばグラント将軍夫妻来日の時ほどお祭り騒ぎにならなかったのも無理はない。それに大正期に来日した外国の有名人は、インテリ、あるいは芸術家が多かった。続々と来日した芸術家の中で、特に有名な人々といえばバレリーナのアンナ・パヴロヴァ、アルトのシューマン＝ハインク、作曲家でピアニストのプロコフィエフなどが挙げられる。みな東京で大きな喝采と莫大な報酬を得た。産児制限運動のサンガー夫人や、アインシュタインも来日した。別に国賓として訪日したわけではなかったが、それでも大変な反響を呼び、大正九年のサンガー夫人の来日の後には、「日本のサンガー夫人」なる女性が現れて時器具を配布するということまであった。アインシュタインの控え目な人柄と、期せずして時に見せる剽軽《ひょうきん》な温かい人間味は大いに日本人の好意を得、博士のほうでも日本人に深い好意を感じたようだ。日本人はアメリカ人より気持ちのいい国民だと語ったという。大震災の一年前に来日し、二カ月にわたって講演旅行をした。以後、「日本のアインシュタイン」と呼ばれる人物は現れなかったようで、おそらくこれこそ、日本人が博士に示した敬意の最大の証《あか》しだったかもしれない。

いわゆるビジネスで日本に来た外国人の中でいちばん有名なのは、やはり帝国ホテルを建てたフランク・ロイド・ライトだろう。彼の建てたのは二代目の帝国ホテルだが、大正四年に始まった工事が終わったのは大正十二年、関東大震災にちょうど間にあった。というのもこの地震で倒れなかったことで、ライトの帝国ホテルはあれほど有名になったからである。

ライトは工事中さまざまの問題にぶつかり、建物の完成を見ずに日本を離れた。そもそも外国人の建築家に依頼したこと自体に不満があったようで、コンドルの活躍した明治の外国人建築家黄金時代とは対照的である。労務管理の問題もあった。そういえば労働問題というのも、大正に新しく現れた社会事象の一つである。暗黒街との関係も問題だったらしい。昔から建築業には、暗黒街が深く根を張っていたからである。初代の帝国ホテルは新館の開業前夜に焼け落ちたが、最初はライトを後援していた人々も、この火災を口実に手を引いた。しかし本当の理由は実は財務上の問題で、工事の費用は当初の予算の数倍に達していた。

けれどもついに完成した建物は、さまざまの問題を償うに足るものだった。喧騒の都心にありながら、深い安らぎを与えてくれる建物だった。ただ、あの大地震に耐えたというのは、かならずしもライトの設計が正しかったという証明にはならない。ライトはパイルを岩盤まで打ち込むのではなく、いわば泥の中に浮かせるという手法をとったが、そのために歪みが生じた。これにたいして伝統的な工法を使った下町のビル、例えば日本銀行には狂いが出てない。帝国ホテルの廊下には、所々波を打って、あたかもゴムみたいに見える個所が出来ていた。いずれは取り壊すほかなかったのかもしれない。しかし昭和四十三年になってこれを取り壊したのは、別に床や廊下が歪んでいたからではなく、貴重な土地をもっと有効に利用しようとする動機からだった。やむをえぬことなのかもしれないけれども、やはり旧帝国ホテルが姿を消したというのは、戦後の東京が経験した最大の損失だったのではあるまいか。正面玄関だけは、今も名古屋に近い明治村に行けば見ることができる（もっともライトの帝国ホテルは、明治ではなくもちろん大正の建物である）。しかし、かつてこの玄関から入ったその中を知っている者にとっては、これは慰めというより、むしろ悲しさを呼ぶ。

サンガー夫人やアインシュタインの訪日は全国的な関心を集めた事件だったが、アメリカの歴史家チャールズ・ビアードの来日は、東京という都市そのものにかかわる事件だった。後藤新平は市長に就任するとすぐ、ニューヨーク在住の娘婿にビアード招聘を働きかけるよう命じた。歴史家であると同時に、コロンビア大学で政治学を講ずるこの高名なアメリカ人学者を招いて、東京の行政について意見を聞くことでもできれば、後藤の「大風呂敷」の中味をふくらませるには大いに役立つはずだった。ビアードは大震災の直前、六カ月にわたって東京を研究し、市の行政について報告書を提出した。

ビアードの提案は現実に即した点もあるが、非現実的な点もなくはなかった。彼は電気のメーターを各戸に設置することを強く勧めた。これまでの方法は明治以来、使った電気の量ではなく電灯の数で料金を徴集するもので、これでは電気が無駄に使われるだけである。また行政を簡素化し、自治を強化する必要を説いた。この観点から、市と府の行政を分けるのではなく、府に一本化すべきであると主張している。これが実現したのはようやく昭和十八年になってからである。ただこの点、ビアードは矛盾を犯していると批判することもできなくはない。府庁と市庁という二本立てになっていたお蔭で、自治の余地もそれだけ大きくなっていたからである。

東京が一つの都市というより、むしろ村が集まったものだという考え方はビアードの独創といわれることが多いが、実は当時、一種の常識になっていたらしい。グラント将軍の随員として来日したJ・R・ヤングが、すでに半世紀も前にこのような見方をしていたことは、本書でも前に書いたとおりである。ビアードの意見によれば、東京の中心部は国家の政治の中枢として相当に優れているが、その周囲に拡がる町々はあまりに拡散していて、彼の知る限り世界のどの首都圏もこれほどの周辺部をひかえてはいない。こうした情況は改善されるべきであり、そのためには中心部にもっと資本を投入しなければならないというのがビアードの結論である。今日では逆に中央集中を避け、都市機能を分散させるのが都市計画の流行である。

ビアードの報告書は現在も褒められることがよくあるけれども、いささか冷ややかな文章で、東京という町の持っている人間味と多様性に見合うだけの生気に欠けているような気がする。

大正時代に新しく出来た言葉には山の手風、ブルジョワ的な響きがあって、このことからも下町が、すでに明治の末には脇役に回っていたのが、大正に入ってさらに落ち込んだことが知られる。それにしても大正の新造語には意外なものが多い。例えば、人間関係のうちでもいちばん親密な間柄にまで、英語が日本語に取って代わった事実など、実際不思議というほかない。山の手のブルジョワやインテリの間で「パパ」「ママ」が使われるようになったのは大正時代だった。現在ではほとんどの家庭でそうなっている。日本語より簡単だということかもしれない。日本語では「お父さん」にするか「お父様」か、それとも「父上」なのか「父ちゃん」なのか、敬語の問題が微妙に絡んでくるし、従ってこれまでも使い方は不安定だった。こういう問題に関しては、いずれにしても下町は山の手に従う傾向が現在も続いている。文化のヘゲモニーは、すでに下町の手を離れていたのである。

大震災の直前の頃には、男と女の見分けは維新直前よりはっきりしていたかもしれない。銀座の人波のうち、男はほとんど洋服だったが、女はほとんど和服だったからである。社会に出て働く時でさえ、女は和服を好んだようだ（もっとも看護婦が先頭を切り、洋装の制服も現れ始めてはいた）。電話交換局の写真など見ると、いかにも奇妙な感じがする。和服姿で、しかも日本風に髪を結《ゆ》い上げた交換手たちが、ずらりと交換台の前に並んでいる。セーラー服はやがて女学生のいちばん普通の服装になるが、これが初めて現れたのも大正だった。裁縫学校が初めて現れたのも大正である。それまでは、みな家庭で母親から教わっていたものだ。水着が大きな商売になったのも大正時代のことだった。

中央電話交換所の交換台風景

服装では男女の区別がはっきりしていた反面、髪型はお互いに似てくる。女性も洋髪には、洋服より早く馴染んだようである。そこでモボはロングヘアー、モガはショートヘアーといった現象も出てきたわけだ。お蔭で昔風の髪結い稼業は、先行き見込みのない商売になってしまったが、その気になれば仕事を続ける余地もあった。鬘《かつら》屋が繁昌し始めたのである。やはり昔ながらの髪型でなくては具合の悪い儀式もあって、しかしショートヘアーの時代になった今、地毛でそんな髪の結える女性はもうほとんどいなかったからである。

この時代、若者の間にオールバックが流行《はや》ったのは、来日して曲乗り飛行を披露したアメリカ人パイロットがこのスタイルだったからだという。明治の気球男スペンサーの大正版である。女性の髪型としてこの時期特に流行したのは「耳隠し」というスタイルだった。かつては日本髪で耳とうなじの出ているのが色気があるとされたものだが、女性の解放された今、逆にこれを包み隠してしまうことになったのは時代の皮肉と言うべきか。アイシャドウやヘアネットも流行の尖端をゆくものだった。

いわゆるファッションが生まれたのは大正時代のことだが、これを作り出したのは、いつの時代も同じことで、広告業者たちだった。流行というもの自体は江戸時代からすでにあって、歌舞伎役者の衣装が元になることも多かったけれども、服装の変化のテンポはもっとゆるやかだった。ところが広告業者が乗り出してくると、ファッションの変化は途端にテンポが早くなる。大震災前の時期、流行のデザインはしだいに派手になり、多彩な色を使ったものになっていた。

洋風のキャンデーは、チャップリン・キャラメルをはじめ大きな流行になっていた。ただチョコレートは、この時代はまだ贅沢な高級品である。大正天皇は大正博覧会でゼリービーンズをお買い上げになったという。大震災のすぐ前、銀座には清涼飲料水を飲ませる店も現れた。ただしこの点では横浜のほうが早かったらしい。牧場のない日本では、乳製品がどのくらい普及しているかが近代化の尺度になる。明治にもアイスクリームはあったが、大正になると「ミルクホール」が姿を現す。ただ、バターやチーズが根づくには時間がかかった。大正デモクラシーを担った大正のインテリたちは、ミルクホールに集まって難解な議論を戦わせ、トーストやワッフルを食べながら官報に読みふけったのである。

明治の末から大正にかけては大学生が急増し、同時にイデオロギーも急増した。マルクス・ボーイやマルクス・ガールが現れたのも大正の初期である。学生が外国語をむやみに会話に混ぜたがるのは昔も今も変わりはないが、大正時代に学生が外国語から造った新語の中には今でも使われているものがある。例えば「ルンペン」で、ドイツ語の「ルンペン・プロレタリアート」から造ったものだし、「サボる」というのもフランス語の「サボタージュ」から造った動詞である。大正八年、川崎造船のストライキで初めて出来たものらしい。今では、元来の「破壊活動を行う」という意味はほとんど忘れられているようだ。

明治は教育一辺倒の時代だったが、大正はむしろ教養の時代である。ひろい意味では教育の一部に入るだろうが、教養には個性をゆたかにすること、自己実現、さらには優雅な生活スタイルといったニュアンスまで含まれる。現代のいわゆるインテリが出現したのだ。

大学以外にも、ありとあらゆる学校が出来た。自動車学校、美容学校、英語学校、タイプ学校、等々。女性の職場進出は、電話交換手、看護婦、女店員などが誕生して夜明けを迎えたが、今や昇る朝日の勢いとなっていた。この頃の流行歌にも、「妾《わたし》ア会社のタイピストよタイピスト」というのがある。バスの車掌に女性が現れたのも大震災前の頃で、それ以後バスの車掌といえばほぼ女性と決まっていたくらいだった。

観光バスというものが現れたのも大正時代である。代表的な観光コースには、古い名所と

上野平和博覧会（大正中期）

同時に大正の新名所も入っていた。東京駅、明治神宮、乃木神社といった所である。けれども今の東京の観光コースでは、大正時代の記念碑は省かれることが多い。もっぱら大正以前か大正以後のものが組まれている。こんなところにも、大正時代はやはり明治と昭和の谷間という感じが現れている。

大正の終わりについても、明治の終わりと同じように、結局のところ伝統が驚くほど根強く残っていたと言えるのではあるまいか。大正の年中行事は相変わらず伝統を強く守っている。なるほど明治や大正年間に始まった新しい愛国的な行事も混っているし、西洋渡来の行事や習俗、例えばエイプリル・フールといったものも見られるけれども、花や草や、鳥や虫といった季節ごとの行事の型は、昔から伝えられた馴染み深いものばかりである。

こうした自然を楽しむ場所の中には、大正の後半には姿を消してしまった所もあった反面、逆に新しく登場した所もあった。三四郎の見物した団子坂の菊人形とか、吉原の夜桜などは消えてしまったものの例だが、菊人形を見るのならほかの所がいくらもあったし、桜を見るにも、上野や隅田川の堤をはじめ、さまざまの場所が選べた。確かに交通の便がよくなり、市街地が郊外に拡がってゆくにつれて、花や草を楽しむ場所が遠くなったということはあるけれども、楽しむ場所がなくなってしまったわけではない。谷中の墓地でも蒸し暑い夏の夜には蛍が飛んだし、隅田川の堤にはまだ虫の声が溢れていた。大正の後半になっても、これほどさまざまの自然の楽しみがこれほど都心に近い所で味わえたというのは、実際、驚くべきことだ。

祭りや縁日も古いものがずいぶん残っていた。そしてこれもまた自然と深く結びついていた。例えば五月、夏の準備に、虫や風鈴や金魚を買う縁日。一方、新しい祭りもあった。例えば大学野球の開幕である。野球はいっそう人気が出ていた。

大正時代は相撲がルネッサンスを迎えた時代でもある。大正の初めは歌舞伎と同様世代の交代期で、明治の名力士たちが次々に現役を引退した後、相撲もこれで終わりだという声がしきりに聞かれたものだが、大正も中期になると再び開花期が訪れる。ただ、ちょうどその蕾が開こうとしていた大正六年、国技館が焼け、大正九年に新しい国技館が完成するまで、年に二度の本場所も靖国神社で開かなければならなかった。明治二十九年に力士のストライキのあったことは前に書いたが、大正十二年には二度目のストライキが起こる。三年後には力士の連盟として相撲協会が出来た。これも大正デモクラシーの一つの現れだったし、これで相撲界も、ついに封建制から脱け出たと当時は考えられたものだが、長い相撲の歴史の中では、こんな大事件があっても結局ただ名前が変わっただけで、実体は大して変わらなかったのかもしれない。

明治の末から大正にかけて東京の膨張は急激で、あたかも自分自身の重みにもはや耐え切れない感じだった。中でも緊急だったのはゴミ処理の問題で、同時にこの町の生活史をたどる者には興味の深い問題でもある。各町内には市がゴミを集めて回る集積所があって、集めたゴミは焼却したり、海岸の埋め立てに使ったり、あるいは肥料に利用したりした。焼却は露天だったので、絶え間なくゴミを焼く臭いに悩まされるというのは、江東地区を回想した文章で始終出くわすことの一つだ。

屎尿の処理はこれ以上の大問題だった。相変わらずもっぱら汚穢屋さんに頼っている状態だったが、市街地が拡がりすぎてとても荷車では運び切れなくなり、問題はそれこそ危機的な情況に達していた。第一次大戦の終わる頃には、都心に近い家では汚穢を売るどころか、金を払って持って行ってもらわなければならなくなって、困り抜いたあげく、わざと壺を壊して土の中に浸み込んでゆくに任せたり、あるいは夜の間に汲み出して捨てて来るという始末である。江戸の町も相当に臭ったはずだが、江戸が東京に変わって半世紀を過ぎる頃には、臭いはさらにひどくなっていたにちがいない。大正十年、ようやく市も、部分的にではあるけれども、汚物の処理に責任を負うことになった。しかし大正の末の時点で、市が処理したのは全体の五分の一にすぎない。当時の東京は江戸よりはるかに大きくなっていたが、大して変わっていない面もあったわけだ。

汚穢の処理については面白い話が少なくない。まだ農夫が買い手の立場にあった頃、相手の家の社会階級が上だと高い値段で買ったという。生活程度が上だと、出てくるものも栄養分が高かったらしい。それに、男の排泄物のほうが栄養価が高いということもあったよう

下町に降る雨（小村雪岱画　大正4年　木版）

で、武家の屋敷などで男女の便所が別になっている所では、男のほうに高い値がついたという。女性の体のほうが、栄養を吸収する率がいいもののようである。

江戸にはすでに、多摩川から水を引く上水道が出来ていた。明治・大正にこの水路は拡張されたが、それでも市中で井戸水に頼っている戸数は三分の一にのぼった。だが井戸水は臭いがしたり塩気のあることも多く、下町ではまだ水売りが町々を回っていた。

小説や回想記に出てくる不満には、ゴミや汚穢より交通についての不満が多い。明治の末、荷風の小品の中でもいちばん美しい短篇の一つ「深川の唄」にも、前にも引用したとおり市電の不便が話の糸口になっていたが、大震災前には事態はさらに悪化していた。荷風の日記にはぬかるみに悩まされた話が始終出てくるし、関西に移った谷崎も、当時の東京を思い起こして不満をぶちまけている。

いかに東京贔屓の人でも、あの時分、世界大戦当時から直後に及ぶ好景気時代の帝都を、立派な「大都会」だと思つた者はないであらう。その頃の新聞紙は筆を揃へて「我が東京市」の交通の乱脈と道路の不完全とを攻撃したものであつた。たしかアドヴアタイザー紙であつたかゞ社説で東京市の不体裁を散々にコキおろして、日本の政治家は社会政策だの労働問題だのと大きなことばかり云つてゐるが、政治と云ふのはそんなものではない、先づ此の首府の泥濘を始末して、雨が降つても無事に自動車を通せる道路を作ることだと云つてゐたのは、しみ〴〵同感したゞけに今も覚えてゐるのである。「東京は都会ではない、大きな村だ、或ひは村の集合だ」と云ふ悪罵は、日本人も外人も口にした。……私は浅草橋から雷門へ行く間で、クシヨンから激しく跳ね上げられ、箱の天井でいやと云ふ程鼻柱を打つた覚えが二度ばかりある。……それなら電車はどうかと云ふのに、これが又死に物狂ひであつた。……財界の活況につれて諸種の事業が俄かに勃興し、地方の人間が皆都会へ集まつて来る。東京市は此の慌しい人口の増加と郊外地帯の膨脹に対して、急に応ずる暇がない。……庶民階級の交通機関は路面電車だけしかないので、来る電車も来る電車も満員で、長い間停留場に立ちん坊をさせられる。ラツシユアワーには全く殺人的な騒ぎで、夕方、腹を減らしてイラ〳〵しながら、帰路を急ぐ会社員や労働者などが、車掌の制するのも聴かばこそ、もう鈴なりになつてゐる車台へ我れ勝ちに割り込まうとする。……そして乗り損なつた者は蒼白な顔で恨めしさうに電車の影を見送つてゐる。さう云ふ人々の物凄い眼を見ると、私はしば〳〵慄然とした。……留まつた電車の昇降口に群集が黒山のやうにたかつて、押し合ひ、へし合ひ、罵り合ふ騒擾が、いかに人心を険悪にさせてゐるか……。日本人だから辛抱してゐるが、欧米の都会で市民を斯かる状態に置いたら一日で暴動が爆発すると説く人もあつた。……旧き日本が捨てられて、まだ新しき日本が来たらず、その孰方《いづかた》よりも悪いケーオスの状態にある、さうしてそれが、乱脈を極めた東京市のあらゆる方面に歴然と現はれてゐたのであつた。（「東京をおもふ」）

大正デモクラシーの擡頭した時代は、華美に流れ、放逸で無責任な時代とも、あるいは幻滅の時代ともよくいわれる。時代の特徴をこのように捉えること自体、どこか幻滅の意識を感じさせなくもない。あたかも、近代化の重荷がもはや耐え切れなくなっていたかのようだ。そしてその間にも、やがて昭和に入って近代化にたいする反動を生み出すことになる人々が、憤懣の思いを抱いて機会をうかがっていたのである。

大正時代のシンボルは、例えば夢二の描いた女性たちがその典型だが、かぶっている帽子が外国製であるばかりか、女たち自身もまるで外国生まれのように見える。大正とはそういう時代だったのだ。けれどもその後、大正デモクラシーがいかにやすやすと敗北したかを思えば、伝統は依然として強く、洋風をひと皮めくったそのすぐ下に隠れていたことが知られる。大正をいろどる世紀末の幻滅の感情にしても、実は江戸っ子が昔から身につけていたシニックな気取りと異質のものではない。明治の人々は富国強兵を国家の存亡にかかわる至上命令と考え、そして大正の日本はそういう面ではすでに西洋に追いつき始めていた。そこでダンディズムや幻滅のポーズが大正ルックとなりえたわけだが、しかしこれ以後の日本の歴史を思い起こせば、大正のモダンボーイやモダンガールが、世界列強との苛烈な競争からドロップ・アウトする気など、実はまったくなかったことを思い知らされる。大正ルックなるものもまた、西洋に学び、西洋をわがものとしてゆく途上のひとこまだったのである。

大震災の直前、全国あまねく愛唱された歌があった。新しく、同時に古い歌だった。中山晋平作曲の「船頭小唄」である。これもまた大正のシンボルだった松井須磨子の、これもまた一世を風靡した「カチューシャの唄」を作曲したのも彼だった。今日の流行歌の父ともいわれる人である。

おれは河原の枯れすすき
同じお前も枯れすすき

いかにも退廃的といわれた歌だが、しかしこのデカダンスは、その様式化された自己憐愍という点で、実は江戸っ子には昔から馴染み深く、親しみ深いものだったはずである。正義は己れにあると信じ、世情を憂うる人々は、この退廃は破滅をもたらすものと信じた。そして彼らの目には、大正十二年九月一日正午一分十五秒前、突然東京を襲ったあの大災害は、まさしくこの退廃のもたらした破滅と見えたにちがいなかった。

訳者あとがき

本訳書の親版（一九八六年刊ティビーエス・ブリタニカ版――講談社編集部註）は、出版元の希望により、もちろん原著者の諒解を得た上で、かなりのカットを施した縮訳版だった。今回、幸い文庫版として出版する機会を与えられ、ほぼ完訳に近い形に補充し、同時に、図版もすべて原書どおりとすることができた。筑摩書房編集部に、この点、特に感謝の意を誌しておきたい。

一九九二年十月二十四日

訳者

本書の原本は、一九九二年一二月に筑摩書房より刊行されました。

E・サイデンステッカー（Edward Seidensticker）

1921～2007年。米コロラド州生まれ。コロンビア大学教授などを歴任。著書に『異形の小説』『源氏日記』『私のニッポン日記』など，英訳書に『細雪』『雪国』『源氏物語』など。

安西徹雄（あんざい　てつお）

1933～2008。松山市生まれ。上智大学名誉教授。専攻は英文学。著書に『シェイクスピア　書斎と劇場のあいだ』，訳書に『リア王』『ヴェニスの商人』『マクベス』など。

講談社学術文庫

定価はカバーに表示してあります。

東京《とうきょう》　下町《したまち》山《やま》の手《て》　1867－1923

エドワード・サイデンステッカー

安西徹雄《あんざいてつお》 訳

2013年11月11日　第1刷発行

発行者　鈴木　哲
発行所　株式会社講談社
東京都文京区音羽2-12-21 〒112-8001
電話　編集部（03）5395-3512
販売部（03）5395-5817
業務部（03）5395-3615
装　幀　蟹江征治
印　刷　豊国印刷株式会社
製　本　株式会社国宝社
本文データ制作　講談社デジタル製作部

ISBN978-4-06-292204-3

「講談社学術文庫」の刊行に当たって

これは、学術をポケットに入れることをモットーとして生まれた文庫である。学術は少年の心を養い、成年の心を満たす。その学術がポケットにはいる形で、万人のものになることは、生涯教育をうたう現代の理想である。

こうした考え方は、学術を巨大な城のように見る世間の常識に反するかもしれない。また、一部の人たちからは、学術の権威をおとすものと非難されるかもしれない。しかし、それはいずれも学術の新しい在り方を解しないものといわざるをえない。

学術は、まず魔術への挑戦から始まった。やがて、いわゆる常識をつぎつぎに改めていった。学術の権威は、幾百年、幾千年にわたる、苦しい戦いの成果である。こうしてきずきあげられた城が、一見して近づきがたいものにうつるのは、そのためである。しかし、学術の権威を、その形の上だけで判断してはならない。その生成のあとをかえりみれば、その根は常に人々の生活の中にあった。学術が大きな力たりうるのはそのためであって、生活をはなれた学術は、どこにもない。

開かれた社会といわれる現代にとって、これはまったく自明である。生活と学術との間に、もし距離があるとすれば、何をおいてもこれを埋めねばならない。もしこの距離が形の上の迷信からきているとすれば、その迷信をうち破らねばならぬ。

学術文庫は、内外の迷信を打破し、学術のために新しい天地をひらく意図をもって生まれた。文庫という小さい形と、学術という壮大な城とが、完全に両立するためには、なおいくらかの時を必要とするであろう。しかし、学術をポケットにした社会が、人間の生活にとってより豊かな社会であることは、たしかである。そうした社会の実現のために、文庫の世界に新しいジャンルを加えることができれば幸いである。

一九七六年六月　　　野間省一

《新刊案内》 講談社学術文庫

網野善彦
日本中世都市の世界
中世都市の市場原理や自治、自由の諸問題を、多角的視点から実証的に探究。都市民による交流と文化の場としての新たな中世社会像を提唱した、碩学の記念碑的論集。
2189

神野志隆光
古事記とはなにか
―天皇の世界の物語―
黄泉国は「死」をめぐる神話ではない。高天原は『古事記』にあって『日本書紀』にはない――天皇の世界たる「天下」を語る物語として、古事記の厳密な読みを示した力作！
2190

三枝充悳
インド仏教思想史
インドに生まれ、初期仏教、部派仏教、大乗仏教と展開し、アジアに広がっていった仏教。インド仏教史に沿って仏教の基本思想と重要概念、諸思想の変遷を概観する。
2191

ウィリアム・H・マクニール
清水廣一郎 訳
ヴェネツィア
―東西ヨーロッパのかなめ 1081―1797―
ベストセラー『世界史』の著者の、もうひとつの代表作。地中海最強の都市国家はいかに興隆し、衰退したか。東西文化の相互作用のドラマを壮大なスケールで描き出す。
2192

橋川文三
昭和維新試論
日本人は、はじめて差別に憤り平等を希求した。高山樗牛、石川啄木、北一輝らに昭和維新思想の系譜を認め、悲哀の精神史を描く。著者最後の書。（解説・鶴見俊輔）
2193

ウンベルト・エーコ
池上嘉彦 訳
記号論 I
基本概念・理論を体系化し、記号現象という営みの核心にあるコードの成立過程、機能の範囲を分析する。『薔薇の名前』の背景にある、言語、思想、芸術への壮大な思索。
2194

《新刊案内》 講談社学術文庫

ウンベルト・エーコ
池上嘉彦 訳
記号論 II
記号が作り出されるとはどういうことか。記号生産の様式を類型化し、新たな意味作用が生成する現象を分析。記号という営みをめぐる思索は、いよいよ核心に至る！

2195

アリス・アンブローズ 編
野矢茂樹 訳
ウィトゲンシュタインの講義
―ケンブリッジ 1932―1935年―

「言語ゲーム」という考えが熟していく中期から後期にかけて、意味、規則など独自の思索を深めていった時期の講義。ウィトゲンシュタイン哲学の魅力にあふれた一冊！

2196

中村 元
往生要集を読む
日本人の地獄観・極楽観はどのように生まれたか。インド仏教の原典と源信の思想とを徹底的に比較検証、彼が基礎づけた日本浄土教の根源と特質を碩学が探究する。

2197

野村雅昭
落語の言語学
えー、一席お笑いを申し上げます――。なぜわざわざこんなマエオキを言うのか。「ことば」だけで成り立つ特異な話芸の魅力を、豊富な実例で分析する異色の落語論。

2198

保立道久
物語の中世
―神話・説話・民話の歴史学―

「お腰につけたキビダンゴ」は貧困&無価値の象徴!? 社会史研究の立場から挑む竹取物語、鉢かづき、三年寝太郎、桃太郎……。物語世界から中世の現実を読み出す。

2199

パット・バー
小野崎晶裕 訳
イザベラ・バード
―旅に生きた英国婦人―

十九世紀後半のもっとも著名なイギリス人旅行家。病弱だった少女時代から、アジア、中東などの奥地での苦闘、晩婚後の報われぬ日々まで、激動の七十二年を描く評伝。

2200

《新刊案内》 講談社学術文庫

学術文庫編集部 編
日本国憲法 新装版
「人類普遍の原理」を掲げながら、戦後最大の争点でもありつづけた日本国憲法。「日米安保条約」を新たに収録して、新装版として登場。読んでから考えたい、憲法。

2201

奈良本辰也 訳注
吉田松陰著作選
―留魂録・幽囚録・回顧録―

至誠にして動かざる者は未だ之れ有らざるなり――。幕末動乱の時代、至誠と行動に生きた吉田松陰。彼の代表的著述を通し、時代を変革する思想を読み解いてゆく。

2202

渡辺 保
忠臣蔵
―もう一つの歴史感覚―

「忠臣蔵」はなぜ、かくも日本人に愛され、いかに歌舞伎最大の古典になったのか。「忠臣蔵」という共同幻想、大石内蔵助という理想像をつくったのは、本当はだれなのか。

2203

エドワード・サイデンステッカー
安西徹雄 訳
東京 下町山の手
―1867-1923―

東京が生まれた！ 江戸から大震災まで、モダン都市へと変貌してゆく〈原・東京〉の旅。多数の日本文学を英訳した米国人文学者による東京論・近代日本論の名著。

2204

立川昭二
明治医事往来
平均寿命三十年の時代、近代化の繁栄の裏には病いがあった。続発するコレラ騒動、石川啄木らを襲った結核、過酷な梅毒検査――。有名無名の人々の生と死を描く。

2205

オノレ・ド・バルザック
鹿島 茂 訳
役人の生理学
「生きるために俸給を必要とし、自分の職場を離れる自由を持たず、書類作り以外になんの能力もない人間」を洞察した随筆に三篇の「役人文学」アンソロジーを追加。

2206

日本人論・日本文化論

百代《はくたい》の過客　日記にみる日本人
ドナルド・キーン著／金関寿夫訳

日本人にとって日記とはなにか？　八十編におよぶ日記文学作品の精緻な読解を通し、千年におよぶ日本人像を活写。日本文学の系譜が日記文学にあることを看破し、その独自性と豊かさを探究した不朽の名著！

2078

百代の過客〈続〉　日記に見る日本人
ドナルド・キーン著／金関寿夫訳

西洋との鮮烈な邂逅で幕を開けた日本の近代。諭吉、鷗外、漱石、子規、啄木、蘆花、荷風——。幕末・明治に有名無名の人々が遺した三十二篇の日記に描かれる近代日本の光と陰。日記にみる日本人論・近代篇。

2106

日本人の「戦争」　古典と死生の間で
河原　宏著（解説・堀切和雅）

正成、信長、二・二六、そして「あの戦争」。日本人にとって戦争とは何だったのか。「戦中派」思想史家は同年代の死者たちの中断された問いに答えるため死者と対話し古典と対話する。痛恨の論考。鎮魂の賦。

2134

日本人と地獄
石田瑞麿著

極楽往生を夢見た日本人が、恐れた地獄とは一体どんな場所だったのか？　地獄の構造、堕獄の業因、冥界巡り譚、この世の地獄……。仏教典籍、史料・文芸作品等を博引し、徹底的に紹介する。読む「地獄事典」。

2151